Gerlach / Hieronymus / Schwatlo / Tewes / Völker ·
Die Gewerbeimmobilie als Kapitalanlage

Die Gewerbeimmobilie als Kapitalanlage

Von
Heinz Gerlach
Jost Hieronymus
Winfried Schwatlo
Dieter Tewes
Hartmut Völker

2., aktualisierte Auflage

**Rudolf Haufe Verlag
Freiburg im Breisgau**

CIP-Titelaufnahme der Deutschen Bibliothek

Die **Gewerbeimmobilie als Kapitalanlage** / von Heinz Gerlach —
2., aktualisierte Aufl. — Freiburg im Breisgau : Haufe, 1988

ISBN 3-448-01949-6

NE: Gerlach, Heinz [Mitverf.]

ISBN 3-448-01949-6   Best.-Nr. 21.02

1. Auflage 1988 (ISBN 3-448-01787-6)
2., aktualisierte Auflage 1988

© Rudolf Haufe Verlag, Freiburg i. Br. 1988

Umschlag-Entwurf: Strehlau & Hofe, Freiburg i. Br.

Satz und Druck: F. X. Stückle, 7637 Ettenheim

Vorwort zur 2. Auflage

Die verschiedenen Angebotsformen für Gewerbeimmobilien als Kapitalanlage waren in den vergangenen Jahren die absoluten Renner am freien Kapitalmarkt. Deshalb hat es uns nicht verwundert, daß eine grundlegende Darstellung dieses Themas, wie wir sie im vorliegenden Buch gewagt haben, schnell viel Resonanz fand.

Die 2. Auflage berücksichtigt, daß gerade dieser Markt dauernden erheblichen Veränderungen unterworfen ist. Das drückt sich nicht nur in einer Anpassung des statistischen Materials, sondern auch in vielen Ergänzungen und Veränderungen aus. Zu berücksichtigen war vor allem die weiterentwickelte Rechtsprechung, insbesondere im steuerlichen Bereich.

Der Börsenkrach des vergangenen Jahres hat in breiten Anlegerschichten eine erneute Hinwendung zum Immobilienmarkt und dort — schon aus Rentabilitätsgründen — zum gewerblichen Teil dieses Marktes verursacht. Falls die immer wieder aufflackernden Inflationsängste realistischer werden sollten, dürfte sich dieser Trend sogar noch weiter verstärken.

Als Folge davon wird das Informationsbedürfnis von Anbietern, Beratern und Konzeptionären bezüglich dieses interessanten Teilmarktes sicher weiter ansteigen. Dem gerecht zu werden, haben wir uns zur Aufgabe gemacht.

Die Autoren

Vorwort

Wie schaffe ich mir ein privates Vermögen?
Wie sichere ich es für meine Zukunft und die meiner Kinder vor Verlust und Verfall?
Dies sind Fragen, die jeden von uns bewegen.
Der Markt der Kapitalanlagen ist heute vielfältiger denn je, die Grenzen zwischen freiem und institutionellem Anlagemarkt sowie zwischen Versicherungs-, Bausparkassen- und Bankbereich bröckeln ab. Neue Kom-

binations- und Transfer-Produkte entstehen, die Angebotspalette ist internaational.

Zugleich ist nicht nur das private Geldvermögen drastisch gestiegen, sondern auch das Anlagebewußtsein — insbesondere in Hinblick auf Rendite und Sicherheit. So stellen sich Fragen wie beispielsweise nach dem richtigen Vermögensaufbau, der gesunden Aufteilung in Geld- und Sachwerte oder nach steuerbegünstigten Investitionen heute breiten Bevölkerungsschichten.

Demgegenüber ist das Beratungspotential des Marktes für das, was man „Full-Service" im Bereich der Finanzdienstleistungen nennt, derzeit noch nicht weit genug entwickelt.

Der Anleger ist daher in der Regel gezwungen, seine Situation zunächst selbst zu analysieren und den konkreten Bedarf daraus abzuleiten. Hieraus sowie aus den allgemeinen Erwartungen (Beurteilung der gesamtwirtschaftlichen Entwicklung) bestimmen sich seine Anlageziele. Sicherheit, Rendite und Liquidität werden dabei stets die entscheidende Rolle spielen. Dort, wo Sicherheit und Rentabilität im Vordergrund stehen, bietet sich die Gewerbeimmobilie als interessante Sachwertanlage an. Aber welche Gewerbeimmobilie? In welcher Art von Verpackung und nach welchen Kriterien ausgewählt? Mit welchem Mietvertrag?

Dies sind nur einige Fragen, die sich in diesem Zusammenhang dem interessierten Laien wie dem Anlagepraktiker stellen und die unter anderem mit diesem Buch beantwortet werden sollen.

Bei einem weitgehend stagnierenden bis rückläufigen Wohnungsmarkt steigt nicht nur die Nachfrage institutioneller Anleger nach attraktiven Gewerbeobjekten, auch die private Nachfrage wächst zusehends.

Die Autoren haben daher als Praktiker das Thema aus den verschiedenen Blickwinkeln ihrer Tätigkeit am Markt durchleuchtet, um insbesondere dem privaten Anleger, aber auch dem professionellen Vermögensverwalter, Steuerberater, Rechtsberater oder Anlageberater einen Leitfaden an die Hand zu geben.

Wenn diese Darstellung einen Anspruch erhebt, dann nicht den wissenschaftlicher Vollständigkeit, sondern den, möglichst viele konkrete Hilfestellungen und Tips für „die Kapitalanlage in Gewerbeimmobilien" zu geben.

Die Autoren

Inhaltsverzeichnis

Teil A

Typen und Besonderheiten gewerblicher Immobilien

von Winfried Schwatlo

Nachfolgend wird ein Überblick über die wichtigen Gewerbeimmobilien gegeben. Da sich unter dem Gesichtspunkt der Kapitalanlage Immobilien, die langfristig an erste Adressen aus den Bereichen Food und Non-Food vermietet werden, besonders eignen, werden unternehmerische Industriebeteiligungen, rein auf die Nutzung abgestellte Timesharing-Konzepte und exotische Beispiele vernachlässigt. Dafür wird den wichtigeren Gewerbeimmobilien soweit Raum gegeben, daß auch auf Besonderheiten bei den Handelsimmobilien, wie die Baunutzungsverordnung, das Baugenehmigungsverfahren, Standort- und Mietwertanalysen, eingegangen werden kann.

Da Fachmarkt-Konzepte im Einzelhandel große Bedeutung haben, werden typische Fachmarkt-Konzepte, vor allem aus den Bereichen Bau, Drogerie, Textil und Elektro, gesondert behandelt.

1 Food-Handelsimmobilien

1.1 Discounter, Verbrauchermärkte, SB-Warenhäuser

Food-Handelsimmobilien sind nicht einfach nur „Supermärkte". Der Handel unterscheidet eine Vielzahl von Typen, die nach Geschäftsgröße, Anzahl der angebotenen Artikel und Zielgruppen unterschieden werden. Nachfolgend werden zunächst die Grundtypen dargestellt; darüber hinaus sind in der praktischen Ausprägung einige weitere Mischtypen anzutreffen.

Discounter sind Einzelhandelsbetriebe mit einer typischen Nutzfläche zwischen *400 und 800 qm,* auf denen in der Regel relativ wenig Artikel möglichst preisaggressiv zum Verkauf angeboten werden. Die Ausstattung der Geschäfte ist einfach. Viele Artikel werden in Kartons und Primitivregalen präsentiert.

Marktbedeutung und Marktentwicklung von Discount-Geschäften wird durch die nachfolgende Tabelle verdeutlicht:

Abb. 1: Entwicklung der Discountgeschäfte im Bundesgebiet und West-Berlin 1972 bis 1986

Jahr	Anzahl		Umsatz	
	Geschäfte[1]	Veränderungen gegenüber Vorjahr in Prozent	Mio. DM	Veränderungen gegenüber Vorjahr in Prozent
1972	1 048	—	1 752	—
1973	1 188	+ 13,4	2 371	+ 35,3
1974	1 365	+ 14,9	2 947	+ 24,3
1975	1 492	+ 9,3	3 478	+ 18,0
1976	1 834	+ 22,9	4 418	+ 27,0
1977	2 027	+ 10,5	5 163	+ 16,8
1978	2 224	+ 9,7	5 847	+ 13,2
1979	2 222	− 0,1	5 830	− 0,3
1980	2 395	+ 7,7	5 889	+ 1,0
1981	2 635	+ 10,0	6 700	+ 13,7
1982	3 123	+ 18,5	8 490	+ 26,7
1983	3 587	+ 14,9	10 328	+ 21,7
1984	3 874	+ 8,0	11 330	+ 9,7
1985	4 104	+ 5,9	12 119	+ 7,0
1986	4 286	+ 4,4	13 100	+ 8,1

[1] ohne Aldi
Quelle: Nielsen-Lebensmitteleinzelhandelsindex

Diese über 6 300 Discounter in der Bundesrepublik Deutschland einschließlich West-Berlin erzielen einen Gesamtumsatz von über 30 Mrd. DM pro Jahr. Fast jeder dritte Discounter trägt den Namen „Aldi"; der Jahresumsatz dieser Gruppe beträgt knapp 20 Mrd. DM.

Auffallend ausgeprägt ist das Nord-/Süd-Gefälle für die Zahl der Aldi-Filialen im Verhältnis zur Bevölkerung: Während im Norden auf ca. 23 000 Einwohner eine Aldi-Filiale kommt, ist diese Zahl im Süden mit ca. 50 000 mehr als doppelt so hoch.

Wegen der Bedeutung und zur praktischen Veranschaulichung seien die wichtigsten Marktteilnehmer hier genannt:

Abb. 1a: Discounter 1986

	Unternehmen	Anzahl Verkaufsstellen
Aldi	Albrecht	2000
Plus	Tengelmann	1770
Penny	Rewe Leibbrand	914
Heller & Pfennig	Rewe Leibbrand	25
Norma	Norma-Roth	500
Lidl	Lidl & Schwarz	350
Prima, Nutzkauf	Spar Störzbach	300
Preisfux	Nanz-Gruppe	34
Bestmarkt	Nanz-Gruppe	2
Aktuell	Nanz-Gruppe	68
extra	Schaper-Gruppe	88*
Okay	Tegut	81
Prix, Kondi	co op-Gruppe	55
NP	Edeka, Minden-Hannover	45
Preismax, Kosta	Stüssgen	34
Prima	Spar Hamburg	30
Netto	Rewe Hungen	10
Direkt	Rewe Hungen	10
Preisgut	AVA	8

Gesamt: über 6300 Verkaufsstellen
* 27 unter 1000 qm, 61 über 1000 qm VKF
Quelle: Lebensmittelzeitung, Frankfurt

Unter *Verbrauchermarkt* (SB-Center) soll gemäß der Definition der Katalogkommission ein preispolitisch bewußter Einzelhandelsbetrieb verstanden werden, der auf einer Verkaufsfläche von mindestens *1000 qm* überwiegend in Selbstbedienung Güter des kurz- und mittelfristigen Bedarfs anbietet.

Als *SB-Warenhaus* sei ein Einzelhandelsbetrieb bezeichnet, der auf einer Verkaufsfläche von ca. *2500 qm oder mehr* vornehmlich in Selbstbedienung Güter des kurz-, mittel- und langfristigen Bedarfs anbietet.

Abb. 2: Rangreihe der größten deutschen SB-Warenhaus-Unternehmen auf der Basis der 85er Umsätze

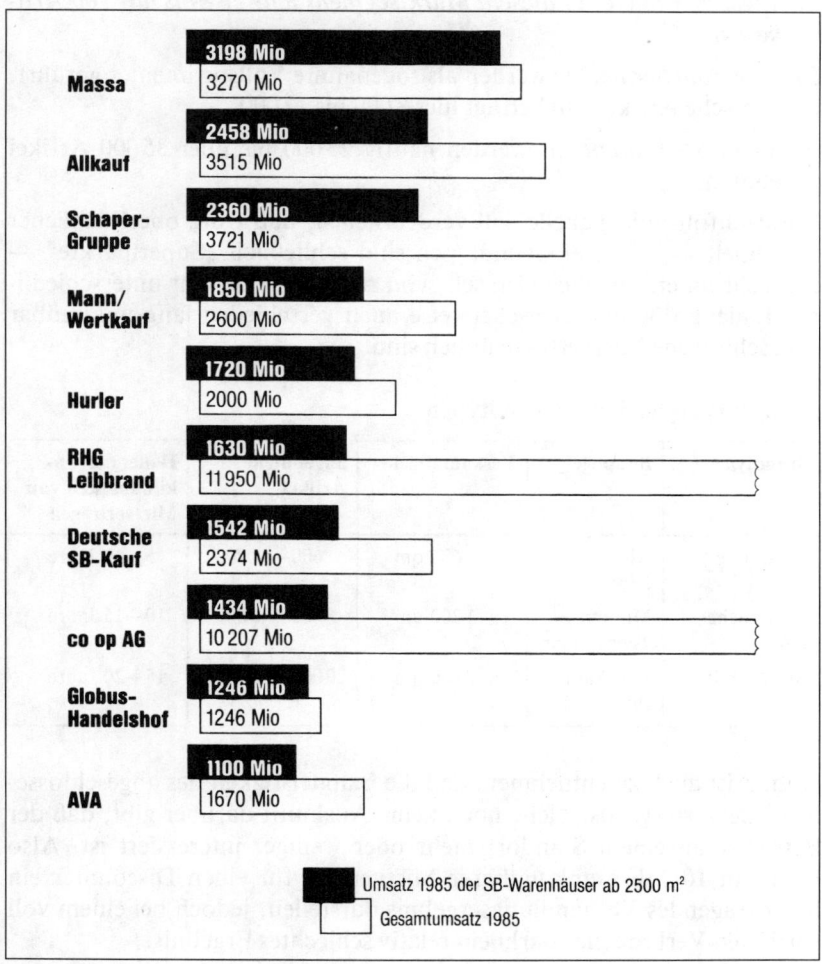

Quelle: GWI-Institut München

Jeder dieser drei Handelstypen bietet eine sehr unterschiedliche Anzahl von Artikeln an.

Bei *Discountern wie* NORMA, LIDL, OKAY-KAUF *usw. werden in der Regel 600—1200 verschiedene Artikel angeboten, wobei sich* ALDI *als wichtigster Anbieter in diesem Marktsegment teilweise bis auf 500 Artikel beschränkt.*

Die Verbrauchermärkte werden als sogenannte Vollsortimenter geführt. Die typische Artikelzahl beträgt hier 8000 bis 12000.

In einem *SB-Warenhaus* werden häufig 25000 bis über 35000 Artikel angeboten.

Die nachfolgende Tabelle soll verdeutlichen, daß trotz oberflächlicher Gleichheit — alle drei Grundtypen sind schließlich „Supermärkte" — eine sehr unterschiedliche Präsenz von Artikeln, eine sehr unterschiedliche Ladengröße und typischerweise auch verschieden lang unkündbar abgeschlossene Mietverträge üblich sind.

Abb. 3: Vergleich der Grundtypen

Grundtyp	Beispiele	Verkaufsfläche	angebotene Artikel	Dauer der Un- kündbarkeit von Mietverträgen
Discounter	Aldi Penny	ca. 600 qm	600— 1200	5—10 Jahre
Verbraucher- markt	Minimal Tengelmann	ca. 1200 qm	8000—12000	10—15 Jahre
SB-Warenhaus	Wertkauf Plaza	ca. 2500 qm	20000—30000	15—20 Jahre

Abb. 3 ist auch zu entnehmen, daß die Langfristigkeit des abgeschlossenen Mietvertrags als solche noch keine Auskunft darüber gibt, daß der Betreiber an einem Standort mehr oder weniger interessiert ist. Also kann ein 10 Jahre unkündbarer Mietvertrag für einen Discounter ein hervorragendes Verhandlungsergebnis darstellen, jedoch bei einem voll sortierten Verbrauchermarkt ein relativ schlechtes Ergebnis.

Obendrein können zwei Supermärkte, die sich auf den ersten Blick Konkurrenz machen, weil sie direkt nebeneinander liegen, nunmehr auf den zweiten Blick eine sehr sinnvolle Kombination darstellen. Die unmittelbare Nachbarschaft eines preisaggressiven Discounters mit z.B. 800 Artikeln und eines Vollsortimenters mit z. B. 10000 Artikeln kann bewirken, daß beide Betriebe zusammen den gewählten Standort gegenseitig weiter aufwerten. Der preisagressive Discounter bietet die größere Magnetfunktion, andererseits schadet dieser Typ dem Nachbarn kaum. Schließlich bleiben in unserem Beispiel noch über 90 % Artikel, die man bei ihm kaufen kann, jedoch nicht beim preisagressiven Discounter.

Abb. 4 faßt etwas detaillierter nochmals die Zahl der Artikel der SB-Center und SB-Warenhäuser nach Größen und Klassen zusammen.

Abb. 4: Zahl der Artikel der SB-Center und SB-Warenhäuser nach Größenklassen am 1. 1. 1987

Größenklasse (qm Verkaufsfläche)	Durchschnittliche Zahl der Artikel			Artikelzahl je qm	Verteilung der Artikel in % (Gesamtartikelzahl = 100)	
	Lebensmittel	Konsumgüter	insgesamt		Lebensmittel	Konsumgüter
Objekte von 1000—1499 qm	5155	4422	9577	8,4	54	46
1500—2499 qm	5920	8470	14390	7,7	41	59
2500—3999 qm	7816	12813	20629	6,7	38	62
SB-Center von 1.500—3999 qm insgesamt	6630	10096	16726	7,3	40	60
4000—4999 qm	8813	19245	28058	6,5	31	69
5000—6999 qm	11133	26286	37419	6,7	30	70
7000—9999 qm	11632	27260	38892	4,9	30	70
10000 und mehr qm	11131	36698	47829	3,4	23	77
SB-Warenhäuser ab 4000 qm insgesamt	10452	25896	36348	4,8	29	71
Gesamt	7140	12331	19471	6,1	37	63

Quelle: Permanente ISB-Erhebung über die Entwicklung der SB-Center und SB-Warenhäuser in der BR-Deutschland, dynamik im handel 2/87

Abb. 5 und 6 sollen die derzeitigen Marktgegebenheiten aufgrund der vorhandenen Marktteilnehmer und der vorhandenen Geschäftsgrößenordnungen wiedergeben.

Abb. 5: Die „Top 50" des Lebensmittelhandels in der Bundesrepublik 1986

Unternehmen	Nettoumsatz (o. MWSt.) 1986 Mrd DM	1985 Mrd DM	Veränderung zum Vorjahr in %	Anmerkung
1. Aldi, Essen + Mülheim	18,972*	18,600*	+ 2,0*	(—)
2. RHG Leibbrand oHG, Bad Homburg	11,837	10,800	+ 9,6	(—)
3. Tengelmann-Gruppe, Mülheim	10,250*	9,670*	+ 6,0	(3)
4. co op AG, Frankfurt	10,080	10,280	− 2,0	(—)
5. Metro Gruppe, Düsseldorf	7,700	7,500	+ 2,6	(—)
6. Schaper-Konzern, Hannover	4,154	3,721	+ 11,6	(6)
7. Asko-Gruppe, Saarbrücken	3,753*	1,670	+ 124,7*	(7)
8. Spar AG, Hamburg, Düsseldorf, München	3,630	3,594	+ 1,0	(—)
9. allkauf, Mönchengladbach	3,500	3,257	+ 7,5	(—)
10. Massa AG, Alzey	2,986	2,929	+ 2,0	(—)
11. Lidl & Schwarz, Neckarsulm	2,790	2,447	+ 14,0*	(—)
12. Wertkauf/Mann, Karlsruhe	2,750*	2,700*	+ 1,9*	(12)
13. Werhahn-Gruppe, Neuss	2,050*	2,050*	− 0 *	(—)
14. Nanz-Gruppe, Stuttgart	1,913	1,870	+ 2,3	(—)
15. co op Dortmund eG, Dortmund	1,907	1,879	+ 1,5	(—)
16. Deutscher Supermarkt, Düsseldorf	1,890	1,881	+ 0,5	(—)
17. AVA AG, Bielefeld	1,823	1,509	+ 20,8	(—)
18. Rewe Dortmund eG, Dortmund	1,813	1,753	+ 3,4	(—)
19. Störzbach HUS Gruppe, Ellhofen	1,738	1,664	+ 4,4	(—)
20. Karstadt Konzern Lebensm.-Abteilung, Essen	1,470*	1,442*	+ 2,0	(—)
21. BLV Bayerische Lager-versorgung, München	1,402	1,206	+ 16,1	(—)
22. Hurler, München	1,400	1,800	− 22,3	(—)
23. Norma, Fürth	1,400*	1,373*	+ 2,0*	(23)
24. Anton Schlecker KG, Ehingen	1,362	1,207	+ 12,8	(—)
25. Familia-Gruppe, Heidelberg	1,336	1,264	+ 5,7	(—)
26. Hussel-Konzern, Hagen	1,313	1,181	+ 11,2	(—)
27. EHG Minden-Hannover, Minden	1,310	1,275	+ 2,7	(—)
28. Kaufhof-Konzern Lebensm.-Abteilung, Köln	1,256*	1,302*	− 3,3	(—)
29. Globus Handelshof, St. Wendel	1,214	1,149	+ 5,7	(—)

Unternehmen	Nettoumsatz (o. MWSt.) 1986 Mrd DM	1985 Mrd DM	Veränderung zum Vorjahr in %	Anmerkung
30. Ratio-Gruppe, Münster	1,172	1,091	+ 7,4	(—)
31. EHG Hessenring, Melsungen	1,095	1,043	+ 5,0	(—)
32. co op Schleswig-Holstein eG, Kiel	1,053	0,968	+ 8,8	(—)
33. Rewe Rhein-Sieg, Hürth	0,963	0,987	− 2,4	(—)
34. Kaiser & Kellermann, Kirchhundem	0,956	0,922	+ 3,7	(—)
35. Kriegbaum, Böblingen	0,955*	0,910*	+ 4,9*	(—)
36. Rewe Hungen, Hungen	0,907	0,878	+ 3,3	(—)
37. EHG Würzburg-Nürnberg, Rottendorf	0,905	0,852	+ 6,2	(—)
38. Edeka Duisburg eG,Moers	0,887	0,831	+ 6,7	(—)
39. Kathreiner AG, Poing	0,880*	0,840	+ 4,8	(39)
40. Bartels-Langness, Kiel	0,861*	0,840*	+ 2,5*	(40)
41. Hertie Konzern Lebensm.-Abteilung, Frankfurt	0,838*	0,958*	− 12,5*	(—)
42. Bremke & Hoerster, Arnsberg	0,790*	0,770*	+ 2,6	(—)
43. Reichelt, Berlin	0,784*	0,768*	+ 2,1*	(—)
44. Fegro, Eschborn	0,770	0,423	+ 82,0	(44)
45. Dohle-Gruppe, St. Augustin	0,748	0,660	+ 13,3	(45)
46. EWS Kaufmarkt, Nürnberg	0,717*	0,700*	+ 2,5*	(—)
47. Ihr Platz-Gruppe, Osnabrück	0,709	0,637	+ 11,3	(—)
48. Edeka Mittelbayern eG, Ingolstadt	0,703	0,675	+ 4,1	(—)
49. Pfannkuch GmbH & Co. KG, Karlsruhe	0,682	0,732	− 6,8	(49)
50. Edeka Chiemgau eG, Trostberg	0,637	0,613	+ 3,9	(—)

* Schätzung

Anmerkung:
(3) Geschäftsjahr 30. Juni, nur BRD, Schätzung basiert auf Bruttoumsatz von 11,346 Mrd. DM nach Geschäftsbericht, Welt-Umsatz 29 Mrd. DM brutto; (6) Geschäftsjahr 30. September; (7) 1986 inkl. Deutsche SB-Kauf, ohne Furr's Inc./USA; (12) davon Wertkauf 1,95 Mrd. DM* zu 1,8 Mrd. DM* (+ 8 Prozent*); (23) Korrektur der Vorjahresschätzung LZ 17/86; (39) Rumpfgeschäftsjahr 1.1. bis 30. 9. 1986 Umsatz 650 Mio. DM netto; (40) inkl. Citti, ohne Citti 550 Mio. DM*; (44) August 1986 Übernahme Agros (Umsatz 4 Monate = 295 Mio. DM), Fegro ohne Agros + 12,3 Prozent; (45) ohne Himmelreich/Handelshof; (49) Geschäftsjahr 30. Juni.
Quelle: Lebensmittelzeitung, Frankfurt, nach Unternehmensangaben, Geschäftsberichten und Bundesanzeiger

Abb. 6: Flächenaufteilung der SB-Center und SB-Warenhäuser nach Größenklassen am 1. 1. 1987

Größenklasse (qm Verkaufsfläche)	Durchschnittliche Verkaufsfläche Lebensmittel qm	%	Konsumgüter qm	%	insgesamt qm	%	Ø VK-fläche %	Durchschn. Nebenfläche qm	%	Durchschn. Gesamtfläche qm	%
Objekte von 1000—1499 qm	713	63	428	37	1141	100	77	333	23	1474	100
1500—2499 qm	1013	54	863	46	1876	100	77	548	23	2424	100
2500—3999 qm	1371	45	1695	55	3066	100	77	895	23	3961	100
SB-Center von 1500—3999 qm insgesamt	1136	49	1169	51	2305	100	77	673	23	2978	100
4000—4999 qm	1715	40	2617	60	4332	100	80	1076	20	5408	100
5000—6999 qm	2289	41	3307	59	5596	100	73	2054	27	7650	100
7000—9999 qm	2537	32	5417	68	7954	100	76	2457	24	10411	100
10000 und mehr qm	3827	27	10346	73	14173	100	78	3905	22	18078	100
SB-Warenhäuser ab 4000 qm insgesamt	2609	34	5042	66	7651	100	77	2298	23	9949	100
Gesamt	1344	42	1841	58	3185	100	77	946	23	4131	100

Quelle: Permanente ISB-Erhebung über die Entwicklung der SB-Center und SB-Warenhäuser in der BR-Deutschland, dynamik im handel 2/87

Abb. 7 zeigt uns den *Entwicklungsstand von Betriebstypen* ganz grundsätzlich. Man kann einen beliebigen Betriebstyp theoretisch in *vier* Le-
bensphasen einteilen, die die Marktdurchdringung widerspiegeln.

Wenn ein bestimmter Betriebstyp, sei es ein Drogeriemarkt oder ein
„Tante-Emma"-Laden, entdeckt wird, muß er zunächst getestet werden.
Ist die Phase I (Testphase) erfolgreich, setzt sich dieser Typ am Markt
durch (Phase II), bis er einen Durchsetzungsgrad erreicht, der ihn aufgrund fehlenden, darüber hinausgehenden Bedarfs stagnieren läßt. Dies
ist die Reifephase, in der sich viele klassische Betriebstypen heute befinden (Phase III). Da wir in einer sich wandelnden Welt leben, ist es un-
vermeidbar, daß in der Vergangenheit akzeptierte Betriebstypen aufgrund veränderten Kaufverhaltens und geänderter Marktbedingungen
sich zurückentwickeln oder gar verschwinden; dies ist die Phase der
Schrumpfung (Phase IV).

Abb. 7: Entwicklungsstand von Betriebstypen

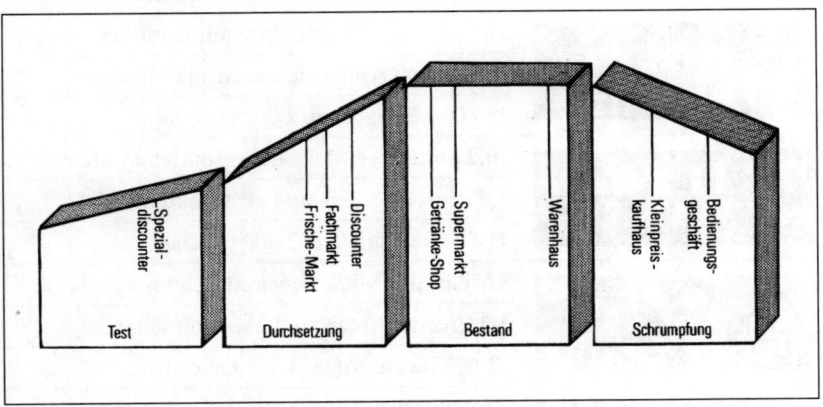

Quelle: CAPITAL & CONCEPT GmbH, München in Zusammenarbeit mit VBP Ver-
marktungstechnische Beratungspraxis Szindlowski, Dortmund.

Die Grafik zeigt, welche aktuellen Betriebstypen heute etwa an welcher
Stelle in der Lebenskurve anzusiedeln sind. Es gibt viele Untersuchun-
gen anerkannter Institute, die den Wahrheitsgehalt dieses Diagramms
belegen.

Aus Anlegersicht muß ein sicherer Mieter mit möglichst *langfristiger* Bindung bevorzugt werden. Dies sind Mieter, die sich in Phase II, jedoch höchstens in Phase III befinden. Während der Dauer einer möglichen Fremdkapitaltilgung der Anlage werden diese Mieter — am richtigen Standort — mit großer Wahrscheinlichkeit die besten und damit die sichersten sein.

Wir sehen, daß unter dem Gesichtspunkt der Sicherheit einer Anlage bestimmte Betriebstypen diesen Kriterien mehr, andere weniger gerecht werden.

Abb. 8: Die 10 Riesen im Lebensmittelhandel

ALDI	18,6 Milliarden Mark Lebensmittelumsatz
	12 Prozent Anteil am Lebensmittelhandel
	20 000 Beschäftigte, 2 000 Geschäfte
REWE	11 Milliarden Mark Lebensmittelumsatz
	7,1 Prozent Anteil am Lebensmittelhandel
	39 800 Beschäftigte, 2 200 Geschäfte
TENGEL-MANN	10,2 Milliarden Mark Lebensmittelumsatz
	6,6 Prozent Anteil am Lebensmittelhandel
	41 500 Beschäftigte, 2 800 Geschäfte
CO OP	8 Milliarden Mark Lebensmittelumsatz
	5,2 Prozent Anteil am Lebensmittelhandel
	22 000 Beschäftigte, 1 760 Geschäfte
Schaper-Gruppe	5,0 Milliarden Mark Lebensmittelumsatz
	3,2 Prozent Anteil am Lebensmittelhandel
	11 300 Beschäftigte, 1 200 Geschäfte
SPAR	3,6 Milliarden Mark Lebensmittelumsatz
	2,3 Prozent Anteil am Lebensmittelhandel
	27 700 Beschäftigte, 5 400 Geschäfte

	3,3 Milliarden Mark Lebensmittelumsatz
	2,1 Prozent Anteil am Lebensmittelhandel
	6 700 Beschäftigte, 46 Geschäfte
	2,9 Milliarden Mark Lebensmittelumsatz
	1,9 Prozent Anteil am Lebensmittelhandel
	7 600 Beschäftigte, 26 Geschäfte
	2,7 Milliarden Mark Lebensmittelumsatz
	1,7 Prozent Anteil am Lebensmittelhandel
	6 000 Beschäftigte, 20 Geschäfte
	2,4 Milliarden Mark Lebensmittelumsatz
	1,5 Prozent Anteil am Lebensmittelhandel
	4 500 Beschäftigte, 820 Geschäfte

Quelle: impulse 1/87

1.2 Einkaufszentren

Es ist formell nicht ganz korrekt, an dieser Stelle unter dem Oberbegriff Food-Handelsimmobilien den Bereich der Einkaufszentren zu behandeln. Schließlich kann man zwar in einem Einkaufszentrum Lebensmittel und artverwandte Produkte kaufen. Auch sind integrierte SB-Warenhäuser gemäß der obigen Definition (vgl. Abschnitt 1.1) wesentliche Magnetmieter in einem Einkaufszentrum.

Die Kumulation von in der Mehrzahl Non-Food-Flächen hingegen spricht eigentlich gegen die gewählte Zuordnung. Andererseits sind Einkaufszentren die logische vierte Stufe nach Discountern, Verbrauchermärkten und SB-Warenhäusern und somit auch die größte Food-Handelsstufe, zumal in einem Einkaufszentrum neben einem SB-Warenhaus häufig Food-Fachgeschäfte wie Frische-Shops für Obst und Gemüse, Bonbonieren usw. angesiedelt sind.

Als gängige *Definition eines Einkaufszentrums* soll gelten[1]: Eine Anzahl von Geschäftslokalen für Handel und Dienstleistungen, die als Einheit geplant und gebaut werden und die als Einheit verwaltet werden. Diese Gruppierung von Geschäftslokalitäten stützt sich im Hinblick auf Standort, Größe und Art der Geschäfte auf das Einzugsgebiet, das sie erreichen kann.

Der globale Begriff Einkaufszentrum umfaßt nicht die *Vorstufen,* auf die hier nur kurz hingewiesen werden soll:

Der *Flächenhandel* ist die erste Konzentrationsstufe. Er ist in größeren Wohngebieten zu finden. Über das Gebiet verteilen sich Einzelhandelsgeschäfte, die der Deckung des täglichen Bedarfs dienen.

In der zweiten Stufe findet man *Anhäufungen* von Geschäften in bestimmten Straßen vor. Eine solche Geschäftsgegend beinhaltet bereits eine erste Spezialisierung z. B. in Drogerie, Apotheke, Metzger und Lebensmittelhandel.

Die dritte Konzentrationsstufe ist geprägt durch die *Anballung* von Kaufhäusern, hochspezialisiertem Fachhandel und Supermärkten. Beispiel sind die klassischen Innenstädte, das Geschäftszentrum.

Erst die hierüber hinausgehende vierte Konzentrationsstufe darf als das oben definierte Einkaufszentrum bezeichnet werden.

Während früher zwischen „Einkaufszentrum" und „Shopping-Center" unterschieden wurde, hat sich in den letzten 10 Jahren der Begriff Shopping-Center als synonymer Begriff durchgesetzt.

Die Dichte von Einzelhandels- und Dienstleistungsbetrieben ermöglicht es dem Kunden in besonderer Weise, seinen persönlichen Bedarf an Konsumgütern zu befriedigen und Privatdienstleistungen in Anspruch zu nehmen.

Neben kommerziellen, d. h. erwerbswirtschaftlich ausgerichteten Betrieben werden zunehmend auch öffentliche *Versorgungs- und Verwaltungseinrichtungen* wie ein Gemeindesaal oder eine Polizeiwache mit eingeplant. Damit geht das zunächst monofunktionale Einkaufszentrum

---

1   Vgl. Eckert, Konsument und Einkaufszentrum; Vielberth, Erscheinungsformen des Einkaufszentrums, in: Falk (Hrsg.), Shopping-Center Handbuch.

in ein multifunktionales Zentrum über, welches mit dem Begriff Einkaufszentrum dann nicht mehr ausreichend beschrieben ist.

Gewachsene Einkaufszentren haben sich im Zeitablauf entwickelt. Verschiedene Einzelbetriebe haben sich *sukzessiv* für einen bestimmten Standort entschieden. Die Beobachtung der Einkaufsgewohnheiten der Konsumenten und die Analyse des Verhaltens der einzelnen Konkurrenten waren entscheidend für die Standortwahl. Weiteres wichtiges Merkmal von gewachsenen Einkaufszentren ist, daß trotz der vorhandenen Dichte von Handelsflächen jedem Einzelnen ein hohes Maß an wirtschaftlichen Entscheidungsfreiheiten geblieben ist. Eine gegenseitige Abstimmung oder gar ein gemeinsames Planen von Aktivitäten ist hier nicht festzustellen.

Solch gewachsene Einkaufszentren, wie die typischen Cityverkaufsflächen, profitieren in hohem Maß voneinander. Gewachsene Einkaufszentren in der Ausprägung als Stadtteil-, Stadtviertelzentren oder gar Nachbarschaftszentren sind relativ selten zu finden.

Dem gegenüber stehen *geplante* Einkaufszentren. Der Begriff „geplant" weist darauf hin, daß die Agglomeration nicht im Zeitablauf gewachsen, sondern aufgrund einer *entwickelten Konzeption* beschlossen und realisiert wurde. Die vom Träger des geplanten Zentrums gewährleistete Einheitlichkeit der Konzeption und des Managements haben zur Folge, daß unter sonst gleichen Umständen die wirtschaftliche Selbständigkeit der einzelnen Betriebe in dieser Handelsform geringer ist als in gewachsenen Geschäftszentren.

Wesensmerkmale und Kategorisierung von Shopping-Centern

Der Begriff Shopping-Center zielt auf das geplante geschaffene Einkaufszentrum ab. Gemäß dem Urban Land Institute[1] läßt sich das Shopping-Center durch die nachfolgenden *Wesensmerkmale* beschreiben:

- Räumliche Agglomeration von Einzelhandels- und Dienstleistungsläden,
- einheitliche Errichtung und Organisation durch den Träger des Zentrums,

---

1   Urban Land Institute, The Community Buildings Handbook, Washington 1961.

- Vermietung, in Einzelfällen auch Verkauf der Geschäftsflächen an rechtlich selbständige Einzelhandels- und Dienstleistungsunternehmer,
- einheitliche Zentrenpolitik bei der Durchführung von Kollektivaufgaben.

Während also die herkömmliche Definition einer Betriebsform auf den einzelnen Betrieb abstellt, ist das Shopping-Center als geplante Form des Einkaufszentrums eine Ansammlung mehrerer solcher Unternehmen und damit formell als *Betriebsformenagglomeration* anzusehen.

Die in der Praxis bestehenden Shopping-Center lassen sich wie folgt kategorisieren[1]:

- *Nachbarschaftszentrum (Neighbourhood-Center)*
  Es versorgt die Bevölkerung der unmittelbaren Umgebung, möglichst im fußläufigen Bereich, mit Waren des laufenden Bedarfs und konsumnahen Dienstleistungen, wie Friseur oder chemische Reinigung. Hauptmieter sind hier meistens Supermärkte.

- *Community-Center*
  Hier kauft die Bevölkerung eines ganzen Stadtbezirks. Das Angebot ist im Vergleich zum Nachbarschaftszentrum größer. Als Leitbetrieb fungiert klassisch ein Klein-Preis-Geschäft.

- *Regionalzentrum (Regional-Center)*
  Es stellt die größte Ausprägung des Shopping-Centers dar. Die Angebotsstruktur wird von mindestens einem Warenhaus mit Vollsortiment geprägt, das als Kundenmagnet dienen soll. Ein gut strukturiertes Regionalzentrum bietet ein sehr umfangreiches Angebot inklusive einer Vielzahl von Dienstleistungen und übt eine große Anziehungskraft auf das Umland aus.

Während man davon ausgehen kann, daß in den Vereinigten Staaten bis zu 50 % des amerikanischen Einzelhandels-Umsatzes in Shopping-Centern getätigt werden, liegt der Marktanteil in Deutschland bei nicht mehr als 10 %.

Es wäre falsch, davon auszugehen, daß der Marktanteil von Shopping-Centern folglich in Deutschland schnell und stark wachsen wird. Die wirtschaftlichen und rechtlichen Rahmenbedingungen bei uns in Deutschland

---

1   Solal, Einkaufszentrum — Bazar unserer Zeit, in: Dynamik im Handel Nr. 4/1972.

sind mit denen in den USA nicht vergleichbar. Insbesondere folgende Tatsachen stehen einer starken Verbreitung von Shopping-Centern entgegen:

● Interessante Standorte für derartige Großobjekte werden in Stadtregionen seltener. Durch die Umwandlung von Warenhäusern mit Untermietern entstehen ohnehin heimliche Konkurrenten.

● Das Einzelhandelswachstum hat sich verlangsamt. Über den Faktor Expansion ergeben sich also sehr wenig Ansätze.

● Planungsrechtliche und andere gesetzliche Bestimmungen erschweren die Errichtung von regionalen Shopping-Centern (vgl. Teil A Abschnitt 3.2).

Abb. 9: Entwicklung der regionalen Shopping-Center 1964 bis 1987

Jahr	Bestand	Geschäftsfläche in qm	Durchschnittliche Geschäftsfläche je Center in qm
1964	3	170 500	56 833
1965	3	170 500	56 833
1966	5	222 500	44 500
1967	6	270 500	45 083
1968	8	322 079	40 260
1969	11	417 766	37 979
1970	15	625 999	41 733
1971	21	807 073	38 432
1972	26	1 018 757	37 732
1973	37	1 334 500	35 118
1974	44	1 601 706	35 593
1975	47	1 654 706	34 473
1976	49	1 697 706	33 954
1977	56	1 874 106	32 879
1978	58	1 929 506	33 267
1979	61	2 023 506	33 866
1980	69	2 175 506	31 044
1981	72	2 241 781	30 665
1982	72	2 263 848	31 442
1983	77	2 380 848	30 920
1984	80	2 446 848	30 586
1985	82	2 496 848	30 449
1986	83	2 518 448	30 343
1987	85	2 556 448	30 075

Quelle: Institut für Gewerbezentren, Bad Urach

Einkaufszentren als Kapitalanlage

Einkaufszentren besitzen die Vorteile einer Immobilien-Anlage. Das investierte Kapital ist durch Grund und Boden wertgesichert. Dieses Argument trifft für Shopping-Center in besonderem Maß zu. Der Grundstücksanteil ist normalerweise gegenüber dem Gebäudeanteil sehr hoch. Die ausgewählten Grundstücke gewinnen durch die Entwicklung des Einkaufszentrums in der Regel zusätzlich an Wert.

Neben dem Substanzwert verfügen Einkaufszentren auch über eine gute Ertragskraft. Bei Einkaufszentren ist dieser Ertrag normalerweise durch *Umsatzmieten* und *Indexklauseln* wertgesichert. Bei einem funktionierenden Zentrum sollte die Ertragskraft nicht nur inflationsbedingt, sondern auch real wachsen[1].

Einkaufszentren sind sichere Anlagen. Sie verfügen über bonitätsstarke Magnetmieter mit langfristigen Mietverträgen. Bei den vielen Kleinmietern gibt es immer wieder Wechsel, jedoch ist es in der Regel nicht schwierig, die frei gewordenen Flächen häufig sogar zu höheren Mietsätzen weiter zu vermieten.

Diese Argumente sprechen grundsätzlich für die Geldanlage in Einkaufszentren.

Daneben sind wichtige *Risikofaktoren* zu sehen. Das Kapital wird langfristig gebunden: Nomen est Omen „Die *Im*mobilie". Selbst ein sehr gutes Center bindet Liquidität. Der gerade bei Einkaufszentren beachtliche Eigenkapitalaufwand kann nur schwer wieder liquidiert werden.

Zum Erwerb und insbesondere zur späteren laufenden Verwaltung des Zentrums benötigt man umfangreiches Know-How. Hieraus folgt, daß es als Anlage vorwiegend für *institutionelle* Anleger in Frage kommt (vgl. hierzu Teil B Abschnitt 1).

Fehlplanungen bei nicht gutgehenden Centern resultieren aus dem Grundriß, dem Mietermix oder der Verwaltung. Dies zu beurteilen, ist nur dem fachkundigen institutionellen Investor möglich!

---

[1]   Müller, Möglichkeiten der Shopping-Center-Finanzierung, in: Falk (Hrsg.), Einkaufszentrum, Landsberg a. Lech, 1982.

Dennoch wurde und wird immer wieder versucht, eine solche Anlage auch den breiten Anlegerschichten zu erschließen. Die klassische Lösung ist hierbei die Auflage eines *geschlossenen Immobilienfonds,* um die Kleinstückelung in Form von Miteigentumsanteilen zu ermöglichen.

Durch solche Wege, die grundsätzlich möglich sind, werden erhöhte administrative Vorkehrungen notwendig. Diese Maßnahmen kosten Geld und schmälern die Rendite. Viele bauseitige Anlagen, nicht vermietbare Frei- und Nebenflächen und erhöhte Unterhaltskosten relativieren die Ertragsstärke so, daß dem Anleger selten mehr als 5,0—5,5 % Rendite bleiben. Für den normalen Anleger gibt es folglich oft bessere Alternativen unter den Gewerbeimmobilien als großgebindige Einkaufszentren.

2 Fachmärkte

2.1 Fachmärkte im Einzelhandel

Der Handel sucht neue Absatzwege. Die früher bewährten Vertriebs-
konzepte des Handels sind durch Veränderungen in der Wertedynamik
der Konsumenten heute nur noch selten die geeignete Angebotsform.
Die ständige Zunahme der Warenvielfalt — „die Sortimentdynamik" —
und auch die rechtlichen Rahmenbedingungen verhindern nahezu die
Errichtung neuer Großflächen. Hierin sind die Ursachen für neue Betriebstypen zu sehen. In den Fachmärkten werden Sortimente ausgela-
gert, tiefer und breiter angeboten.

In den letzten 15 Jahren gab es einen besonderen Trend unter den Konsumenten. Durch die Relativierung der Arbeitswelt und das damit verbundene Bewußtsein für die persönliche Freizeit hat sich zunehmend
mehr Zeit für den *bewußteren Einkauf* ergeben. Wer mehr Zeit hierfür
hat, wer den Einkauf bewußter erlebt und erleben will, erwartet von seiner Einkaufsstätte klare und übersichtliche Warenpräsentation und generell eindeutige Informationen. Gefordert sind folglich Betriebstypen,
die diesem Lebensstil entsprechen.

Unterstützt wird das Ganze durch die Entwicklung der elektronischen
Datenverarbeitung. Die modernen Kommunikationsinstrumente ermöglichen eine sehr exakte, schnelle Kommunikation zwischen den einzelnen
Filialen eines Unternehmens, was dem Wunsch nach klarer Warenpräsentation und Information entgegenkommt.

Definition des Fachmarktes

Der Fachmarkt spricht eine bestimmte Zielgruppe an (z. B. den Sportler
oder den Heimwerker) oder orientiert sich an einem speziellen Bedarf
(z. B. Drogerie, Bekleidung). Er bietet die Möglichkeit zur Selbstbedienung, führt ein breites Sortiment, das gut gegliedert und übersichtlich
präsentiert wird. Gleichzeitig soll eine möglichst gute Serviceleistung im
Bereich Beratung geboten werden. Die Waren werden in der Regel groß-
flächig und sehr augenfällig präsentiert. Das Preisniveau ist niedrig bis
durchschnittlich, was durch aktive Werbemaßnahmen und Aktionen
dem Kunden stets bewußt gemacht werden soll. Dem Preisbewußtsein

und nach wie vor vorhandenen Sparsamkeitsstreben der Verbraucher wird damit Rechnung getragen.

Abb. 10: Umsatz der Fachmärkte

Warengruppe	Umsatz in Mrd. DM	
	1982	1985
Lebensmittelsortimentsmärkte	—	—
Lebensmittelspezialmärkte		
— Getränkecenter	—	—
— Weinfachmärkte	—	3,0
— sonstige	—	—
Bekleidungsmärkte/Sportmärkte	1,3	2,5
Schuhmärkte	—	1,6
Hausrat, Porzellan, Glaswaren		1,5
Elektro- und Unterhaltungselektronik	0,9	1,2
Heimausstattungsmärkte (Teppichmärkte	—	0,7
Möbelfachmärkte ohne Allround-		
Großflächenanbieter wie Kraft		
(700 Mill. DM 1985), Neubert u. a.	2,5	3,0
Baumärkte	5,5	6,5
Bauspezialmärkte		
(Fliesencenter, Sanitärcenter)	1,0	1,5
Buchfachmärkte	—	—
Drogeriemärkte	2,9	4,1
Autozubehörmärkte		
(Reifenmärkte, Zweiradmärkte)	0,4	0,8
Gartencenter	1,0	1,6
Foto, Optik, Schallplatten, PC, Software		2,5
Uhren- und Schmuckfachmärkte	—	—
Non-food insgesamt	15,5	30,5

Quelle: „Der Verbraucher 6/86

Die wichtigsten Unterformen des Fachmarktes sind der Fachdiscounter und der Fabrikladen. Anhand der später folgenden Beschreibung von Drogerie- und Textilfachmärkten werden konkrete Ausprägungen besprochen, weswegen hier einige grundsätzliche Anmerkungen genügen sollen:

● *Fachdiscounter*
Ein Fachdiscounter führt ein wesentlich strafferes Sortiment von sich
schnell umschlagenden Waren als der entsprechende Facheinzelhandel bzw. Fachmarkt. Im Gegensatz zum normalen Fachmarkt, dessen
Standort in der Regel autokundenorientiert zu sein hat, benötigt ein
Fachdiscounter Standorte in Geschäfts- und Einkaufszentren mit
ausgesprochen hoher Kundenfrequenz. Die im Vergleich zu Wettbewerbern relativ günstigen Preise sollen die Schnelldreher zügig umdrehen. Die Ladenausstattung ist einfach bis sehr einfach und reduzierter als beim normalen Fachmarkt. „Minipreis" als Textildiscounter im Non-food-Bereich oder Aldi im Lebensmittelbereich sind als
Beispiele zu nennen.

● *Off-Price-Stores*
Artverwandt sind Offpreis-Geschäfte, in denen bekannte Marken zu
erheblich reduzierten Preisen verkauft werden. Dieses Konzept ist in
den USA sehr verbreitet (vgl. Abb. 11 und 11a).

Abb. 11: Den Spezialisten gehört die Zukunft (USA)

	Reales Wachstum in %	
	1978—1982	1983—1987
Warenhäuser	+ 1	0
Discounter	+ 2	+ 3
Supermärkte	+ 2	+ 1
General Merchandise Chains	− 2	0
„New ware"-Specialities[1]	+ 8	+ 12
„New ware"-Food Stores[2]	+ 7	+ 9

[1]   „Fachgeschäfte" neuen Typs wie exclusive Boutiquen (Designer-Shops) aber auch Offprice-Outlets
[2]   z.B. Feinkostgeschäfte

Abb. 11a: Offprice schneidet am besten ab (USA)

	Offprice	Warenhaus	Discounter	Fachhandel
Umsatzzuwachs in %	+ 26,0	+ 8,6	+ 3,8	+ 11,7
Bruttospanne in %	40,0	42,9	28,5	42,6
Umsatzrendite vor Steuer in %	6,5	5,1	3,4	2,3
Flächenproduktivität in %	140	122	108	144
Umschlagsgeschwindigkeit	4,2	3,3	3,1	3,2

Die Marktbedeutung in den USA kann bei uns wahrscheinlich nicht erreicht werden, weil wesentliche Voraussetzungen fehlen:

- Nutzungsverbot der vergleichenden Werbung;
- Deutschland-typischer Fachhandel.

Dennoch ist dieses Marktsegment aufmerksam zu beobachten. Prominentes Beispiel in Deutschland sind Offpreis-Läden von Christian Neureuther und Rosi Mittermeier, in denen schwerpunktmäßig die Sportmarken Kastinger und Erbacher vertrieben werden.

- *Fabrikläden*
  Fabrikläden werden mit oder ohne direkte Verbindung zu den jeweiligen Produktionsstätten von Herstellern unterhalten, um unter Ausschaltung des Zwischenhandels eigene Waren direkt an den Kunden abzusetzen. Bundesweite Beispiele aus allen Branchen sind bekannt. Der Fabrikladen von BOSS ist nur an drei Tagen in der Woche geöffnet und erreicht auf ca. 1 500 qm Fläche die wahrscheinlich höchste Flächenproduktivität in Deutschland im Textilhandel.

Der Fachmarkt und seine Ausprägungen stellen die systematische Weiterentwicklung des klassischen Fachgeschäfts dar. Seine nachhaltige Zukunft wird durch die nachfolgenden Punkte gefördert:

- Der Konsument will autonom und frei entscheiden. Fachmärkte fördern dieses Bewußtsein. Ungestörte *Vergleichsmöglichkeiten* zwischen Konkurrenzprodukten, die im Geschäft gut zugänglich sind, tragen diesem Wunsch Rechnung.
- Fachmarktstrategien machen einen Einkauf *komfortabler*. Zahlung auf Wunsch und die Bequemlichkeit des Einkaufs stimmen.
- Fachmärkte sind *Vollsortimenter* und auch bei relativ landlebigen Wirtschaftsgütern stets aktuell sortiert, was Non-Food-Abteilungen in Verbrauchermärkten nicht sein können.
- Fachmärkte vermitteln das Bewußtsein von Preisaggressivität, auch wenn sie diesem Anspruch in der Regel nicht gerecht werden. *Preissensibilität* ist jedoch ein wichtiger Faktor, der für Fachmärkte spricht.

Grundsätzliche Merkmale von Fachmärkten

● Qualifizierte Beratung nur auf Wunsch, Selbstbedienung und gutes Preis-Leistungs-Verhältnis stehen im Vordergrund.

● Ob Zeitung, Radio oder Fernsehen, Fachmärkte werben stets, um auf ihre Attraktivität hinzuweisen.

● Die Ware steht stark im Vordergrund, die Warenbestände je qm Verkaufsraum sind sehr hoch.

● Die verschiedenen Abteilungen sind sauber getrennt, klar gegliedert und gut überlegt aufeinander abgestimmt. Die Sortimentspolitik ist sehr ausgeprägt.

Fachmärkte haben sich zur *wichtigsten Handelsform* entwickelt. Es wird in den nächsten Jahren sicherlich verschiedene differenzierte Erscheinungsformen geben. Vorstellbar sind Einkaufszentren, die aus einer Kombination von nebeneinanderliegenden Fachmärkten bestehen und ähnliche Ausprägungen.

Als Kapitalanlage sind sie in der Regel geeignet. Wir gehen nachfolgend auf verschiedene *ausgewählte Konzepte* detailliert ein.

2.2 Ausgewählte Konzepte

2.2.1 Baumärkte

Baufachmärkte, häufig auch nur Baumärkte genannt, gehören schon zu den etablierten Formen, obwohl es sie erst seit 10 Jahren gibt. Die gereifte Marktbedeutung ist aus Anlegersicht ein guter Anlaß, um ein mögliches Eigeninvestment ernsthaft zu prüfen.

Im Gegensatz zu den später zu besprechenden Konzeptionen, sind Fachmärkte für Heimwerkermaterialien eine Agglomeration verschiedener Fachmärkte für Holz, Baustoffe, Fliesen, Sanitärartikel, Eisenwaren, Tapeten, Elektroartikel usw.

Durch die Angliederung von sonstigen Abteilungen wie Gartenfachmarkt, Zoofachmarkt sowie von Auto-, Zweirad-, Camping- und Sportartikelprodukten werden Baumärkte inzwischen von dem einen oder anderen Betreiber schon so weit verwässert, daß die Anerkennung der Fachmarktkompetenz durch den Verbraucher gefährdet ist.

Baumärkte, die sich auf diese Art und Weise auf über 40 000 Artikel (!) steigern, fahren ein zweischneidiges Konzept. Die Preiskompetenz wird gefährdet. Schließlich kann selbst ein Baufachmarkt-Betreiber nicht 40 000 grundverschiedene Artikel überall einigermaßen günstig einkaufen.

Ein guter Baumarkt versucht sich zu profilieren, indem er sich auf sein Marktsegment beschränkt und angestrebte Zielgruppen bewußt anspricht. Dieses Sortiment beherrscht der Fachbetreiber; nur hier kann qualifizierte Beratung geboten werden.

Die Artikelvielfalt beim Baumarkt drückt sich im Sortiment aus, welches je nach Konzept breit oder schmal, mehr oder weniger tief durchstrukturiert sein kann.

Abb. 12: Typen von Baufachmärkten

Sortiment	schmal	breit
nicht tief	Discount-Baumarkt	Verkaufs-Baumarkt
tief	Service-Baumarkt	Groß-Baumarkt

Gemäß Abb. 12 gelten folgende mögliche Typen:

● *Service-Baumarkt*
  Er ist ein Baufachmarkt, der ein schmales, gleichzeitig jedoch sehr tiefes Sortiment führt. Sein Vorteil ist hohe Kompetenz. Jeder gewünschte Artikel aus seinem Sortiment kann besorgt werden, mit dem sich der Anbieter bestens auskennt. Dafür ist er relativ teuer.

● *Discount-Baumarkt*
  Die zweite Möglichkeit ist, nur ein schmales Sortiment zu führen, das obendrein nicht sehr tief durchstrukturiert ist. Dieses Konzept ermöglicht die beste Preiskalkulation bei billigster Warenbeschaffung.

● *Verkaufs-Baumarkt*
  Die dritte Variante ist die Ausgestaltung mit einem breiten Sortiment, das nicht in die Tiefe geht. Das bedeutet eine relativ hohe Artikelzahl, ohne den Serviceanspruch einer guten Beratung bieten zu wollen und zu können.

● *Groß-Baumarkt*

Die vierte Variante beinhaltet folglich ein breites und tiefes Sortiment. Damit wird ein breites Spektrum von Produkten geboten, daneben große Auswahl, guter Service usw. Solch ein Markt kann sich nur in dicht besiedelten Gebieten an hervorragenden Standorten ansiedeln. Seine Preise können keinesfalls im Discountbereich liegen.

Welches Konzept das richtige ist, ist im wesentlichen eine *Standortfrage*. So berichtet Wolf-Peter Geier, Mitglied der OBI-Geschäftsleitung, auf dem Top-Forum 1985, daß OBI jeden seiner Standorte individuell plant und entsprechend den örtlichen Marktgegebenheiten die Sortimentschwerpunkte setzt.

Wolfgang Wirichs, geschäftsführender Gesellschafter der Wirichs-Baumärkte in Krefeld, spricht noch auf der Jahrestagung des Bundesverbandes für Selbstbedienungswaren 1982 von einer idealen Betriebsfläche von 3 000 qm, eine Größenordnung, die baurechtlich heute in der Regel keineswegs darstellbar ist. Bei ihm wie bei den anderen ist die Betriebsfläche der Baumärkte fast identisch mit der Verkaufsfläche. Wirichs-Baumärkte haben z. B. um die 12 000 Artikel, was ein angemessenes Mix aus Vollsortiment und gutem Umschlag darstellt.

Kundengruppen

Die Kunden eines Baumarktes sind mit denen von Food-Verbrauchermärkten nicht zu vergleichen. Sie haben andere Einkaufsgewohnheiten und andere Einkaufszeiten. Es ist nachvollziehbar, daß einzelne Artikel eines Baumarktes noch so preisgünstig sein können, sie werden dennoch nicht gekauft, wenn der *konkrete Bedarf* gerade nicht vorhanden ist. Das ist im Food-Bereich ganz anders.

Typische Kundengruppen von Baumärkten sind:

1. Die Gruppe der Heimwerker, vom ungeschickten Möchte-gern-Heimbastler bis zum professionellen Schwarzarbeiter,
2. echte Bauherren, die kostenbewußt agieren,
3. Gewerbetreibende, wie Handwerker, Hausmeister von Wohnblocks, Instandsetzungsabteilungen von Industriebetrieben usw.

Abb. 13: Entwicklung der Bau und Heimwerkermärkte nach Verkaufsflächen

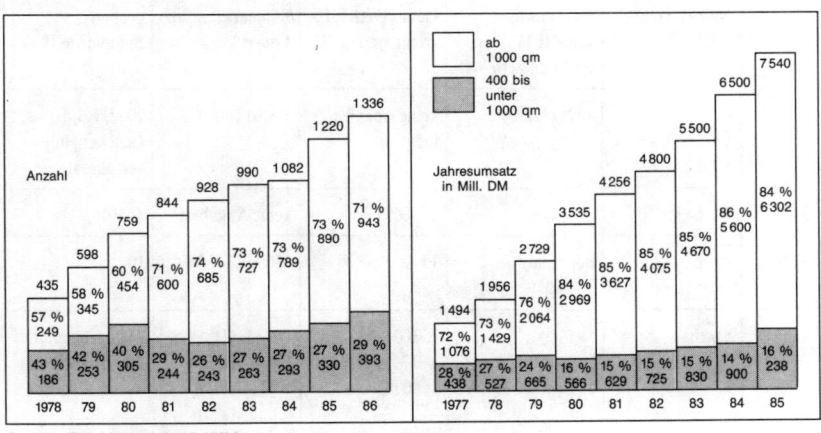

Quelle: „Der Verbraucher" 12/86

Standort und Wirtschaftlichkeit von Baumärkten

Der idealisierte Standort für einen Baumarkt ist ein Areal mit einem interessanten Einzugsgebiet, das sich aus einer Zwei-Familien-Haus-Bebauung und einem möglichst renovierungsbedürftigen Altbaubestand zusammensetzt.

Durch regelmäßige Werbung wird der Bekanntheitsgrad des Standorts verbessert und das Image gefördert. Je nach Region beträgt das Einzugsgebiet 10 bis 40 km.

Die Spannen bei Baumärkten betragen 25 bis 30 % vom Nettoverkaufspreis, die Umsätze schwanken je nach Standort relativ stark zwischen 3 000 und 6 000 DM pro qm Verkaufsfläche. Die Umsätze pro Mitarbeiter sind sehr hoch. Die Personalkosten liegen in der Regel unter 10 %.

Abb. 14: Hitliste der Baumärkte (Auszug)

	Name	Baumärkte Ende 1985 (in Klammern '84)	Gesamtverkaufs-fläche Ende 1985	Baumarktumsatz Ende 1985	geplante Baumärkte 1986
1 (1)	Obi	160 (132)	keine Angaben möglich	1 Mrd DM	10 (z. T. im Genehmigungs-verfahren)
2 (3)	Bauhaus	80 (64)	200 000 m²	keine Angaben	8—10
3 (2)	co op	inkl. plaza 76 (67)	130 000 m²	350 Mio DM	10
4 (4)	hagebau	59 (41) hagebaumärkte 25 hagebaushops	75 300 m² + 17 500 m² Freil. 3 500 m²	160 Mio DM (ohne MwSt) u. 10,5 Mio DM (ohne MwSt) hagebaushops	21 hagebaumärkte 8 hagebaushops
4 (9)	Interpares	59 (20) vorwiegend im in-tegrierten System	67 000 m²	ca. 170—180 Mio DM	3 (Ziel: Bestehende Unternehmen zum Bauzentrum profi-lieren)
5 (8)	mobau	53 (22) zwischen 400 + 3 500 m²	65 900 m²	110 Mio DM (hochgerechnet Ende 85, Marktumsatz Anschlußhäuser) Baumarkt Einzel-handelsbereich: 75 Mio DM	3 (Ziel: Um- oder Neugestaltung in Richtung Bauzen-trum)
6 (6)	Profi-Märkte (NB)	39 (27) 25 weitere Märkte von Mitglieds-firmen	58 000 m² (bezogen auf 39 Profi-Märkte)	ca. 125 Mio DM 25 sonstige = 75 Mio DM	5 weitere möglich
7 (5)	Stinnes	37 (35)	77 000 m²	ca. 300 Mio DM	5
7 (5)	Max Bahr	37 (35)	93 640 m²	320 Mio DM	geplant

	Name	Baumärkte Ende 1985 (in Klammern '84)	Gesamtverkaufs- fläche Ende 1985	Baumarktumsatz Ende 1985	geplante Baumärkte 1986
8 (11)	Praktiker	31 (16)	81 100 m²	380 Mio DM	mindestens 4 maximal 7
9 (7)	Massa	24 (26)	85 000 m² + 20 000 m² Freifläche	ca. 550 Mio DM	Objekte laufen
10 (10)	Wirichs	20 (17)	ca. 60 000 m²	117 Mio DM	1
11 (11)	helapark	17 (16)	pro Markt im d 2 500—3 000 m²	180 Mio DM	geplant
11 (12)	extra (Schaper)	17 (15)	keine Angaben	keine Angaben	keine Angaben
11 (16)	Trotz	17 (10) (7. Superbau- Märkte übernommen)	38 380 m²	100 Mio DM	mind. 1, evtl. 3
12 (12)	BLV	16 (15)	41 000 m²	bis 31. 10. 13,1 Mio DM	noch nicht absehbar
12 (14)	EK-Großeinkauf	16 (12)	ca. 14 500 m²	keine Angaben	keine Angaben
13 (13)	Hornbach	15 (14)	59 000 m² (über- dacht + beheizt)	167,1 Mio DM	2—3
14 (19)	Bauklotz (EDE)	14 (7)	25 000 m²	60 Mio DM	8
14 (14)	Hellweg	14 (12)	34 300 m²	auf Basis von 11 Märkten auf alter Fläche: 98,5 Mio DM	4
14 (13)	Raab Karcher	12 (14) + 2 Gartencenter	23 000 m² + 7 700 m² Gartencenter	keine Angaben	2 Gartencenter 1 Baumarkt

Quelle: baustoffmarkt 11/1985

Abb. 14a: Strukturdaten der Bau- und Heimwerkermärkte 1978—1987

Jahr	Zahl der Märkte						Jahresumsatz in Mio DM					
	„große Märkte"*		„kleine Märkte"**		insgesamt		„große Märkte"*		„kleine Märkte"**		insgesamt	
	abs.	in %	abs.	in %	abs.	in %	abs.	in %	abs.	in %	abs.	in %
1978	249	57,2	186	42,8	435	100,0	1429	73,0	527	27,0	1956	100,0
1979	345	57,7	253	42,3	598	100,0	2064	75,6	665	24,4	2729	100,0
1980	454	59,8	305	40,2	759	100,0	2969	84,0	566	16,0	3535	100,0
1981	600	71,1	244	28,9	844	100,0	3627	85,2	629	14,8	4256	100,0
1982	685	73,8	243	26,2	928	100,0	4075	84,9	725	15,1	4800	100,0
1983	727	73,4	263	26,6	990	100,0	4670	84,9	830	15,1	5500	100,0
1984	789	72,9	293	27,1	1082	100,0	5600	86,2	900	13,8	6500	100,0
1985	890	73,0	330	27,0	1220	100,0	6302	83,6	1238	16,4	7540	100,0
1986	943	70,6	393	29,4	1336	100,0	7120	83,7	1390	16,3	8510	100,0
1987	1033	70,4	435	29,6	1468	100,0	—	—	—	—	—	—

*   ab 1000 qm Verkaufsfläche
** 400—999 qm Verkaufsfläche
Quelle: A. C. Nielsen, Frankfurt

Abb. 14b: Anzahl und Umsatz der Bau- und Heimwerkermärkte nach Nielsen-Gebieten 1985

Gebiete	Anzahl 1336	Umsatz in Mill. DM 7540	Bevölkerungs-anteil
1 und 5	309	1544	24%
2	398	2210	27%
3a	250	1653	18%
3b	186	1023	14%
4	193	1110	17%

Drei von zehn Bau- und Heimwerkermärkten hatten 1985 in Nordrhein-westfalen (Nielsen II) ihren Standort mit 29% Umsatzanteil. Anzahl und Umsatz überstiegen den Bevölkerungsanteil dieses Bundeslandes von 27%.

Der zweitgrößte Betriebsanteil von 23 % entfiel auf die nördlichen Bundesländer einschließlich Berlin, die zusammen 24 % der Bevölkerung auf sich vereinigten. 1/5 betrug hier der Umsatzanteil. Faßt man die nördlichen Gebiete zusammen, dann stehen hier 53 % der Betriebe mit einem Umsatzanteil von 49 % einem Bevölkerungsanteil von 51 % gegenüber.

Der nächstgrößere Betriebsanteil kommt aus Nielsen III (Hessen, Rheinland-Pfalz und Saarland) mit 19 % bei einem Bevölkerungsanteil von 18 %. Hier werden 22 % Umsatz erzielt.

In Baden-Württemberg sind Bevölkerungsanteil, Betriebs- und Umsatzanteil mit nur je 14 % gleichmäßig verteilt.

Nielsen IV (Bayern) ist mit 14 % der Betriebe an 15 % Umsatz beteiligt, bei einem Bevölkerungsanteil von 17 %.

Die südlichen Länder verfügen zusammen über 47 % der Betriebe, die 51 % vom Umsatz bei einem Bevölkerungsanteil von 49 % bestreiten.

Baufachmärkte als Kapitalanlage

Welche Schlüsse können aus diesen Informationen für einen Kapitalanleger gezogen werden, der sich unter Umständen an einem Projekt beteiligen möchte, das langfristig an einen Baumarktbetreiber vermietet ist?

Baufachmärkte sind ein interessanter und zukunftsträchtiger Gewerbeimmobilien-Typ. Das nahezu explosionsartige Wachstum in den letzten acht bis zehn Jahren hat dazu geführt, daß die Zahl der Verkaufsflächen der Bau- und Heimwerkermärkte stärker gewachsen ist als das Marktvolumen. Dies wiederum wird einen *Verdrängungswettbewerb* zur Folge haben.

In der Phase des „Wachstum um jeden Preis" sind wahrscheinlich auch Standorte gewählt worden, die sich mittelfristig nicht durchsetzen. Die Beurteilung von *Standort* und *Betreiber* ist folglich sehr wichtig. Größere Objekte mit im Prinzip nicht wiederholbarem Baurecht sind auf jeden Fall zu bevorzugen und können eine langfristige rentierliche Kapitalanlage sein. Die Bruttorendite beträgt zwischen 6,0 und 7,0 % bei Neuobjekten. Gebrauchte Immobilien mit kürzeren Mietvertragslaufzeiten bieten häufig auch etwas mehr.

2.2.2 Drogeriemärkte

Während noch bis Mitte der 70er Jahre die konventionelle Drogerie ne-
ben Verbrauchermärkten, Parfümerien und Kaufhäusern Produkte wie
Kosmetika, Vitaminpillen, Körperpflegemittel und freiverkäufliche
Pharmazeutika verkaufen konnte, etablierte sich vor etwa 12 Jahren der
Drogerie-Fachmarkt.

Marktführer SCHLECKER hat seinen ersten Drogeriemarkt 1975 aufgemacht (erste Versuche anderer Betreiber gab es schon 2 Jahre vorher).
Im Januar 1987 wurde der 1500. Schlecker-Drogeriemarkt in Düsseldorf eröffnet. Eine Entwicklung, wie sie in dieser Schnelligkeit niemand
vorhergesagt hatte, und ein Erfolg, der viele Betreiber angezogen hat.
Heute tätigen sieben Unternehmen fast 50 % aller Drogerieumsätze.

Abb. 15: Drogerie-Fachhandel 1981—1985

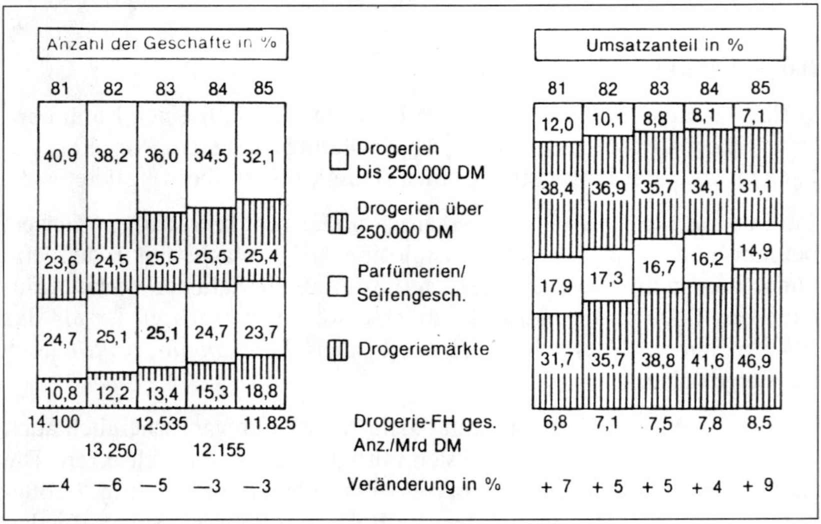

Quelle: GFK Handelsforschung

Abb. 16: Entwicklung der Drogeriemärkte 1978 bis 1986

	Zahl	Veränderung zum Vorjahr in %	Umsatz in Mio DM	Veränderung zum Vorjahr in %
1978	1 079	—	1 602	—
1979	1 258	+ 16,6	1 932	+ 20,6
1980	1 467	+ 16,6	2 373	+ 22,8
1981	1 594	+ 8,7	2 669	+ 12,5
1982	1 646	+ 3,3	3 016	+ 13,0
1983	1 942	+ 18,0	3 703	+ 22,8
1984	2 216	+ 14,1	4 147	+ 12,0
1985[1]	2 909	—	5 203	—
1986	3 284	+ 12,9	6 700[2]	+ 28,8

[1]   ab 1985 einschließlich der 470 Ihr-Platz-Märkte
[2]   geschätzt
Quelle: A. C. Nielsen, Frankfurt

Abb. 17: Sortimentsstruktur der Drogerien 1970 bis 1984

Sortiment	Angaben in %			
	1970	1976	1980	1984
Arzneimittel	13,9	20,5	14,1	13,0
Körperpflege- mittel	31,2	29,8	26,6	23,0
Kosmetika und Parfümwaren	32,8	33,2	45,3	48,0
Kindernahrung	19,5	12,6	8,0	7,0
Diätetika	2,6	3,9	6,0	9,0
Gesamt	100,0	100,0	100,0	100,0

Quelle: BBE — Unternehmensberatung, Köln, nach Angaben des Verbandes Deutscher
            Drogisten, Köln

Die Umsatzzuwächse und damit auch höhere Marktanteile holen sich
die Drogeriemärkte von anderen Handelsformen: den SB-Warenhäusern, den klassischen Kauf- und Warenhäusern, von Apotheken und

Drogerien. 1970, als es noch keinen Drogeriemarkt gab, wurden 14000 Drogerien gezählt, 1984 hingegen nur noch 6700! Die Preisaggressivität der Drogeriefachmärkte macht es schwer, etwas dagegenzusetzen. Die Altersstruktur der Inhaber von klassischen Drogerien läßt vermuten, daß sich diese Entwicklung fortsetzt.

Bei Drogeriemärkten lassen sich drei Betreiberkonzepte unterscheiden[1]:

Abb. 18: Betreiberkonzepte

Typ / Kriterium	Drogerie-Fachmarkt	Drogerie-Discounter	Depot-Kosmetikmarkt
Größe des Ortes	ab ca. 10000 Einwohner (immer häufiger auch ab 5000 EW)	ab 20000 Einwohner (Trend auch zu kleineren Orten)	ab ca. 30000 Einwohner
Standorte	beste bis gute Standorte	beste Standorte	nur allerbeste Lagen
Artikel	ca. 2000	ca. 4500	8000—15000 Warenpräsentation als gehobenes Niveau auch Geschenkartikel, Wollartikel, usw.
Umschlagsgeschwindigkeit	ca. 5 mal	ca. 5—8 mal	ca. 6 mal
Handelsspanne	ca. 20 %	ca. 20—24 %	ca. 26 %
Personalkosten	ca. 4,5 %	ca. 4—6 %	ca. 5,5—10 %
Mietkosten	ca. 3,5 %	4,5—6,5 %	6—9 %

Wegen der raschen Expansion sind die besten Standorte häufig bereits belegt. Nach der Phase des enormen Wachstums gilt es nunmehr, die

---

[1] Vgl. Jürgens/Schneider, Drogeriemärkte-Konzeptalternativen, in: Bundesverband der Selbstbedienungswarenhäuser e. V., Fachmärkte-Alternative, Bonn 1982.

Sortimente zu optimieren, die Ertragskräfte einzelner Artikelgruppen zu kontrollieren und die Kundenwirkung zu überprüfen, d. h. nicht nur die typische junge Mutter als Kundin anzusprechen, sondern auch über Umfeldprodukte ältere Konsumentengruppe zu suchen.

Entwicklungen der wichtigsten Marktteilnehmer

Marktführer sind die SCHLECKER-Märkte, von denen es Ende 1987 bereits über 1 700 gab. Angaben der Firma Schlecker zufolge strebt man in der Endstufe bis zu 4 000 Schlecker-Märkte an, die selbst in Gemeinden mit 5 000 Einwohnern (kleines Geschäftszentrum und etwas Einzugsgebiet unterstellt) zu finden sein werden. Der ideale Schleckermarkt ist 250 qm groß und führt etwa 3 500 Drogerie-relevante Artikel.

Auf ein dauerhaft gutes Preis-/Leistungsverhältnis setzt die PFANN-KUCH-Tochter dm-Drogerie-Markt GmbH & Co. KG in Karlsruhe. Das straffe, etwa 2 500 Artikel umfassende Sortiment und ein Umsatz in 1987 von rund 1,1 Milliarden DM (+ 7,5%) mit in Deutschland 240 und in Österreich 150 Filialen machen dieses Unternehmen zum Zweitgrößten. Die Gesamtverkaufsfläche beträgt über 100 000 qm. Unter dem Namen „Alana" bietet dm in ihren deutschen Läden Kinderkleidung aus reiner Naturfaser an. Eigene Märkte für Textilien soll es hingegen nicht geben.

KAISER'S DRUGSTORE (KD) mit über 250 kd-Märkten liegt auf Platz drei gut im Rennen. Interessant ist hier, daß zu klein gewordene Lebensmittelmärkte relativ häufig in KD-Filialen umgewandelt werden. In Citylagen mit hoher Fußgängerfrequenz genügen Ladenflächen zwischen 100 und 350 qm. Üblicherweise werden 3 800 Artikel geführt.

Abb. 19: Zahl der Verkaufsstellen und Umsatz der Drogeriemärkte in der Bundesrepublik Deutschland 1985 und 1986

Drogeriemärkte	Verkaufsstellen		Umsatz in Mio. DM	
	1986	1985	1986	1985
Schlecker	1 530	1 260	1 600*	1 340
dm	230	218	600*	550
kd	261	250	450	440
Hussel: drospa	72	70	377	370
Fuchs	57	· 55		
Erwin Müller	140	110	370*	300
Rossmann	117	105	260	250
Schmidt's Göttingen	110	110	180*	180*
Idea (Rewe-Leibbrand)	88	87	180	180
Ihr Platz	657	595	806	690

* geschätzt
Quelle: Lebensmittelzeitung

Drogeriemärkte als Kapitalanlage

Gewerbeimmobilien mit Mietern aus dem Drogeriefachmarkt-Bereich sind in der Regel geeignete Kapitalanlagen. Die Bonität der wichtigen Betreiber ist gut. Kleinere Ketten wurden in den letzten Jahren von den Großen geschluckt. Es soll Inhaber von Drogeriefachmarktketten geben, die für sich persönlich Märkte als Kapitalanlage kaufen, die sie selber über ihr Unternehmen gemietet haben.

Aus dem Spektrum verschiedenartiger Ausgestaltungen von Drogeriemärkten sind konsequent angelegte *Drogeriemarkt-Discounter* wegen der besonders zielstrebigen Ertragsoptimierung die begehrtesten.

2.2.3 Textilfachmärkte

Während die Textilbranche seit Jahren preisbereinigt insgesamt stagniert oder ein leichtes Minus hinnehmen muß — so der Betriebsvergleich des Instituts für Handelsforschung in Köln — melden alle Betreiber von Textil-Fachmärkten gesunde Zuwachsraten.

Bei einer im Textilbereich insgesamt also stagnierenden Konjunktur und gesamtwirtschaftlich gesehen nicht gerade steigenden Haushaltseinkommen gewinnt die Konsumenten-Gruppe an Bedeutung, die gern Geld für Kleidung ausgibt, aber nicht hat.

Bekannte Marktteilnehmer wie K&L RUPPERT, NKD, Kaufhauskonzern ASKO mit seinen ADLER-Märkten, die KAUFHOF AG mit MAC FASH oder das HETTLAGE-SB-MODECENTER setzen auf die noch junge Handelsform Textil-Fachmärkte, als hätte es sie schon immer gegeben.

Abb. 20: Umsatz je m² Verkaufsfläche

DOB 1	7800,— DM	Kinderwäsche und	
DOB 2	7500,— DM	Babyartikel	4900,— DM
Strickwaren	7600,— DM	Strümpfe	7000,— DM
Wäsche- und		Stoffe und	
Miederwaren	6500,— DM	Kurzwaren	4500,— DM
HAKA	7500,— DM	Accessoires	7500,— DM
Herrenwäsche und		Aussteuer und	
Strickwaren	9200,— DM	Bettwaren	4700,— DM
Kinderkonfektion	3600,— DM	Gardinen und	
		Teppiche	3500,— DM

Hinweis:
Die angegebenen Durchschnittszahlen setzen sich aus hohen und niedrigen Einzelergebnissen zusammen. So sind zum Beispiel Spitzenwerte zu verzeichnen, die mehr als das Doppelte der Durchschnittswerte betragen. Aber auch Ergebnisse, die nur auf die Hälfte der angegebenen Werte kommen. Die Unterschiede ergeben sich durch Genre, Flächen-, Umsatzgrößen und Standortsituation. So rechnen Sie den m²-Umsatz je Verkaufsfläche:

$$\frac{\text{Umsatz (incl. MWSt.)}}{\text{m}^2\text{-Verkaufsfläche}} = \text{m}^2\text{-Umsatz je Verkaufsfläche}$$

Quelle: Textil-Wirtschaft Nr. 25, 1988

Abb. 20a: Nonfood-Vertriebslinien, Discount- und Fachmarktkonzepte am Beispiel Textilien

---

- K + L Ruppert, Weilheim: 18 Textilfachmärkte in Süddeutschland,
- NKD Vertriebs GmbH, Bindlach: 248 Mini-Preis-Discount-Märkte in Süddeutschland,
- Asko AG, Saarbrücken: 17 Adler-Bekleidungsmärkte v.a. in Süddeutschland,
- Kaufhof AG, Köln: 2 MacFash Mode-SB-Fachmärkte (Witten, Oberhausen), 2 „Fun" Niedrigpreis Boutiquen (Velbert, Oberhausen), 8 Kombi Chic,
- Hettlage Süd-Gruppe: Hettlage-SB Mode-Center,
- andere wie Bessmann, Kleine oder Vögele.

Bei der Konzeption ist entscheidend, daß der Fachmarkt die präsentierten Artikel preisaggressiv anbietet, ohne auf modische Akzente zu verzichten. Während noch vor drei Jahren Textil-Fachmärkte als eine Handelsform verpönt waren, die sich schon deswegen nicht durchsetzen kann, weil hier Ware zweiter Wahl, Restposten, Konkursware usw. zum Einsatz kommt, sind sich die Experten heute einig, daß auch in diesem Nonfood-Bereich ein enormes Wachstumspotential liegt.

Die NKD Vertriebs GmbH aus Bindlach bei Bayreuth z. B. machte noch 1984 einen Umsatz von 160 Mio DM mit 257 NKD-Minipreis-Märkten und 12 NKD-Citykaufhäusern und strebt in 1987 bereits über 300 Mio DM Umsatz an mit insgesamt über 50 weiteren neuen Minipreis-Märkten. Die Textilmarkt Eisel GmbH & Co. KG Reilingen, die Ende 1987 mit der Übernahme von 16 Seisser K-Filialen von Bräuninger Schlagzeilen machte, expandiert ebenfalls weiter. Das Unternehmen übernahm in der ersten Jahreshälfte 1988 acht Modemärkte von Schlecker mit insgesamt 1 200 qm Verkaufsfläche. Eisel betreibt derzeit 157 Filialen. Der Umsatz wird von der Zeitschrift Textilwirtschaft auf 110 Mio. DM geschätzt.

Die üblichen Verkaufsflächen sind 200 bis 300 qm groß. Die Standorte werden nicht selten von Lebensmittlern übernommen, die sich aus recht guten Innenstadtlagen zurückziehen, um zu vergrößern.

Wichtige kaufmännische Eckdaten sind in Abb. 21 zusammengefaßt.

Abb. 21: Textilfachmarkt

Standort	gute Innenstadtlagen, bevorzugt in Kleinstädten mit 5 000—70 000 Einwohnern
Verkaufsfläche	200—300 qm
Produkte	Textilien + bis 20 % Nicht-Bekleidung
Werbung	5 % vom Umsatz
Mietbelastung	5—6 % vom Umsatz
Personalkosten	14 % von Umsatz (zum Vergleich: im Branchenschnitt 20 %)

Fabrikverkauf / Factory Outlet

Mit dem Textilfachmarkt artverwandt ist der Fabrikverkauf in Deutschland. BOSS in Metzingen gilt als Paradebeispiel. Wesentliche Unternehmensumsätze werden an nur drei Tagen in der Woche, zu im Vergleich zu den Abgabepreisen im Textileinzelhandel stark reduzierten Preisen getätigt. Über den Fabrikverkauf werden Markenartikel „getarnt" zu Discountpreisen vermarktet.

1986 ist der Markenartikler ESPRIT mit einem 1 400 qm großen Laden unweit der ESPRIT-Hauptverwaltung gefolgt, wo das komplette ESPRIT-Sortiment ebenfalls zu 30 bis 50 % niedrigeren Preisen als im Einzelhandel angeboten wird.

Diese Konzeption nennt man in den USA auch „Factory Outlet Store". Sie beweist, daß anerkannte Markenartikel auch zu Discountpreisen verkäuflich sind, ohne von ihrem Image einbüßen zu müssen. Dieser Fachmarktkonzeption wird eine interessante Zukunft vorhergesagt.

Textilfachmärkte als Kapitalanlage

Der Anleger hat bislang nur wenig Chancen, sich an Factory Outlets und Fabrikverkaufsstätten zu beteiligen. Dies wird sich mit der Übernahme des Konzepts durch weitere Marktteilnehmer jedoch schon bald ändern.

Solche Objekte sind von der Bonität des Mieters bzw. Betreibers her in
der Regel hochinteressant. Die Lage hingegen mahnt zur Vorsicht. Fa-
briken, die schon wenige Jahre später Übernahmewillige suchen, sind
dann nur mit enormen Abschlägen zu vermarkten. Das zeigt die Vergangenheit.

Hingegen liefern Textilfachmärkte positive Argumente für den Kapitalanleger, der sich Geschäfte zulegen möchte, die verschiedene Nutzungen
zulassen. Hier wird der konkrete Beweis erbracht, daß an guten Standorten auch aus Lebensmittelgeschäften sehr schnell und mit wenig Ko-
stenaufwand Umwandlungen möglich sind und sich auch im Nonfood-
bereich interessante Mieter tummeln.

2.2.4 Elektrofachmärkte

Elektrofachmärkte gehören ebenfalls zu den neueren Handelsformen.
Sie sind in den Ballungszentren entstanden und breiten sich weiter aus.
Die Marktbedeutung, die der Elektrofachmarkt als eigene Handelsform
hat, wird vom Einkaufsverhalten der Verbraucher bestimmt.

Abb. 22: Umsätze im Elektrohandel

Umsatzträger	Umsatz in Milliarden DM	Umsatzanteil in %
Elektrofachhandel	7,47	52,6
Elektro- und sonstiger diversifizierter Fachhandel	1,83	12,9
Handwerk	0,26	1,8
Großanbieter — Warenhäuser — Versender — SB-Warenhäuser — C & C-Großhandel — Sonstige	 1,05 1,16 0,87 0,58 0,98	 7,4 8,2 6,1 4,1 6,9
Summe Großanbieter	4,64	32,7
Gesamtsumme	14,20	100

Um das besser beurteilen zu können, gliedert Abb. 22 gemäß dem BBE Branchenreport 1983 den erfaßten Gesamtumsatz von 14,2 Milliarden DM auf.

Diese Zahlen zeigen, daß etwa die Hälfte der Umsätze über den Elektrofachhandel getätigt wurde. Besonders dieser Marktanteil wird durch Elektrofachmärkte gefährdet.

Um die Marktchancen besser analysieren zu können, soll zunächst auf die Kernmotive der Konsumenten beim Einkauf hingewiesen werden:

● *Der Preis*
Ist der Preis das dominante Einkaufskriterium des Konsumenten, wird er sich mit dem C & C-Großhandel bzw. dem Verbrauchermarkt begnügen. Zwar ist das Angebot an Elektroartikeln hier sehr eingeschränkt, der Kunde unterstellt jedoch, hier günstig einkaufen zu können. Daß dies das alleinige Kaufkriterium nicht ist, wird dadurch bewiesen, daß in C & C-Märkten kein besonders großer Umsatz mit Elektroartikeln getätigt wird, das Angebot beschränkt und der Umschlag langsam ist.

● *Das Sortiment*
Der Kunde, der auf möglichst große Auswahl wert legt, wird sich in die Warenhäuser begeben. Hier findet er gut ausgestattete Elektro- und Hifi-Abteilungen vor.

● *Der Service*
Bei ausgeprägtem Wunsch nach Service wird der Kunde den Elektrofachhandel aufsuchen, da ihm die größte Kompetenz auf diesem Gebiet zugeordnet wird. Service ist ein sehr wesentliches Kriterium beim Kauf der Elektroartikel. Der enorme Umsatzanteil, den der Elektrofachhandel in der Vergangenheit hatte, bestätigt diese Sicht.

Abb. 23: Die Bedeutung verschiedener Einkaufskriterien

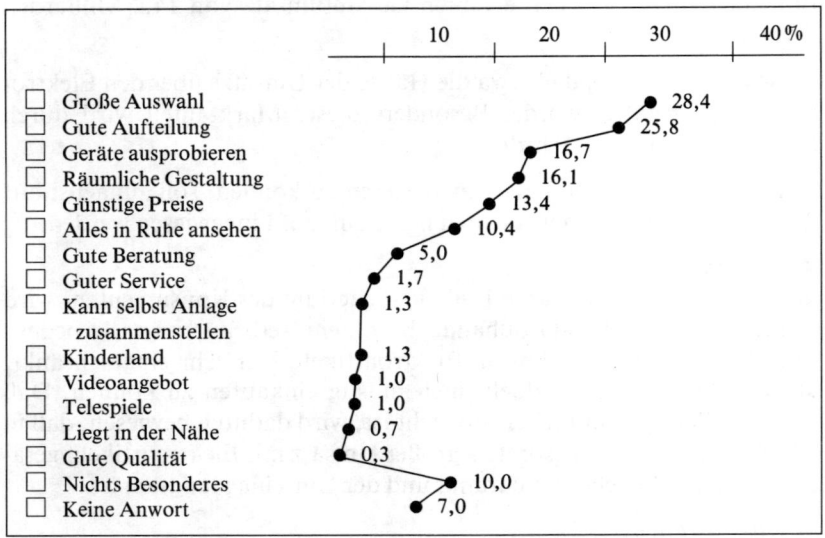

Quelle: Lebensmittel-Zeitung Nr. 7 vom 14. Februar 1986

Der Elektrofachmarkt versucht, den Kaufkriterien günstiger Preis, großes Sortiment und Service in gleicher Weise gerecht zu werden. Durch aggressive Werbung mit Sonderangeboten soll dem Konsumenten die Preiskompetenz nahegebracht werden. Das Sortiment ist fachmarktspezifisch groß. Relativ wenige, aber qualifizierte Fachkräfte sollen gezielte, fachkundige Beratung ermöglichen und dem Servicebedürfnis Rechnung tragen.

Das Wachstum der Marktanteile von Elektrofachmärkten muß als rasant bezeichnet werden. Sie registrieren stark steigende Umsätze. Allein in der Unterhaltungselektronik, also einem Teilmarkt des Elektrohandels, werden Marktuntersuchungen zufolge schon jetzt über 500 Millionen DM p. a. umgesetzt. Ein Marktanteil von über 4 % dürfte inzwischen realistisch sein, während auf den klassischen Fachhandel speziell im Unterhaltungselektronik-Bereich noch knapp 60 % entfallen. Der Marktanteil der Elektrofachmärkte dürfte in diesem Jahr schon das gesamte Verkaufsvolumen der klassischen Warenhäuser erreichen.

KAUFHOF hat die Konsequenzen hieraus gezogen und die Fachmarkt-
kette SATURN-HANSA konzipiert. Die AVA mit ihren SINUS-Fach-
märkten setzt auf die Spezialisierung mit zukunftsträchtigen Fachmärkten, die bundesweit vervielfältigt werden soll.

Die *Marktchancen* des Elektrofachmarktes sind sehr positiv, weil folgende Kriterien erfüllt werden:

- Eine sehr große Verkaufsfläche mit einem breiten Angebot.
- Die Einkaufsstätte kann bequem mit dem Auto erreicht werden.
- Die Werbung wird aufwendig gestaltet und zieht die Interessenten an.
- Man wird nicht sofort mit Verkäufern konfrontiert, sondern kann —
  ähnlich wie in Selbstbedienungsläden — erst auf ausdrücklichen
  Wunsch vom entsprechenden Fachpersonal bedient werden.

Konzeption:

- *Wenig Personal*
  Da das Gefühl eines Selbstbedienungsgeschäfts mit dem erklärten
  Ziel der Preisgünstigkeit vermittelt werden soll, hat wenig Fachperso-
  nal die bei Bedarf gewünschte Beratung zu leisten. Qualität statt
  Quantität.

- *Randlage*
  Teure Innenstadtläden lassen ein großes, preisgünstiges Angebot
  nicht zu. Deswegen ist auf Peripheriestandorte auszuweichen. Die
  Kombination mit weiteren Magneten, wie großen Verbrauchermärkten, Baumärkten usw. ist von Vorteil.

- *Große Verkaufsflächen*
  Am Markt durchgesetzt haben sich Verkaufsstätten von 1000 bis
  2000 qm. Wo genehmigbar, streben die Handelsunternehmen sogar
  bis 5000 qm Verkaufsfläche an. So wird die notwendige Sortiments-
  breite erreicht. Gleichzeitig besteht bei relativ niedrigem Mietniveau
  die Möglichkeit, die Ware bereit und verkaufsfördernd zu präsentie-
  ren. Der Extremfall einer 5000 qm großen Verkaufsfläche ermöglicht
  die Präsentation von 40000 Artikeln.

- *Mischkalkulation*
  Aggressive Preisangebote werden werbewirksam eingesetzt. Schließlich müssen Kunden aus der City gelockt werden. Die Preisgestaltung

liegt in der Regel um 10 % unter dem Fachhandel-Preisniveau. Ansonsten ist das Sortiment preislich mit anderen Verkaufsstätten vergleichbar. Neben Markenartikeln werden insbesondere bei den Artikelgruppen, bei denen ein ausgeprägtes Markenbewußtsein besteht, auch Billigmarken geführt.

Abb. 24: Wichtige Kriterien auf einen Blick

Kriterium	Merkmal
Standort	100 000 Einwohner im Umkreis von 30 km und möglichst Nachbarschaft zu Einkaufsmagneten.
Nutzfläche	1 000 bis 2 000, gelegentlich bis 5 000 qm
Umsatz	Mindestens 10 Mio DM (ist etwa die Rentabilitätsschwelle)
Service	Selbst abholen, Lieferung gegen Entgelt
Parken	Ab 100 Pkw-Parkplätzen
Werbung	Sehr aufwendig, 2,5 bis 4 % vom Umsatz, im Anlaufjahr unter Umständen bis 7 %.
Preisniveau	Differenziert; Lockangebote im Schnitt 10 % unter dem Fachhandels-Preisniveau.

Marktuntersuchungen gehen von einer Modellrechnung entsprechend Abb. 25 aus.

Abb. 25: Kostenplanung/Rohertrag

Erwarteter Umsatz	15 Mio DM	20 Mio DM
Personalkosten	7,5 %	6,0 %
Miete	4,0 %	3,5 %
Sonstige Raumkosten	0,5 %	0,5 %
Werbung	3,5 %	2,5 %
Laufende Zinsbelastung	1,5 %	1,5 %
Sonstiges (Steuern, Kfz, AfA, Versicherung usw.)	3,0 %	3,0 %
Gesamtkosten	20,0 %	17,0 %

Der Rohertrag kann mit ca. *20 % vom Umsatz* angenommen werden. Er ergibt sich durch folgende große Modellrechnung:

Umsatz	100 %
./. Wareneinsatz	82 %
= Nettospanne	18 %
+ Skonti	3 %
= Rohertrag	21 %
./. Kosten	18 %
= Betriebsergebnis	3 %

Diese Kostenstruktur begünstigt den Elektrofachmarkt gegenüber den klassischen konkurrierenden Handelsformen, insbesondere dem Facheinzelhandel.

Beurteilung als Kapitalanlage

Da Elektrofachmärkte bislang nur von ausgeprägt gesunden Handelsriesen betrieben werden und in der Regel hervorragende Standorte gewählt werden, sich diese Marktform durchgesetzt und eine große Zukunft vor sich hat, sind sie als Angebotsform *vertretbar*. Elektrofachmärkte sind in der Regel als Kapitalanlage geeignet und bieten oft Renditen von 6—7 %.

3 Besonderheiten bei Handelsimmobilien

3.1 Baugenehmigungsverfahren

Bei Grundstücken, die bebaut werden sollen, stellt sich grundsätzlich die Frage, ob die beabsichtigte Nutzung zulässig ist. Im Baugenehmigungsverfahren wird diese Frage geklärt. Das Baugenehmigungsverfahren basiert auf Länderrecht, d. h. daß in jedem Bundesland abweichende Landesbauordnungen nicht ganz gleiche Verfahrenswege erfordern. Nachfolgend soll auf das *grundsätzliche Verfahren* eingegangen werden, wobei im Einzelfall je nach Bundesland Abweichungen möglich sind.

Bauvorbescheid

Es kommt häufig vor, daß der Bauherr vor dem definitiven Bauantrag einen Bauvorbescheid beantragt. Der Sinn des Vorgehens liegt darin, alle wichtigen Fragen, die seine wirtschaftliche Entscheidung beeinflussen, im Vorfeld möglichst kostengünstig zu klären. Üblicherweise gilt der Vorbescheid *zwei Jahre.*

Der Vorbescheid bleibt für die spätere Baugenehmigung maßgeblich. Gemäß der Rechtsprechung des Bundesverwaltungsgerichts[1] ist der Vorbescheid inhaltlich wie eine Baugenehmigung zu betrachten. Wenn also der Vorbescheid ein positives Votum wiedergibt, kann später der Bauantrag nicht anderslautend entschieden werden. Selbst, wenn nachträglich eine Veränderungssperre beschlossen wurde bzw. sich die Rechtsgrundlage selbst durch einen anders gearteten Bebauungsplan geändert hat, gilt innerhalb der Bindungsfrist die Aussage des Bauvorbescheids.

Da die Gebühren einer Bauvoranfrage wesentlich niedriger sind als die der definitiven Baugenehmigung, wird ein Bauvorbescheid besonders dann beantragt, wenn *zweifelhaft* ist, ob dem Antrag in der gewünschten Form stattgegeben wird. In Hinblick auf den nachfolgend beschriebenen § 11 Abs. 3 Baunutzungsverordnung (BauNVO) wird bei Gewerbeimmobilien, insbesondere Handelsimmobilien in der Regel ein solcher Bauvorbescheid beantragt. Ein Bauvorbescheid kann auch verlängert werden. Ein solcher Verlängerungsantrag sollte stets vor Ablauf der

---

[1]   BauR 1984, Seite 384.

Geltungsdauer des Vorbescheids eingereicht werden, um im Fall seiner Ablehnung noch in der gewährten Frist den Bauantrag einreichen zu können.

Bauantrag

Zur Erreichung der für den Bau notwendigen *Baugenehmigung* wird der Bauantrag gestellt. Er ist im Regelfall schriftlich einzureichen. Er ist Grundlage für den Spartenumlauf durch die verschiedenen Fachabteilungen. Der Bauantrag muß alle für die Beurteilung des Bauvorhabens notwendigen *Bauvorlagen* enthalten, wobei es grundsätzlich möglich ist, einzelne Bauvorlagen nachzureichen. Es liegt im Ermessen der Behörde, den Bauantrag nicht zu bearbeiten, wenn wesentliche Bauvorlagen fehlen.

Spartenumlauf

Der mit allen Bauvorlagen eingereichte Bauantrag wird von der unteren Bauaufsichtsbehörde (Stadt oder Kreis) bearbeitet. In das Verfahren werden die Sparten, also die jeweiligen Fachinstanzen, einbezogen. Diese prüfen z. B. die Erfüllung der Auflagen des Gewerbeaufsichtsamts oder des Landschaftsschutz- oder Wasserschutzrechts. In fast allen Fällen ist das gemeindliche Einvernehmen oder die Zustimmung der höheren Verwaltungsbehörde erforderlich, was bundeseinheitlich in den §§ 31 und 36 des Bundesbaugesetzes (BBauG) geregelt ist. Die Erteilung der Baugenehmigung selbst sowie die Prüfung, ob die mit der Baugenehmigung erteilten Auflagen erfüllt wurden, fällt in den Zuständigkeitsbereich der Bauaufsichtsbehörde.

Baugenehmigung

Der Bauantrag hat das Ziel zu klären, ob dem gewünschten Bauvorhaben Hindernisse aus dem öffentlichen Recht entgegenstehen. Nach Erteilung der Baugenehmigung kann mit der Errichtung des Bauvorhabens begonnen werden. Grundsätzlich hat der Antragsteller Anspruch auf die Baugenehmigung, wenn keine *öffentlich-rechtlichen* Vorschriften entgegenstehen.

Bei Baumaßnahmen, die Gewerbeimmobilien betreffen, muß immer eine Baugenehmigung eingeholt werden. In der Regel wird die Baugenehmigung mit einer Reihe von Auflagen erteilt und an Bedingungen geknüpft. Diese Auflagen sind gewissenhaft zu beachten, weil sie auch während der Bauphase Bestandteil der Genehmigungsfähigkeit des Projekts bleiben. Bleibt es unsicher, ob einzelne Bauauflagen erfüllt werden können, sollte unbedingt vor Baubeginn mit der Baubehörde hierüber offen verhandelt werden.

Die Rechte aus der Baugenehmigung können *übertragen* werden und sind folglich nicht an den Antragsteller gebunden. Grundsätzlich kann eine Baugenehmigung auch erteilt werden, wenn der Antragsteller nicht Eigentümer des Grundstücks ist. Häufig werden Baugenehmigungen von Interessenten beantragt, die vorbehaltlich der Baugenehmigung das entsprechende Grundstück kaufen wollen. Sehr häufig werden Kaufverträge aufschiebend bedingt abgeschlossen, bis geklärt ist, ob die für den vorgesehenen Käufer angestrebte Nutzung auch möglich ist.

Eine einmal erteilte Baugenehmigung kann unter bestimmten Umständen *widerrufen* werden. Dies trifft insbesondere auf den Fall zu, daß die Baugenehmigung dadurch erlangt wurde, daß der Antragsteller wesentliche Angaben unrichtig oder unvollständig machte. Daneben ist der Widerruf aus Gründen der notwendigen Abwehr von Gefahren vorstellbar.

Üblicherweise muß mit dem Bau innerhalb von *zwei Jahren* nach Erteilung der Baugenehmigung begonnen werden. Geschieht dies nicht, kann sie widerrufen werden. Wird mit dem Bau begonnen, aber der Bau mindestens ein Jahr eingestellt, gilt das gleiche. Eine legale Art, den tatsächlichen Baubeginn zu verzögern, ohne die Zwei-Jahresfrist zu gefährden, ist die Einrichtung der Baustelle mit Bauzaun und „leichter" Bautätigkeit. Auf Antrag kann (aber muß nicht!) die Baugenehmigung verlängert werden.

Die Erteilung der Baugenehmigung begünstigt den Antragsteller bzw. den tatsächlichen Bauherrn. Gleichzeitig kann das erteilte Nutzungsrecht für den oder die Grundstücksnachbarn von Nachteil sein. Folglich wird den Nachbarn grundsätzlich eingeräumt, *Widerspruch* gegen die Baugenehmigung einzulegen.

Wird diesem Widerspruch nicht entsprochen, muß der Nachbar vor dem zuständigen Verwaltungsgericht klagen. Um den Bauarbeiten zuvorzukommen, wird häufig ein *verwaltungsgerichtliches Eilverfahren* angestrebt bzw. eine *einstweilige Verfügung* oder ein *Aussetzungsantrag* gemäß der jeweiligen Verwaltungsgerichtsordnung angestrebt. Es ist jedem Bauherren dringend anzuraten, frühzeitig mit den Nachbarn Kontakt aufzunehmen und sich mit ihnen zu einigen. Ansonsten kann trotz erteilter Baugenehmigung durch die Anhörung der Nachbarn der Vollzug der Baugenehmigung verhindert werden.

Häufiger Streitpunkt ist der Einhalt von *Grenzabständen*. Gleichfalls strittig sind oft Geschoßflächenzahl (GFZ), Grundflächenzahl (GRZ) sowie die Zahl der zu genehmigenden Geschosse, also das Volumen des Baukörpers, welches die Nachbarn oft stört.

Rechtsmittel

Wird die gewünschte Baugenehmigung nicht erteilt, hat der Antragsteller das Recht, Widerspruch einzulegen. Der Gang durch die Instanzen übergeordneter Verwaltungsbehörden zum Verwaltungsgericht könnte oft erspart bleiben, wenn die Gemeinden mit dem Antragsteller kooperativ Lösungen suchen und anstreben würden, die beiden Seiten Rechnung tragen.

In diesem Zusammenhang greift manchmal wegen Überlastung der Behörden § 75 Verwaltungsgerichtsordnung ein, der besagt, daß über den Widerspruch in einer angemessenen Frist (in der Regel 3 Monate) entschieden werden muß. Geschieht dies nicht, so ist die Verpflichtungsklage ohne Durchführung eines Widerspruchsverfahrens möglich.

3.2 § 11 Baunutzungsverordnung

Der § 11 Abs. 3 BauNVO in der Neufassung vom Dezember 1986, der die Fassung von 1977 ablöst, regelt die Ansiedlung von Einzelhandelsbetrieben unter Berücksichtigung von landesplanerischen oder städtebaulichen Erfordernissen.

Insbesondere Einkaufszentren, großflächige Einzelhandelsbetriebe, die sich nach Art, Lage oder Umfang auf die Verwirklichung der Ziele der

Raumordnung und Landesplanung oder auf die städtebauliche Entwicklung und Ordnung nicht nur unwesentlich auswirken können, und sonstige großflächige Handelsbetriebe, die im Hinblick auf den Verkauf an letzte Verbraucher vergleichbar sind, sind hiernach außer in Kerngebieten nur in für sie festgesetzten Sondergebieten zulässig.

Wegen der Bedeutung dieser Vorschrift wird nachfolgend der Gesetzestext wiedergegeben.

---

§ 11

Sonstige Sondergebiete

(1) Als sonstige Sondergebiete sind solche Gebiete darzustellen und festzusetzen, die sich von den Baugebieten nach den §§ 2 bis 10 wesentlich unterscheiden.

(2) Für sonstige Sondergebiete sind die Zweckbestimmung und die Art der Nutzung darzustellen und festzusetzen. Als sonstige Sondergebiete kommen insbesondere in Betracht

Kurgebiete,
Ladengebiete,
Gebiete für Einkaufszentren und großflächige Handelsbetriebe,
Gebiete für Messen, Ausstellungen und Kongresse,
Hochschulgebiete,
Klinikgebiete,
Hafengebiete.

(3) 1. Einkaufszentren,
    2. großflächige Einzelhandelsbetriebe, die sich nach Art, Lage oder Umfang auf die Verwirklichung der Ziele der Raumordnung und Landesplanung oder auf die städtebauliche Entwicklung und Ordnung nicht nur unwesentlich auswirken können,
    3. sonstige großflächige Handelsbetriebe, die im Hinblick auf den Verkauf an letzte Verbraucher und auf die Auswirkungen den in Nummer 2 bezeichneten Einzelhandelsbetrieben vergleichbar sind,

sind außer in Kerngebieten nur in für sie festgesetzten Sondergebieten zulässig. Auswirkungen im Sinne des Satzes 1 Nr. 2 und 3 sind insbesondere schädliche Umwelteinwirkungen im Sinne des § 3 des Bundes-Immissionsschutzgesetzes vom 15. März 1974 (BGBl I S. 721, 1193), zuletzt geändert durch Artikel 45 des Gesetzes vom 14. Dezember 1976 (BGBl I S. 3341), sowie Auswirkungen auf die infrastrukturelle Ausstattung, auf den Verkehr, auf die Versorgung der Bevölkerung im Einzugsbereich der in Satz 1 bezeichneten Betriebe, auf die Entwicklung zentraler Versorgungsbereiche in der Gemeinde oder in anderen Gemeinden, auf das Orts- und Landschaftsbild und auf den Naturhaushalt. Auswirkungen im Sinne des Satzes 2 sind bei Betrieben nach Satz 1 Nr. 2 und 3 in der Regel anzunehmen, wenn die Geschoßfläche 1 200 m überschreitet. Die Regel des Satzes 3 gilt nicht, wenn

> Anhaltspunkte dafür bestehen, daß Auswirkungen bereits bei weniger als 1 200 m²
> Geschoßfläche vorliegen oder bei mehr als 1 200 m² Geschoßfläche nicht vorliegen;
> dabei sind in bezug auf die in Satz 2 bezeichneten Auswirkungen insbesondere die
> Gliederung und Größe der Gemeinde und ihrer Ortsteile, die Sicherung der ver-
> brauchernahen Versorgung der Bevölkerung und das Warenangebot des Betriebs
> zu berücksichtigen.

Wichtig ist, daß die Entscheidung für die Ansiedlung bestimmter Formen des Einzelhandels an präferierten Standorten bei den Kommunen liegt.

Nicht nur unwesentliche Auswirkungen landesplanerischer oder städtebaulicher Art sind dann zu vermuten, wenn die Geschoßfläche mehr als 1 200 qm umfaßt. In der alten Fassung wurden hier noch 1 500 qm genannt. Früher war klar geregelt, daß Einzelhandelsbetriebe mit mehr als 1 500 qm Geschoßfläche in anderen als den im Absatz 3 genannten Gebieten unzulässig sind.

Verschiedene Entscheidungen des Bundesverwaltungsgerichts vom 3. 2. 1984[1] regeln, wann trotzdem Baugenehmigungen erteilt werden können. Dies trifft z. B. bei Betrieben mit einem schmalen Warensortiment, mit handwerklichen Dienstleistungen, mit relativ kleiner Verkaufsfläche, also z. B. weniger als 2/3 der Geschoßfläche, usw. zu. Bei Nachweis von konkreter Unterversorgung im Einzugsgebiet kann auch bei größeren Bauvorhaben eine Genehmigung erteilt werden.

Die neue Formulierung, daß die Regel mit den 1 200 qm Geschoßfläche nicht gilt, falls Anhaltspunkte dafür bestehen, daß negative Auswirkungen selbst bei weniger als 1 200 qm Geschoßfläche vorliegen, bietet den Gemeinden noch mehr Handlungsspielraum. Die Erfahrungen aus der Vergangenheit zeigen, daß grundsätzlich von einer *restriktiven Einstellung* auszugehen ist, weil im zuständigen Stadt- oder Gemeinderat sehr häufig Mittelständler sitzen, die die weitere Ansiedlung von Handelsbetrieben verhindern wollen.

Die Neufassung des § 11 Absatz 3 BauNVO sollte eigentlich den ortsansässigen Handel stabilisieren. Der freie Einzelhändler sollte vor den

---

[1] BVerwG 4 C 54/80, NJW 1984 S. 1768; 4 C 25/82, NJW 1984 S. 1771; 4 C 8/80, NJW
   1984 S. 1773; 4 C 17/82, NJW 1984 S. 1775.

Handelsriesen geschützt werden. Erreicht wird aber das Gegenteil. 1 200 qm (oder weniger) sind eine im Lebensmittelbereich kritische Betriebsgröße. Derjenige freie Händler, der seine Existenz an die Rentabilität eines solchen Ladens knüpft, wird auf Dauer nicht zurechtkommen. Seine betriebswirtschaftlich optimale Geschäftsgröße liegt oberhalb von 1 200 qm.

Fachleute sind überwiegend der Meinung, daß durch diese unsinnige Neufassung die Konzentration im Handel eher gefördert als verhindert wird. Verständlicherweise unerwünscht sind großflächige Handelsbetriebe, die sich verkehrsorientierte Standorte oft am Stadtrand aussuchen, wo sie auf breiter Fläche ihre Waren anbieten und dem Käufer Parkplätze zur Verfügung stellen, ohne durch hohe Miet- und Grundstückspreise belastet zu werden. Hiervon können ungesunde, nicht gewollte Strukturverschiebungen ausgehen, die ganze Geschäftszentren gefährden, weil massiv Kaufkraft entzogen wird. Und sicherlich ist es richtig, wenn auf nicht motorisierte Haushalte, alte Menschen und eine möglichst breite, gesund miteinander konkurrierende Handelslandschaft Rücksicht genommen wird. Denn vom Bundesverwaltungsgericht wurde in allen Urteilen stets auf einen Betriebstyp mit einem breiten Warenangebot für den privaten Bedarf der Allgemeinheit abgestellt.

Die oben beschriebenen Fachmärkte (vergleiche die Ausführungen zu Baumärkten, Drogeriemärkten, Textilfachmärkten usw.) decken häufig den mittel- und langfristigen Bedarf. Ein solcher Bedarf kann durch das Prüfkriterium des Versorgungseffekts nicht angesprochen werden. Die Warenversorgung mit langfristigen Gütern erfolgt nicht in Wohnsiedlungen, sondern üblicherweise in Oberzentren und verkehrsmäßig geeigneten Lagen. Folglich sind Fachmärkte, insbesondere die Typen, die auf den langfristigen Bedarf abstellen, wie Bau- und Möbelmärkte, in der Regel in peripheren Lagen zu finden. Dagegen sind Elektrofachmärkte, Textilfachmärkte oder Drogeriefachmärkte durchaus in Innenstadtlagen sinnvoll. Der wesentlich geringere Flächenbedarf erlaubt ganz andere betriebswirtschaftliche Kalkulationen.

Auswirkung des § 11 Abs. 3 BauNVO auf Gewerbeimmobilien als Kapitalanlage

Die sehr ausführlichen Begründungen in den Urteilen des 4. Senats des Bundesverwaltungsgerichts vom 3. 2. 1984 zeigen eindeutig, daß Nutzungsgenehmigungen mit mehr als 1 200 (bzw. früher 1 500) qm Geschoßfläche knappe Güter und damit *werthaltig* sind.

Insbesondere große Verbauchermärkte und SB-Warenhäuser sind durch die Restriktionen des § 11 Abs. 3 BauNVO *kaum vermehrbar*. Bestehende Objekte an geeigneten Standorten dürften somit sehr sichere und werthaltige Kapitalanlagen sein.

3.3 Standortanalyse / Mietreizschwelle

Im Bereich der Handelsimmobilien, wo die Betreiber sich in der Regel wegen der langfristig unkündbaren Mietverträge an einmal ausgewählte Standorte binden, ist es notwendig, eine *Standortanalyse* durchzuführen. Die Mieter veröffentlichen ihre eigenen Standortanalysen grundsätzlich nicht.

Der Vermieter versucht seinerseits, im Rahmen einer *Mietwert-Analyse* die Mietreizschwelle zu errechnen, um für die Mietverhandlungen eine Gesprächsgrundlage in den Händen zu halten.

3.3.1 Standortanalyse

Eine Standortanalyse ist in der Regel wie folgt aufgebaut:

● Beschreibung von Ort und Objekt,
● Ermittlung des vorhandenen Nachfragepotentials,
● Erfassung des vorhandenen Angebotspotentials (Wettbewerb),
● Einbeziehung der eigenen Objektplanung,
● Umsatzschätzung.

Beschreibung von Ort und Objekt

Neben der genauen Anschrift des Objekts, der Objektbeschreibung (Grundstück, Neubau, Umbau) und Realisierungsstand (bekannte Konditionen, Baugenehmigung, Aussicht auf Baugenehmigung, Ausweis im

Flächennutzungs-, bzw. Bebauungsplan) ist hier eine möglichst exakte Ortsbeschreibung zu leisten.

Zur *Ortsbeschreibung* gehören:

- die Einwohnerzahl und deren Entwicklung,
- die Wirtschaftsstruktur,
- die Bedeutung des Standorts in Relation zum Umland,
- ggf. topographische Besonderheiten,
- die Verkehrssituation, d. h. die allgemeine Einbindung des Orts und des Standortbereichs, Planung von Straßen, Fußgängerzonen und Motorisierungsgrad,
- generelle Wettbewerbsverhältnisse, d. h. Einkaufszentralität, Hauptgeschäftsstraßen, übergeordnete Zentren, wesentliche Anbieter am Ort.

Zur *Objektlage* und den *qualitativen Standortkriterien* gehören:

- Die Standortbeschreibung, also z. B. Hauptgeschäfts- oder Hauptverkehrslage, Nebenlage, Nachbarschaft, Industriegebiet, Bebauung im Nahbereich, Laufseite und Passantenfrequenz.
- Daneben sind Aussagen zu machen zur Erreichbarkeit der Fußgängerwege, Ampeln, Gefahren, Hindernisse;
- die Erfassung der öffentlichen Verkehrsmittel (möglichst auch die Frequentierungs- und Haltestellen);
- die Pkw-Einbindung, d. h. Zufahrtsstraßen, Verkehrsregelungen, bestehende und zukünftige Zu- und Abfahrten zum Grundstück, Ein- und Ausfädelung, Belastung und Belastbarkeit von Zubringerstraßen und Aussagen über die Art des Verkehrs (Ziel-, Pendel-, Durchgangsverkehr);
- die Parkmöglichkeiten (gebührenpflichtig, kostenfrei oder Parkscheibe) unterteilt in eigene Parkmöglichkeiten, öffentliche, Straßenrand und andere;
- die Sichtbarkeit des Objekts.

Zur *Objektbeschreibung* gehören:

- der vorhandene oder geplante Ladenzuschnitt,
- die Lage des Eingangs,

- die Möglichkeit der Präsentation nach außen,
- die Belieferungsmöglichkeiten,
- Fassade, Grundriß und Kundenumlauf.

Ermittlung des vorhandenen Nachfragepotentials

Für die Erfassung des Nachfragepotentials ist das vorhandene *Einzugsgebiet* maßgebend. Ausgegrenzt werden Gebiete, aus denen wesentliche Umsatzanteile nicht mehr zu erwarten sind. Die Handelsunternehmen setzen die Grenze bei 10 bis 15 % für das zu beurteilende Objekt bzw. dessen Standortbereich an.

Das Einzugsgebiet wird exakt beschrieben und auf Karten entsprechend markiert. Nunmehr wird das so gefundene Einzugsgebiet in normalerweise 4 Zonen mit etwa gleicher Einkaufsorientierung zum Objekt aufgeteilt.

Abb. 26: Zonen des Einzugsgebiets

Zone I	**Unmittelbares Einzugsgebiet** Dies ist das fußläufige Umfeld bis etwa 1 000 Meter.
Zone II	**Naheinzugsgebiet** Dies ist das gesamte Umfeld, das mit einem Pkw in maximal 5 Minuten erreicht werden kann (0 bis 5 Minuten-Isochrone) ohne Zone I.
Zone III	**Mittleres Einzugsgebiet** Dies ist das Gebiet, das in einem Umkreis von drei bis sechs Kilometer, also je nach Standort innerhalb der 5 bis 10 Minuten-Isochrone, liegt.
Zone IV	**Äußere Grenze des Ausbreitungsgebiets** 10 bis 15 Minuten-Isochrone

In Sonderfällen sind andere Untergliederungen sinnvoll. Einen Supermarkt auf der Insel Sylt könnte man schlecht nach diesem Schema kategorisieren.

In einer Tabelle werden die vorhandene *Bevölkerung,* sofern sinnvoll deren Entwicklung, Haushalte und Haushaltsgrößen und die Einwohnerverteilung dargestellt.

Abb. 27: Marktzonen/Bevölkerung

Zone	Isochrone Wegzeit-Min.	max. km	Ort Stadtteil, -bezirk	Einwohner	
				Stichtag ...	Stichtag ...

Weitere wichtige Gesichtspunkte sind *Kaufkraft* und *Kaufkraftpotential* am Standort. Die soziologische Struktur der Bevölkerung im Einzugsgebiet wird gegenüber dem Landesdurchschnitt Besonderheiten aufweisen. Das könnten Faktoren sein wie Überalterung, auffallend viele kleine Haushalte, besonders viele Beamte usw. Sie haben zur Folge, daß die Verbrauchsausgaben aufgrund der speziellen Einkommen und damit der Kaufkraft höher oder niedriger sind als im Durchschnitt.

Die GFK in Nürnberg ermittelt regelmäßig Kaufkraft-Kennziffern, die je nach Region einen bestimmten Prozentsatz höher oder niedriger als im Bundesdurchschnitt (= 100) sind. Auf diesen Kennziffern aufbauend ergeben sich monatliche Ausgaben für Lebensmittel bzw. Verbrauchsgüter für den betreffenden Standort (Abb. 28).

Abb. 28: Ausgabenvolumen

Zone	Einwohner	mtl. Verbrauchsausgaben DM je EW	Ausgaben- volumen TDM
I II III IV			
Gesamt			

Abb. 29: Marktverteilung

Kaufkraftbindungen im Einzugsgebiet / bisherige Marktverteilung

Zone	Ausgabevolumen		nennensw. LM-Anbieter		Bäckereien/Konditoreien		Metzgereien		Obst- u. Gemüse-Anbieter		LM-Klein-anbieter		Drogerien		sonst. LM-Anbieter		gebund. Kaufkr. durch Konkurr.		Anteil eigene Läden		Kaufkraft-Abwanderung	
	TDM	%	TDM	%	TDM	%	TDM	%	TDM	%	TDM	%	TDM	%	TDM	%	TDM	%	TDM	%	TDM	%
Total																						

Zukünftige Marktverteilung

Wettbewerber	Vkfl. qm	Monatsumsatz TDM					MA %	Bemerkungen
Zu-/Abflüsse		I	II	III	So.	Gesamt		
z. B. Maßgebliche Wettbewerber								(einzeln)
LM-Handwerk								
Kl. LM-Läden								
Fachgeschäfte								
Wochenmärkte								
Zu-/Abflüsse (Saldo)								
Neu-Objekt								Änderung?
Total qm/TDM						*		* = Marktvolumen
%							100,0	

Erfassung des vorhandenen Angebotspotentials (Wettbewerb)

Analog zur Untersuchung der Nachfrageseite gilt es nun, die vorhandenen Anbieter, also die künftigen Wettbewerber, zu untersuchen. Je nach Handelstyp, der an dem ausgesuchten Standort angesiedelt werden soll, sind die wesentlichen Anbieter und ihre geographische Lage zu erfassen. Bei SB-Warenhäusern und sonstigen Großhandelstypen ist entsprechend auch der Nicht-Lebensmittelhandel zu erfassen. Neben der geschätzten Verkaufsfläche und Kassenzahl und dem daraus resultierenden geschätzten Umsatz sind auch die Sortimentsbesonderheiten zu erfassen.

Die bisherige Marktverteilung im Lebensmittel-Einzelhandel kann z. B. anhand von Abb. 29 erfaßt werden.

Einbeziehung der eigenen Objektplanung

In Abhängigkeit von der vorhandenen Wettbewerbssituation, der derzeitigen Marktverteilung und des Nachfragepotentials wird die Handelskette — Baurecht vorausgesetzt — den geeignetsten Ladentyp wählen. Auf die unterschiedlichen Food-Handelsimmobilien wurde in Abschnitt 1.1 eingegangen.

Abb. 30: Schätzung des Umsatzes

Zone	Ausgabevolumen TDM	Abschöpfung %	mtl. Umsatz TDM	%
I II III IV				
Zwischensumme				
sonstige Umsätze (Zuflüsse/Touristen)				
Lebensmittel-Umsatz insgesamt				100

Umsatzschätzung

Der Lebensmittel-Umsatz inklusive Verbrauchsgüter wird aus den prognostizierten Abschöpfungsquoten in den einzelnen Marktzonen abgeleitet (Abb. 30).

Bei Handelsimmobilien ist stärker zu differenzieren und die *Gesamtumsatzerwartung* für die wesentlichen Warengruppen zu betrachten. In Abhängigkeit der örtlichen Gegebenheiten sind typen- oder größengerechte Werte vergleichbarer Häuser heranzuziehen, z. B. aus den Bereichen Textil, Möbel, Gastronomie, Autocenter, Tankstelle, Bau- und Gartencenter, Supermärkte bzw. auch Großflächen unterschiedlicher Größe für Lebensmittel, Gebrauchsgüter, Gastronomie usw.

Mit der Umsatzschätzung wird dann die Wirtschaftlichkeits-Berechnung verbunden. Es können Vergleiche zwischen Mietkosten, Umsatz, Anlaufphasen usw. nach hausinternen Kriterien vorgenommen werden.

3.3.2 Mietwert-Analyse

Renditeorientierte Kapitalanlagen werden im Gegensatz zur wohnwirtschaftlichen Immobilie am Ertragswert gemessen. Der private Anleger, der ein Beteiligungsangebot an einer Gewerbeimmobilie prüft, ebenso wie der institutionelle Anleger, erhält ein Angebot, dem ein oder mehrere fest verhandelte Mietverträge zugrunde liegen. Zur Beurteilung des Kaufpreises setzt er diesen ins Verhältnis zur erwarteten Jahresmiete.

Publikumsfonds werden je nach Objekt und Modellkosten zwischen dem 14fachen und dem 16fachen der Jahresmiete angeboten.

Abb. 31 zeigt, welche Rendite der wievielfachen Jahresmiete entspricht.

Abb. 31: Renditetabelle

Jahresmiete	Rendite
10fache	10,00 %
11fache	9,19 %
12fache	8,30 %
13fache	7,70 %
14fache	7,10 %
15fache	6,70 %
16fache	6,30 %
17fache	5,90 %
18fache	5,60 %
19fache	5,30 %
20fache	5,00 %
25fache	4,00 %
30fache	3,30 %
33fache	3,00 %

Diesen Werten entnimmt man, daß eine optisch geringe Renditever-
schlechterung schon die Verteuerung um eine ganze Jahresmiete aus-
macht. Es zeigt sich, daß es sehr schwierig ist, allein aus der Miethöhe
den Wert eines Objekts abzuschätzen. Die Miethöhe an sich sagt nichts
über den Substanzwert der Immobilie aus.

Zum anderen kann die qm-Miete so hoch angesetzt sein, daß bei Ausfall
des Mieters mit größter Wahrscheinlichkeit nur Ersatzmieter gefunden
werden können, die wesentlich weniger Miete zahlen.

Mit den nachfolgend aufgeführten Methoden kann man das Mietniveau
besser abschätzen. Sie werden so und in verfeinerten Formen auch von

Handelsketten angewendet, die für sich feststellen wollen, ob sich bestimmte Standorte rechnen, d. h. ob die Mietkosten in vertretbarem Verhältnis zum erwarteten Umsatz stehen.

● **Mietspiegelmethode**

Die Gesellschaft für Konsum-, Markt- und Absatzforschung in Nürnberg, das Institut für Handelsforschung an der Universität Köln, das Institut für Regional- und Wirtschaftsforschung in München sowie andere private und öffentliche Institutionen und Fachzeitschriften geben eine Fülle von Zahlenmaterial heraus, aus dem sich auch der weniger kundige Interessent einen Überblick über die gewerblichen Mieten in typischen Lagen aller wichtigen Städte und Regionen verschaffen kann.

Da diese Werte über längere Zeiträume erfaßt werden, kann man grundsätzliche Trends leicht nachvollziehen. Bundesweit kristallisieren sich so die wirtschaftlich angespannteren Regionen heraus, in denen höhere Mieten schwerer durchzusetzen sind, als in relativ gesunden, aufstrebenden Gebieten.

Abb. 32: RDM-Mietpreisspiegel 1988

	Ladenmieten (zu ebener Erde) in DM pro qm und Monat 1988							
	im Geschäftskern				im Nebenkern			
	Ia-Lage		Ib-Lage		Ia-Lage		Ib-Lage	
	klein	groß	klein	groß	klein	groß	klein	groß
Großstädte unter 500 000 Einwohner und Mittelstädte								
Bochum	110	70	50	30	40	20	18	12
Gelsenkirchen	80	45	40-50	30	25	15	20	13
Hamm	70	40	35	20	20	15	12	10
Bonn	200	150	100	70	100	50	25	20
Kiel	120	90	50	35	30	25	16	12
Wiesbaden	120	60-100	40-85	40	20-30	20	20	10
Hildesheim	115	50	50	25	20	15	15	10
Karlsruhe	200	100	100	60	60	30	15	8
Münster	200	120	60	40	28	18	13	10
Kassel	60-100	40-60	40-50	30-40	25-35	20-25	12-18	10-15
Lübeck	150	90	50	35	20	12	12	10
Bremerhaven	-	-	-	-	15	12	8	8
Mannheim	120	85	75	45	40-50	25-35	25	15-20
Wuppertal	80	60	40	25	25	20	15	10
Bielefeld	100	70	50	30	45	25	20	15
Augsburg	180	100	80	30	40	30	20	12
Freiburg	180	90	38	28	18	13	10	7
Regensburg	75	50	50	30	25	20	15	12
Mainz	180	120	80	55	45	40	25	15
Aachen	130	80	80	40	30	20	20	15
Braunschweig	140	60	50	30	18	12	10	7
Würzburg	130	65	65	35	30	18	22	15
Mönchengladbach	80-90	60-70	30-40	25-30	25-30	15-25	15	12-15
Kaiserslautern	120	80	80	60	80	60	60	40
Krefeld	90	75	50	35	35	22	15	13
Heidelberg	100-140	80-90	70	45	40	25	20	12
Erlangen	65	40	40	25	25	20	15	12
Ludwigshafen	50	30	25	15	15	10	12	8
Saarbrücken	120	80	70	50	30	20	10	8
Nienburg/Weser	60	30	25	12,5	15	12	12	10
Oldenburg	90	60	50	35	20	17	15	12
Koblenz	180	120	100	60	100	40	40	25
Landau/Pfalz	60-80	40	40	25	18	14	10	9
Bad Pyrmont	35	25	25	20	15	15	10	10
Neumünster	60	30	30	18	15	10	10	8
Gifhorn	25	20	12	10	8	7	7	6,5
Cuxhaven	50	30	30	20	25	15	20	10
Celle	60-70	50-60	50	37	30	20	15	15
Trier	160	110	50	40	70	50	30	25

Quelle: Bundesverband Ring Deutscher Makler e. V., Hamburg

Abb. 33: Gewerbeimmobilienindex (-Thermometer) ausgewählter Städte in der Bundesrepublik Deutschland

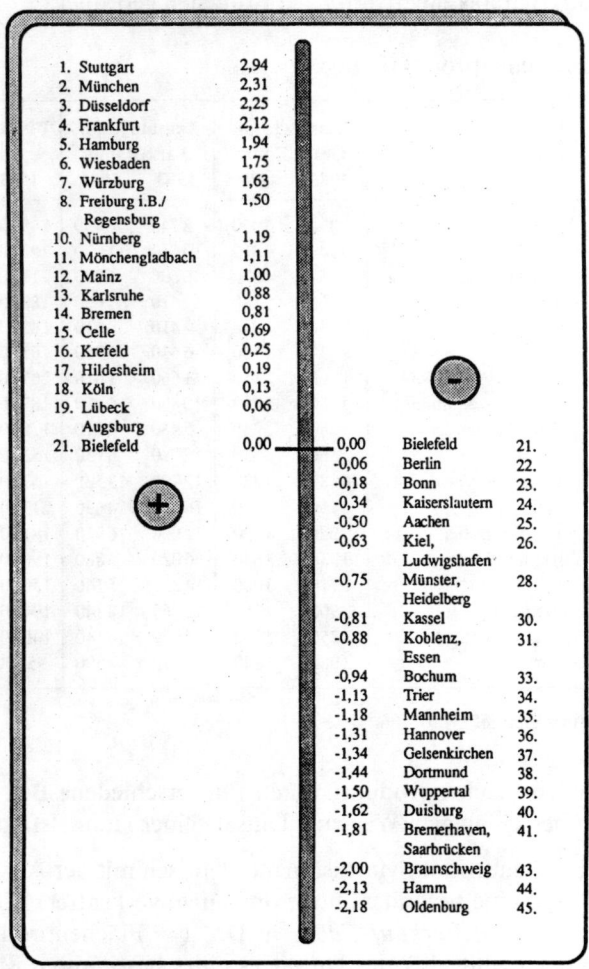

1. Stuttgart	2,94	
2. München	2,31	
3. Düsseldorf	2,25	
4. Frankfurt	2,12	
5. Hamburg	1,94	
6. Wiesbaden	1,75	
7. Würzburg	1,63	
8. Freiburg i.B./	1,50	
Regensburg		
10. Nürnberg	1,19	
11. Mönchengladbach	1,11	
12. Mainz	1,00	
13. Karlsruhe	0,88	
14. Bremen	0,81	
15. Celle	0,69	
16. Krefeld	0,25	
17. Hildesheim	0,19	
18. Köln	0,13	
19. Lübeck	0,06	
Augsburg		
21. Bielefeld	0,00	

0,00	Bielefeld	21.
-0,06	Berlin	22.
-0,18	Bonn	23.
-0,34	Kaiserslautern	24.
-0,50	Aachen	25.
-0,63	Kiel,	26.
	Ludwigshafen	
-0,75	Münster,	28.
	Heidelberg	
-0,81	Kassel	30.
-0,88	Koblenz,	31.
	Essen	
-0,94	Bochum	33.
-1,13	Trier	34.
-1,18	Mannheim	35.
-1,31	Hannover	36.
-1,34	Gelsenkirchen	37.
-1,44	Dortmund	38.
-1,50	Wuppertal	39.
-1,62	Duisburg	40.
-1,81	Bremerhaven,	41.
	Saarbrücken	
-2,00	Braunschweig	43.
-2,13	Hamm	44.
-2,18	Oldenburg	45.

Quelle: Untersuchung über den bundesdeutschen gewerblichen Immobilienmarkt des Münchner Instituts für Regional- und Wirtschaftsforschung, München, November 1986

● **Einfache Flächenproduktivitätsmethode**

Das Institut für Handelsforschung an der Universität Köln nennt folgende Produktivitätskennziffern nach Branchen geordnet:

Abb. 34: Branchenproduktivität

Branche	Umsatz je qm Gesch.Raum		Umsatz je qm Verk.Raum		Umsatz je Besch.	
	1983	1984	1983	1984	1983	1984
Lebensmittel-Einzelhandel	6370	6050	8740	8430	245700	247500
Reformhäuser	6140	6310	10640	11070	202800	196900
Herren- u. Knaben-Oberbekleidung	4650	4870	6600	6920	217400	228400
Damenoberbekleidung	5160	5130	7610	7650	188000	190900
Teppiche, Gardinen	2770	2680	4410	4310	182700	189000
Schuheinzelhandel	3530	3500	6630	6550	165100	167300
Möbeleinzelhandel	1160	1150	1660	1610	267000	263600
Radio- und Fernseh-Einzelhandel	5280	5280	10600	10620	187500	191000
Tapeten- u. Bodenbelaghandel	2380	2260	5480	4710	175900	172500
Drogerie	3560	3580	5920	6130	153400	158900
Parfümerie-Einzelhandel	6880	7330	12790	13520	157500	166100
Photoeinzelhandel	8150	7440	16220	14630	213000	205100
Uhren, Juwelen, Gold, Silber	9220	8990	17000	16410	181100	177100
Sportartikel-Einzelhandel	3930	3840	6020	5880	190600	191300
Spielwaren-Einzelhandel	2710	3000	4230	5160	150800	173000
Sortimentsbuchhandlung	7900	7750	12760	12340	194200	194600
Zoologische Fachgeschäfte	2250	2250	4040	4140	140500	125300
Blumenbindereien	3980	3840	7610	7590	95700	95800

Quelle: Der Einzelhandel, Mai 1986.

Diese typischen Flächenproduktivitäten für verschiedene Betriebstypen führen auf überschlägigem Weg zum Umsatz einer Handelsfläche.

Eine hohe Flächenproduktivität ist nicht identisch mit der Aussage, daß dieser Markttyp eine besonders hohe qm-Miete verkraftet. Die Angabe des *Umsatzes je qm Verkaufsfläche* in DM (= Flächenproduktivität) dient allein der Ermittlung des Umsatzes eines bestimmten Markttyps. Dieser Umsatz bzw. diese kalkulierte Umsatzerwartung läßt je nach Branche, Marktgröße und Art über den typischen Prozentsatz der Miete auf die übliche DM-Miete schließen.

ISB Köln nennt folgende Mietwerte für verschiedene Branchen:

Abb. 35: Mietwerte

Branchen	Mietwert in % des Umsatzes
Reformhäuser	3,7 %
Tabakwareneinzelhandel	2,0 %
Textileinzelhandel	4,5 %
Schuheinzelhandel	4,2 %
Möbeleinzelhandel	5,2 %
Beleuchtungs- und Elektronik-Einzelhandel	3,3 %
Radio- und Fernseheinzelhandel	2,6 %
Drogerie	3,4 %
Parfümerieeinzelhandel	3,9 %
Spielwareneinzelhandel	4,6 %
Sortimentsbuchhandlung	2,8 %
Blumenbinderladen	4,6 %
Durchschnitt aller Branchen 1985	3,2 %
Durchschnitt aller Branchen 1983	3,1 %

Quelle: SB in Zahlen 1987

Solche Flächenkosten in % vom Umsatz sind marktüblich und für die Mieter betriebswirtschaftlich vertretbar.

Hierzu ein Beispiel:

Für den Schuhbereich ergibt sich durchschnittlich für die letzten Jahre ein Umsatz je qm Verkaufsfläche von ca. 6 500 DM. Bei einer reinen Verkaufsfläche von z. B. 360 qm für einen Schuhdiscounter bedeutet dies einen Jahresumsatz von 2,34 Mio DM.

Bei einer unterstellten Mietbelastung in Höhe von z. B. 3,5 % vom Umsatz (also noch unterhalb des Wertes obiger Tabelle) beträgt die vertretbare Miete 81 900 DM. Bei einer tatsächlichen Miete in Höhe von nur 70 000 DM bleibt das Mietniveau auch für den Mieter günstig und läßt ihm wirtschaftlichen Spielraum für Aktionen, Sondertische und Werbungen, also für Aktivitäten, die wiederum umsatzsteigernd wirken.

Liegt der Mietwert über diesem kalkulierten Wert etwa bei einer tatsächlichen abgeschlossenen Miete in Höhe von 90 000 DM, so wird der Mieter an dem Standort so interessiert gewesen sein, daß er bereit ist, diesen höheren Mietwert in Kauf zu nehmen. Werden seine Erwartung nicht erfüllt und steigt der Mieter bei der nächsten sich bietenden Gelegenheit aus dem Mietvertrag aus, ist eine rentable Anschlußvermietung wahrscheinlich nicht möglich.

Zählt man zu unserem Beispiel von 360 qm Verkaufsfläche noch die notwendigen Nebenflächen hinzu, also eine Gesamtmietfläche von 450 bis 500 qm und unterstellt als tatsächlich verlangte Miete einen von unserer Rechnung abweichenden höheren oder niedrigeren Wert, ergibt sich pro qm und Monat eine Kaltmiete von 12 DM bis 20 DM. Mit solchen Werten und Kennziffern kann man fundierte Mietverhandlungen führen oder vereinbarte Mietverträge beurteilen.

● **Detaillierte Flächenproduktivitätsmethode**

Eine noch detaillierte Methode baut auf der oben beschriebenen Standortanalyse auf. Allerdings stehen dem Investor in der Regel Standortgutachten der Mieter nicht zur Verfügung. Auf der Standortanalyse aufbauend wird wie oben beschrieben das Einzugsgebiet erfaßt und mit dem *Locationsquotienten* (LQ) die einzelhandelsrelevante Kaufkraft der Bevölkerung in diesem Gebiet erfaßt und bewertet.

Die entscheidende Frage ist nun, welcher Marktanteil aufgrund der Konkurrenzsituation realistischerweise unterstellt werden kann. Kaufkraft mit prognostiziertem Marktanteil multipliziert ergibt die Umsatzerwartung. Die so ermittelte Umsatzprognose ist die Basis, wie im Beispiel aus der einfachen Flächenproduktivitätsmethode, für die branchenspezifische Miethöhe und die somit wirtschaftlich vertretbare qm-Miete.

Auch hierzu ein *Beispiel:*

Untersucht wird die Marktchance eines SB-Warenhauses in der Größenordnung 3 000 qm Nutzfläche.

Auf der nachfolgenden Graphik ist das Einzugsgebiet in vier Zonen unterteilt:

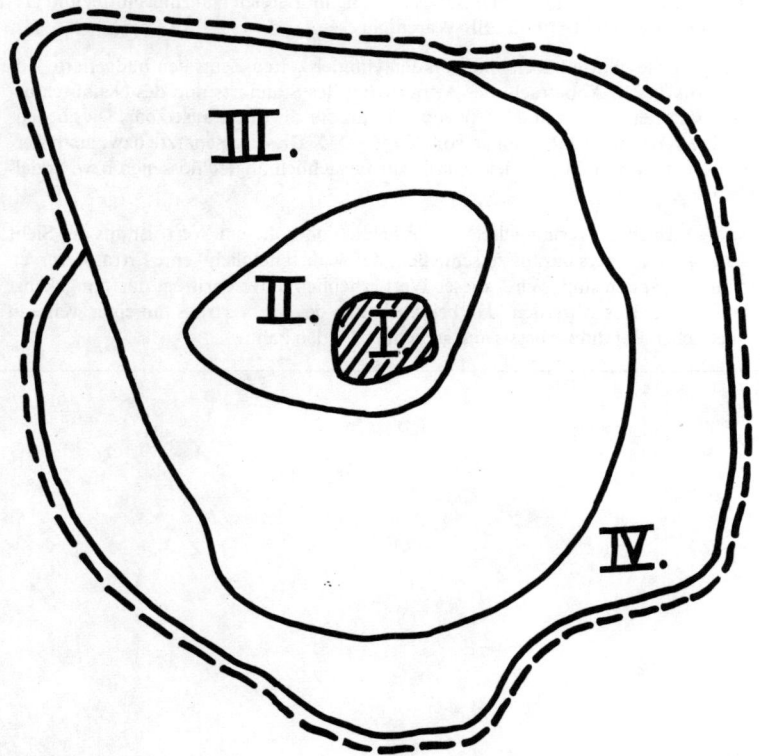

Zum Einzugsgebiet zählen die Zone I mit 12 700 Einwohnern, Zone II mit angrenzender ländlicher Struktur und starker Unterversorgung mit 9 100 Einwohnern,

Zone III mit 6100 Einwohnern und Zone IV mit 7300 Einwohnern. Das gesamte Einzugsgebiet hat somit insgesamt 34900 Einwohner.

Man kann nun diese Zonen gewichten und dem Zentrum mehr oder weniger zuordnen. In sehr heterogenen Gebieten können auch innerhalb der einzelnen Zonen unterschiedliche Kaufkraftpotentiale unterstellt werden. Gemäß vorhandener Kaufkraftkennziffern (z. B. 2250 DM pro Person und Jahr für Lebensmittel und artverwandte Produkte) ergibt sich eine Gesamtkaufkraft bezogen auf die Einwohnerzahl von 78,5 Mio DM.

Aufgrund der Konkurrenzsituation in der Region ergibt sich ein prognostizierter Marktanteil von unterstellten 15 %. 15 % einer ermittelten Kaufkraft von 78,5 Mio DM bedeuten 11,7 Mio DM Umsatzerwartung im Bereich Nahrungsmittel und artverwandter Produkte für das SB-Warenhaus.

Derartige Geschäfte haben eine von den Handelsketten-Zentralen budgetierte Kostenstruktur. In Anbetracht der Attraktivität des Standorts und des Neuabschlusses eines Mietvertrags sind 3,5 % vom Umsatz für die Miete ansetzbar. Dies bedeutet eine vertretbare Jahresmiete von 409500 DM. Dieser geschätzte bzw. analysierte Wert stellt nun die Vergleichsbasis zur tatsächlich abgeschlossenen bzw. erzielten Miete dar.

Ist die tatsächlich verhandelte Miete erheblich über diesem Wert, ist aus der Sicht des Kapitalanlegers daraus zu schließen, daß wahrscheinlich keine Ertragsreserven mehr vorhanden sind. Wird dieser Wert erheblich unterschritten, darf umgekehrt daraus geschlossen werden, daß bei Auslaufen des Mietvertrags mit einer weiteren erheblichen Renditeverbesserung gerechnet werden kann.

4 Sonstige Gewerbeimmobilien

4.1 Bürohäuser

Viele der in den letzten zwanzig bis dreißig Jahren errichteten Bürohäuser sind hoffnungslos veraltet. Wären sie damals mit der Zielsetzung Kapitalanlage errichtet worden, so hätte der Investor heute nicht mit den veränderten Marktgegebenheiten zu kämpfen. Ein solcher Investor muß entdecken, daß sich gerade in diesem Sektor der gewerblichen Immobilien eine schnelle technische Entwicklung durchgesetzt hat.

Das Zauberwort unter Spezialisten heißt *„Intelligent-Buildings".* Solche Bürohäuser berücksichtigen durch neue Gestaltung von Decken und Boden Kabelschächte für Informationssysteme und ermöglichen den Einsatz von kostengünstiger Energie und weiterentwickelten Klimatechniken. Während früher allenfalls eine zentrale EDV-Abteilung besondere Anforderungen an die Raumtemperatur und Luftfeuchtigkeit stellte, multipliziert sich dieses Anforderungsprofil durch die steigende Anzahl dezentraler Rechnerinstallationen.

Konsequent hoch-technisierte Projekte sind jedoch teuer. Die Hauptverwaltung der HONGKONG AND SHANGHAI BANKING COOPERATION z.B. wurde mit Milliarden-Aufwand gebaut. Aufgrund der Dimensionierung scheiden solche Projekte für einen Kapitalanleger bei seiner Auswahl aus.

Ein solider Investor, der nüchtern Sicherheit und Gewinnmöglichkeiten abwägt, wird sich auf die Marktverhältnisse einstellen. Interessante, technisch intelligente Umsetzungen neuerer Erkenntnisse werden kurzfristig vom Markt nicht honoriert. Hier ist der professionelle, kapitalstarke Investor gefragt. Der private Investor, der sich heute auf solche richtungsweisende Konzepte einstellt und bereit ist, erhebliche Mehrkosten zu tragen, wird diese nicht im entsprechenden Verhältnis zur Miete verzinst bekommen.

Neben diesen eher technischen Überlegungen sind auch *soziologische Aspekte* zu berücksichtigen. Immer mehr Menschen stellen die alt hergebrachten Lebensgewohnheiten in Frage. Ökologisch bewußteres Verhalten der Umwelt gegenüber und eine naturbewußte Ernährung wirken sich in unserer Gesellschaft aus. Die bewußtere Reflektierung des eigenen Lebens hat direkte Folgen für das Berufsleben.

Das bedeutet zum Beispiel, daß das Bedürfnis steigt, lieber in kleineren, menschengerecht erscheinenden Gebäuden zu arbeiten. Statt klimatisierter Räume wünscht sich fast jeder am Arbeitsplatz ein Fenster, das man öffnen kann. Die eigene Arbeitsatmosphäre erhält einen hohen Stellenwert. Der ökonomisch interessante mögliche Kommunikationseffekt eines Großraumbüros kann da nicht mithalten. Dies sind gegenläufige Tendenzen, die den Trend zum hochtechnisierten komplexen Bürohaus relativieren.

Man kann sich heute zumindest vorstellen, daß durch konsequente Umsetzung bereits vorhandener Bürotechnologien vielerorts die Notwendigkeit entfällt, Arbeitsplätze an einem Ort zu konzentrieren. So könnte es genügen, häufig von daheim aus zu arbeiten.

Solche Überlegungen sollen hier nur angeschnitten werden. Denn weiterhin gilt überwiegend die Erkenntnis, daß der Kontakt der Leistungsträger zueinander ein wichtiges Merkmal im Wirtschaftsleben bleibt. Die *räumliche Zusammenlegung* von Betriebsteilen resultiert auch aus der Erkenntnis, daß persönliche Kontakte die Atmosphäre verbessern, den gemeinsamen Gedankenaustausch fördern und das betriebliche Gesamtergebnis positiv beeinflussen. Die gemeinsame Leistung ist im Ergebnis in der Regel höher zu bewerten als die Summe isolierter Einzelleistungen.

Wenn man über Büros bzw. Bürohäuser spricht, gilt es zunehmend zu berücksichtigen, daß neue Techniken häufig zu *mehr Flächenbedarf* für den einzelnen Arbeitsplatz führen. Mehr Geräte bedeuten einen vermehrten Bedarf an Stellflächen. Im Dienstleistungssektor sinkt die Zahl der minderqualifizierten Arbeitsplätze. Qualifizierte Arbeitskräfte fordern im Sinne der gewohnten betrieblichen Hierarchiepyramide großzügigere Arbeitsplätze, sogenannte Chefbüros. Folglich käme z. B. das alte Finanzamt einer Kommune als neue Hauptverwaltung eines Industriebetriebs kaum in Frage.

In vielen Studien wird festgestellt, daß der Dienstleistungsbereich, also der tertiäre Wirtschaftssektor, seinen Anteil zu Lasten der beiden Sektoren Land- und Forstwirtschaft und produzierendes Gewerbe weiter erhöht. Während im Jahr 1985 erst etwas mehr als 50 % der Erwerbstätigen im Dienstleistungsbereich beschäftigt waren, wird diese Quote bis zum Jahr 2000 weiter steigen. Im westlichen Ausland, von Frankreich bis zu den USA, beträgt diese Quote heute bereits im Schnitt 65 %.

Büromietniveau

Was die zu erzielenden Mietpreise für Büros angeht, so sind sich die Experten grundsätzlich einig, daß im Zuge der weiteren internationalen Verflechtung der Wirtschaft auch die Büromietpreise in unserem Land weiter steigen werden. Die höchsten Büromieten werden in Deutschland in Frankfurt erzielt. In ähnlichen westeuropäischen Zentren wie Paris oder London sind die vergleichbaren Mieten dennoch doppelt so hoch. Hauptstandorte für Büroimmobilien in Deutschland sind Frankfurt, München, Hamburg und Düsseldorf, danach kommen Stuttgart, Köln und Bonn.

Die zu den führenden internationalen Immobilienmaklern zählende britische Weatherall Green & Smith (WGS) rechnet für 1988 vor allem in Frankfurt und München, aber auch in Stuttgart mit einem weiter wachsenden Anlageinteresse und generellen Mietwertsteigerungen bei Gewerbeimmobilien.

Gerade im engen Frankfurter Bankenviertel hat der besonders rapide und durchaus mit den Entwicklungen in London vergleichbare Anstieg der Büromieten auf mittlerweile 50 bis 55 DM je qm für Flächen in bester Lage dazu geführt, daß der überwiegende Teil der ohnehin kleinen Planungsobjekte zur Zeit das Eigentum holländischer und britischer Investmentgruppen ist.

Wie die WGS in ihrer Marktübersicht festhält (vgl. auch Handelsblatt v. 19. 5. 88), kann — auch wenn die süddeutschen Wachstumsgebiete den Vorrang haben — der gesamte deutsche Grundstücksanlagemarkt als gesund bezeichnet werden.

Viele Investoren zogen die Konsequenzen aus der Marktenge in den Großstadtzentren und schätzen an den billigeren Objekten im Ruhrgebiet und im Norddeutschen Raum die erzielbaren realistischen Renditen.

Abb. 36: Wertentwicklung von gewerblichen Immobilien in ausgewählten Großstädten

Stadt	Ladenmieten Kern 1a klein					Ladenmieten Nebenkern 1a groß					Mieten für Büroflächen				
	Absolutwert DM/qm			Veränderung in %		Absolutwert DM/qm			Veränderung in %		Absolutwert DM/qm			Veränderung in %	
	1975	1980	1985	75-85	80-85	1975	1980	1985	75-85	80-85	1975	1980	1985	75-85	80-85
Frankfurt	90	100	130	4,4	6,0	25,0	30,0	30,0	2,0	0	15,0	22,5	27,5	8,3	4,4
Wiesbaden	75	110	120	6,0	1,8	9,0	21,0	25,0	17,8	3,8	13,0	17,0	20,0	5,4	3,5
Mainz	50	75	100	10,0	6,7	15,0	22,5	25,0	6,7	2,2	11,5	12,0	15,0	3,0	5,0
Saarbrücken	70	115	110	5,7	– 0,9	12,5	17,5	17,5	4,0	0	11,0	10,0	10,0	– 0,9	0
Ludwigshafen	40	60	60	5,0	0	10,0	15,0	15,0	5,0	0	10,0	12,0	14,0	4,0	3,3
Kaiserslautern	35	70	80	12,9	2,9	12,5	20,0	20,0	6,0	0	11,0	11,0	13,0	1,8	3,6
Mannheim	70	100	100	4,3	0	15,0	15,0	17,5	1,7	3,3	10,0	12,0	12,5	2,5	0,8
Heidelberg	50	70	80	6,0	2,9	15,0	17,5	20,0	3,3	2,9	10,0	12,5	13,0	3,0	0,8
Stuttgart	80	160	200	15,0	5,0	30,0	30,0	35,0	1,7	3,3	12,0	18,0	22,0	8,3	4,4
Karlsruhe	70	100	160	12,9	12,0	12,5	20,0	25,0	10,0	5,0	11,0	11,5	12,5	1,4	1,7
Freiburg	75	150	175	13,3	3,3	15,0	20,0	20,0	3,3	0	10,0	13,5	17,5	7,5	5,9
München	120	180	200	6,7	2,2	20,0	30,0	35,0	7,5	3,3	12,5	17,5	20,0	6,0	2,9
Regensburg	60	75	120	10,0	12,0	10,0	12,0	15,0	5,0	5,0	10,0	14,0	17,5	7,5	5,0
Nürnberg	70	120	150	11,4	5,0	20,0	30,0	35,0	7,5	3,3	10,0	13,0	14,0	4,0	1,5
Würzburg	40	50	80	10,0	12,0	10,0	12,0	18,0	8,0	10,0	7,5	10,0	14,0	8,7	8,0
Augsburg	50	80	100	10,0	5,0	10,0	15,0	20,0	10,0	6,7	10,0	12,0	12,0	2,0	0

Quelle: Untersuchung über den bundesdeutschen gewerblichen Immobilienmarkt des Münchner Instituts für Regional- und Wirtschaftsforschung, München, Nov. 1986

Die Spitzenmieten für Büroflächen in bester zentraler Lage für Einheiten von 500 qm Fläche haben sich in den deutschen Großstädten — ausgenommen Frankfurt — bei monatlich 25 bis 30 DM je qm stabilisiert. Werte bis 35 DM können für München, niedrigere Werte mit rund 20 DM für Köln angesetzt werden.

In Frankfurt dagegen, wo vor anderen Nachfragen insbesondere die Banken weiter Büroflächen anmieten, wird es noch länger bei einem Nachfrageüberhang bleiben. In München suchen Unternehmen des Bereichs High-Tech Büros, daneben Banken, Versicherungen und Firmen der pharmazeutischen Industrie. In Hamburg und Düsseldorf stabilisiert sich die Lage, große Überhänge sind im wesentlichen abgebaut.

Wichtig ist, daß die einzelnen Standorte eigenen Marktgesetzen unterworfen sind: *Es gibt keinen einheitlichen Büroflächenmarkt in der Bundesrepublik. Pauschale Urteile sind hochgradig gefährlich.*

In mittleren Städten genügt es manchmal schon, daß die Stadt sich ein neues Rathaus baut und demzufolge viele bisher angemieteten Büroflächen frei werden, um den örtlichen Büromarkt aus dem Gleichgewicht zu bringen.

In der Volkswirtschaft spricht man von einer *geringen Preiselastizität der Nachfrage* nach Büroraum. Das bedeutet, daß bei der Entstehung eines Überangebots von solchen Flächen schon in einer relativ kleinen Größenordnung, z. B. 5 %, die Preise nicht nur um 5 % sondern um ein Vielfaches, also 10 %, 20 % oder mehr, sinken. Der einzelne betroffene Anbieter versucht, sein Problem der Vermietung über den Preis zu lösen. Die hieraus resultierende Preisschraube nach unten kann das Leerstandsproblem jedoch kaum lösen, weil der Preis nicht das oberste Kriterium für die Anmietung von Büroflächen ist.

Bürohäuser als Kapitalanlage

Die vorgenannten Überlegungen zeigen, daß Investitionen in Büroimmobilien als Kapitalanlage unbedingt *institutionellen* und damit professionellen Anlegern vorbehalten bleiben sollten. Das Risiko, hier eine falsche Entscheidung zu treffen, steht in keinem gesunden Verhältnis zur Renditechance für einen privaten Anleger.

4.2 Hotels und Boardinghäuser

Mit dem Reizwort Hotel kann man auch heute noch erstaunlich viele Investoren motivieren bzw. regelrecht locken. Dies liegt daran, daß Standorte und optisches Erscheinungsbild von Hotels häufig sehr markant sind. Man unterstellt den Hotelbetreibern, daß sie gut verdienen und möchte von diesem Kuchen gern etwas abhaben.

Eine sehr gefällige *Definition* stammt von Bletschacher[1]: „Ein Hotel ist ein Beherbergungsbetrieb mit gehobenem Ausstattungs- und Bedienungskomfort, der — gewöhnlich in einem größeren, repräsentativen Gebäude — gewerblich Logis, Verpflegung und sonstige Dienstleistungen für den vorübergehenden Aufenthalt auf Reisen befindlicher Ortsfremder zur Verfügung stellt.

Der Begriff Hotel ist in der Regel erst auf Betriebe mit mindestens 20 Gästezimmern und voll ausgerüsteten Sanitärzellen anwendbar."

Diese Definition weist zurecht darauf hin, daß ein Hotel zwar formell eine Immobilie, jedoch als solche untergeordnet zu bewerten ist. Sehr viel ausgeprägter ist der Charakter des *Dienstleistungsbetriebs*. Dies wird auch dadurch deutlich, daß die Kosten für die Immobilie, bezogen auf den Umsatz je nach Typ, zwischen 8 und 25 % betragen. Bei sehr gastronomiebetonten Hotelbetrieben wird eher der untere, bei sehr auf Fullservice bedachten Hotels der obere Wert erreicht. Der Rest wird benötigt für Gehälter, Kosten für Nahrungsmittel und sonstige Dinge, die mit der Immobilie selbst weniger im Zusammenhang stehen.

Das zeigt wiederum auch, wie wichtig es ist, daß Hotels von erfahrenen Hotelgesellschaften betrieben werden. Die Vergangenheit lehrt zwei sehr unterschiedliche Erfahrungen:

1. Seit Bestehen der Bundesrepublik Deutschland mußte noch keine wichtige Hotelgesellschaft in der gesamten Welt Konkurs anmelden.

2. Hotelgesellschaften, die von Branchenneulingen wie Immobilienspekulanten, Bauträgern und regional selbstbewußt agierenden Unternehmern gegründet wurden, endeten sehr häufig in handfesten Pleiten. Daß ein Hotel erst dreimal in Konkurs gehen muß, bevor es rentabel wird, ist ein Spruch, der allenfalls auf solche Betreiber zutrifft.

---

[1]   Bletschacher, in: Falk (Hrsg.), Immobilien-Handbuch, Stuttgart 1985.

Sieht man ein Hotel als Kapitalanlage an, scheiden die unter 2. genannten Projekte schon aus Vorsichtsgründen aus. Gleichzeitig wird es immer schwieriger, solche Bauvorhaben finanziert zu bekommen, da die Banken mehr denn je die Ertragssicherheit solcher Vorhaben anzweifeln, zumal der Anleger auf die erwarteten Erträge hin sein zu leistendes Fremdkapital sehr *langfristig* zu finanzieren wünscht.

Ein optimal konzipiertes Hotel erreicht den Break-even-Point bei einer Belegungsrate von *45 bis 58 % p. a.* Diese Quote ist sehr hoch, wenn man berücksichtigt, daß ein Hotel jeden Tag eines Jahres geöffnet hat und viele belegungsschwache Tage (z. B. die üblichen Festtage) hierbei mitgezählt werden müssen. Insofern liegen Erfolg und Mißerfolg gerade beim Hotel dicht beieinander.

Bei *Boardinghäusern,* also Appartement-Hotels mit einer relativ größeren Grundfläche je Appartement und reduziertem Service, der gegen Aufpreis individuell zugewählt werden kann, liegt der Break-even-Point in der Regel erheblich niedriger, bisweilen sogar unter 40 % Belegungsquote. Dies liegt an einer stark abweichenden Kostenstruktur z. B. auch im Personalwesen. Man kann davon ausgehen, daß bei einem Boardinghaus höchstens 50 % des Personals eines klassischen Vollhotels benötigt werden.

Hotels leben ganz besonders von ihren *Lagen.* Hotels sind der einzige Immobilientyp mit täglichem Kündigungsrecht seiner Bewohner, also der Hotelgäste. Allein diese Überlegung zeigt, wie sehr sich ein etwas besserer oder schlechterer Standort auf die Belegungsquote auswirken kann.

Ein Hotel muß leicht auffindbar, möglichst repräsentabel und bedarfsorientiert konzipiert sein.

Es gibt unterschiedliche Kategorisierungsversuche, die in Abb. 37 zusammengefaßt worden sind.

Abb. 37: Typisierung von Hotels

Standort	Leistungsprofil	Kategorie
Stadt	Garni/Voll	einfach
Land	Tagung	mittel
Verkehr (Motel, Airport, Rail)	Urlaub	teuer

Aus diesen Kriterien können im Prinzip alle am Markt vorhandenen Typen abgeleitet werden.

Beispiel: Standort: Land, Leistungsprofil: Urlaub, Kategorie: einfach entspricht der Umschreibung eines Feriendorfs.
Standort: Verkehr, Leistungsprofil: Tagung, Kategorie: mittel entspricht einem Bürohotel.

Die auf solchen Kriterien aufbauende *Standortbestimmung* für Hotels ist sehr wesentlich. Hotels leben von Ortsfremden, ihr soziales Standing wird jedoch häufig von der Akzeptanz vor Ort geprägt.

Nicht ohne Grund sind nach der Welle von Autobahnhotels (Motels) Hotelstandorte wieder vermehrt in attraktiv hergerichteten Innenstädten unweit von Messegeländen usw. zu finden. Die bewußte Standortwahl, Ansiedlung neben Großfirmen hat sich als gefährlich erwiesen. Ein Hotel muß sich das ganze Jahr über neu bewähren und kann von punktuellen Vollbelegungen allein nicht leben.

Hotels als Kapitalanlage

Das Herz eines Anlegers schlägt schnell für ein Hotel, das ansprechend gestaltet ist, und nicht nur als Immobilie, sondern auch als Dienstleistungsbetrieb angesehen wird. Neben dem Verkauf von Einzelleistungen werden mit dem Begriff Hotel psychologische Aspekte wie getätigte Geschäfte, Reiseerlebnisse usw. gekoppelt.

Abb. 38: Die umsatzstärksten Einzelbetriebe der deutschen Hotellerie

Rang 1986 (1985)	Betrieb	Zimmer/ Betten	Brutto- Umsatz 1986 (in Mio DM)	Steigerung/ Rückgang zu 1985
1. (1.)	Hotel Bayerischer Hof, München	405/688[1]	73,7	− 4,4 %
2. (2.*)	Frankfurt Sheraton Hotel, Frankfurt	820/1600	63,2*	− 7,6 %*
3. (3.)	Hotel Frankfurt Intercontinental, Frankfurt	796/1593	58,4	− 10,3 %
4. (4.)	Hotel München Hilton, München	480/900	55,4	− 3,4 %
5. (5.*)	Hotel München Sheraton, München	637/1221	47,9	− 10,5 %
6. (6.)	Hotel Berlin Inter-Continental, Berlin	600/1175	47,2	− 4,2 %
7. (7.)	Hotel Vier Jahreszeiten Kempinski, München	365/590	47,1	− 2,9 %
8. (8.)	Steigenberger Hotel Frankfurter Hof, Frankfurt	376/560	43,5	− 0,7 %
9. (11.)	Hotel Mainz Hilton, Mainz	435/870	36,6	− 1,9 %
10. (12.*)	Sport- u. Kurhotel Sonnenalp, Ofterschwang/Allg.	230/425	36,1	−[2]
11. (9.)	CP Hotel Hamburg Plaza, Hamburg	570/1140	35,9	− 10,8 %
12. (72.)	Hotel Elysee, Hamburg	299/598	35,7	−[3]
13. (14.)	Hotel Bachmair am See, Rottach-Egern	230/380	30—40[4]	—
14. (18.*)	Hotel Düsseldorf Hilton, Düsseldorf	393/612	34,8	+ 10,5 %
15. (17.)	Penta Hotel, München	583/1106	32,7	+ 0,6 %
16. (23.)	Hotel Düsseldorf Inter-Continental, Düsseldorf	309/580	32,6	+ 12,0 %
17. (15.)	Hotel Hamburg Inter-Continental, Hamburg	300/573	32,5	− 8,3 %
18. (13.)	Bristol Hotel Kempinski, Berlin	336/640	32,4	− 7,4 %
19. (21.)	Hotel Köln Inter-Continental, Köln	290/498	32,0	+ 6,3 %
20. (10.)	CP Hotel Frankfurt Plaza, Frankfurt	591/1182	31,2	− 15,9 %

* geschätzt — [1]Vorübergehende Zimmerreduzierung durch Ausbau und Renovierung (Bayerischer Hof, München) — [2]Im Vorjahr von der Redaktion mit 36,0 Mio DM geschätzt; geringfügige Steigerung (Sonnenalp, Ofterschwang/Allgäu) — [3]Erstes volles Betriebsjahr (Elysee, Hamburg) — [4]Nach Angaben des Rechtsvertreters des Unternehmens kann wie im Vorjahr „ohne weitere Aufschlüsselung von einem Umsatz 1986 von 30 bis 40 Millionen DM ausgegangen werden" (Hotel Bachmair am See, Rottach-Egern).
Quelle: NGZ service manager 5/1987.

Wegen der sehr schwierigen Kostenkalkulation aufgrund der unsicheren und sich stets neu zu bewährenden Belegungsquote, die über Rendite und Verlust entscheidet, gehört das Hotel eher zu den gefährlichen Anlageformen auf dem Markt der Gewerbeimmobilien. Das hohe Belegungsrisiko läßt diese Anlage nur für Anleger in Frage kommen, die es sich leisten können zu spekulieren. Dieses Urteil trifft auf die Hotels zu, die mit Managementverträgen ausgestattet sind, so daß das Belegungsrisiko auf den Eigentümer, also den Anleger, abgewälzt wird.

Wenn man sich die folgende Tabelle der umsatzstärksten Einzelbetriebe der deutschen Hotellerie ansieht, wird man als Anleger gemahnt. Trotz eines statistischen Plus von 1,67 % aus den insgesamt 100 umsatzstärksten Hotels der Bundesrepublik, schlossen mehr als die Hälfte (55 %) mit einem Umsatzrückgang oder mit plus/minus Null ab.

Erste Überkapazitäten machten 1986 dem deutschen Hotelgewerbe zu schaffen. Dieser Zustand wird sich angesichts des anhaltenden Hotelbau-Booms in nahezu allen Großstädten weiter verschärfen.

Wenn ein Bewirtschaftungspartner mit hoher Bonität bereit ist, den Standort eines Hotels durch einen 20jährigen Pachtvertrag zu bestätigen, kann auch ein Hotel eine attraktive Anlage sein. Dem eher vorsichtigen Anleger, der mit Investitionen in diesem Sektor liebäugelt, muß man zur Zurückhaltung raten. Ein reizvoller Gedanke kann sein, statt dessen einen kleinen Teil aus dem zur Verfügung stehenden Vermögensportefeuille in Hotelaktien, also Aktien von Hotelgesellschaften, zu investieren, zumal diese in der Vergangenheit sichere Anlagen waren.

4.3 Seniorenanlagen

Altenheime, Seniorenresidenzen usw. wurden in den letzten Jahren relativ häufig in Form von Bauherrengemeinschaften und geschlossenen Immobilienfonds angeboten. Die Veränderungen im Altersaufbau unserer Bevölkerungspyramide — Zunahme des Anteils der älteren Menschen — hat einige Marktteilnehmer veranlaßt, hier einen sehr wachstumsträchtigen Markt zu sehen. Dagegen spricht eine Vielzahl von Pleiten ehemals namhafter Bauträger, die sich besonders an derartigen Produkten übernommen hatten.

Unter den *Sammelbegriff Altenheim* fallen verschiedene Typen von Häusern. Unter Einbeziehung der Typisierung gemäß den Schriften des Deutschen Vereins für öffentliche und private Fürsorge (Heft 42) soll folgende Unterscheidung gelten:

1. spezialisierte Typen

- Altenwohnung
- Altenwohnheim
- Altenheim
- Altenpflegeheim

2. umfassende Typen

Altenwohnungen sind im Prinzip ganz normale, kleine Wohnungen, die sich in der Regel nicht von einer normalen Wohnung unterscheiden. Allein die Konzentration der speziellen Mieter-Zielgruppe ist als herausragendes Kriterium zu nennen. Während normalerweise in einem Wohnhaus mit verschiedenen kleinen Wohneinheiten ein buntes Mix von Mietern wohnt, zeichnet sich die Altenwohnung dadurch aus, daß im Umfeld ausschließlich ältere Menschen leben und damit trotz gewohnter Eigenständigkeit eine Art Solidargemeinschaft entsteht.

Ähnlich einer Altenwohnung besteht ein *Altenwohnheim* aus einer Konzentration von Altenwohnungen. Darüber hinaus sind hier verschiedene Gemeinschaftseinrichtungen angesiedelt, die der sozialen Kommunikation dienen oder den alten Menschen das Alltägliche (Essen, Arztbesuche etc.) erleichtern sollen.

Die nächste Konzentrationsstufe ist das klassische *Altenheim*. Hier werden alte Menschen zusammengeführt, die keinen eigenen Haushalt mehr führen und konsequent betreut werden müssen. Solche Häuser sind kostspielig und werden von Verbänden der freien Wohlfahrt, wie Caritas, Deutsches Rotes Kreuz oder Arbeiter-Wohlfahrt geführt. Da der Markt mit Altenheimen weitgehend gesättigt ist, ist ein Neubau von Altenheimen grundsätzlich mit Risiken verbunden. Zum einen sind derartige Anlagen relativ kostspielig, zum anderen ist die spätere Auslastung keineswegs als gesichert anzusehen. Obendrein ist es sehr schwierig das Einzugsgebiet zu bestimmen und den konkreten Bedarf festzustellen.

Wenn es um die Gestaltung des eigenen letzten Lebensabschnitts geht, lassen sich Verhaltensweisen mit klassischen Marktforschungsmethoden nur schwer vorhersagen. Altenheime in Kurorten oder wunderschöne Wohngegenden zu legen, bedeutet keine Garantie für eine spätere Akzeptanz. Wichtige Kriterien sind z. B. die Anschließung an die öffentliche Verkehrsmittel und die Erreichbarkeit des bisherigen Wohnorts der Angehörigen. Die Frage, wieviele alte Menschen über 65 Jahren einen Altenheimplatz beanspruchen, ist schwierig zu beantworten. Die Bedarfswerte sind in den letzten Jahren immer weiter herunterprognostiziert worden bis heute auf ca. 3 bis 5 % der Einwohner ab 65 Jahren.

Viele ältere Menschen, die nicht in einem Altenheim wohnen, werden von ihrem familiären Umfeld versorgt. Da die Bereitschaft hierzu offensichtlich in den letzten Jahren wieder gestiegen ist, hat eine solche Entwicklung direkte Auswirkungen auf den konkreten Bedarf von Altenheimplätzen.

Altenpflegeheime sind über das klassische Altenheim hinaus insbesondere auf die medizinische Betreuung älterer Menschen ausgerichtet. Zwar soll und kann hier nicht die Funktion des Krankenhauses ersetzt werden, andererseits ist eine solche Konzeption auf intensiv zu betreuende Bewohner ausgerichtet. Das Bundessozialhilfegesetz (BSHG) setzt für die Unterbringung in einem Pflegeheim doppelt bis dreimal so hohe Tagespflegesätze an. Wegen der Kostenintensität werden derartige Objekte sehr häufig von kommunalen oder gemeinnützigen Trägern unterhalten.

Neben diesen speziellen Ausprägungen wurden besonders in den letzten Jahren *Seniorenresidenzen (Altenwohnstifte)* konzipiert, die die verschiedenen Einzeltypen unter einem Dach vereinen sollen. Die Idee ist einleuchtend: Alte Leute sollten die Chance erhalten, ihren Lebensabend individuell zu bestimmen. Daneben sollen die älteren Mitbürger zu Aktivitäten motiviert werden. Die Unterhaltung von Krankenpflegestationen soll der sozialen Isolierung, die bei einem vielleicht monatelangen Krankenhausaufenthalt in einem herkömmlichen Krankenhaus entstehen würde, vorbeugen. Folglich ist ein Altenwohnstift als ein integriertes Altenwohnheim mit klassischem Altenheim und Altenpflegeheim zu definieren.

Die Kostenstruktur ist auf die Inanspruchnahme der Leistungen abgestimmt. Neben der Miete und der Inanspruchnahme der Grundleistungen (z. B. Schwimmbad) sind die verschiedenen Betreuungsdienste zuzuwählen und nach Inanspruchnahme zu bezahlen. Das sind insbesondere die Teilnahme an Frühstück, Mittag- oder Abendessen, Putzservice und Dienstleistungen rund um die Körperpflege. Während eine solche Konzeption vernünftig und bedarfsorientiert erscheint, darf an dieser Stelle nicht verschwiegen werden, daß die Tagespflegesätze in solchen Seniorenresidenzen in der Regel sehr hoch sind. Andererseits erwarten gut zahlende Bewohner ein gehobenes Niveau, das sich in den Baukosten und Unterhaltskosten niederschlägt.

Seniorenanlagen als Kapitalanlage

Da die Zielgruppe für den umfassenden Typ Seniorenresidenzen bzw. Altenwohnstifte schon aus Kostengründen beschränkt ist und viele solcher Residenzen heute bereits existieren, gilt der Markt auf diesem Gebiet grundsätzlich als gesättigt. Ähnlich den Hotels trägt das professionelle Know-how des Betreibers wesentlich zum Erfolg bzw. Mißerfolg eines solchen Betriebstyps bei. Da selbst überregional tätige, anerkannte Betreibergesellschaften mit der Auslastung ihrer bestehenden Objekte kämpfen, kann aus Anlegersicht die Beteiligung an einem weiteren neu zu errichtenden Projekt grundsätzlich nicht empfohlen werden.

Vielmehr sollte man sich auf bestehende, bereits realisierte Objekte beschränken und sich selbst ein Urteil von der Qualität der Anlage machen. Die Auslastungszahlen der Vergangenheit und die kalkulierten Werte der Zukunft sind ein Indiz für die Nachfrage nach einem solchen Objekt.

Abb. 39: Checkliste Seniorenwohnanlagen

- Lassen sich die behaupteten Vermarktungschancen (und damit letztlich die Wirtschaftlichkeit Ihrer Kapitalanlage) durch ein neutrales Sachverständigengutachten bestätigen?
- Das Gutachten muß sich insbesondere zu folgenden Punkten äußern:
  - In welchem Umfang besteht Nachfrage seitens möglicher Seniorenheimbewohner?
  - Ist das Raumangebot der Wohnanlage (Anzahl und Größe der Wohnungen) auf die Nachfrage abgestimmt?
  - Ist das sonstige Leistungsangebot des Objekts, wie etwa Seniorenbetreuung und Krankenpflege, markt- und bedarfsgerecht?
  - Sind die Mieten für die Bewohner wirklich tragbar?
  - Ist der Standort „richtig" für das Objekt?
  - Verfügt der Standort über guten Anschluß an öffentliche Verkehrsmittel, Einkaufsmöglichkeiten (wichtig für Selbstversorger)?
  - Ist im näheren Einzugsbereich für aureichende ärztliche und medikamentöse Versorgung gesorgt (z. B. Apotheken, Fachärzte wie Orthopäden)?
  - Welche konkurrierenden Häuser mit ähnlichen Leistungsprogrammen existieren (oder sind geplant) am Standort? Mit welchem Erfolg arbeitet der Wettbewerb?
- Ist die Seniorenwohnanlage technisch richtig aufgemacht; d. h. nimmt sie auf spezielle Probleme der Senioren Rücksicht (beispielsweise Gehbehinderungen)?
- Kann die Hausverwaltung (bzw. die Pächterin der Anlage) kaufmännische, technische und pflegerische Erfahrung nachweisen? Ist qualifiziertes Personal vorhanden?
- Ist der Herstellungs-/Kaufpreis der Anlage gutachtlich als angemessen und vernünftig bestätigt?
- Sind die zukünftigen Erlöse und Kosten vollständig und überzeugend geplant?
- Bei welcher Auslastung (Belegungsquote) ist die Deckung der Betriebs- und Kapitalkosten erreicht? Ist diese Auslastung erreichbar? In welchem Zeitraum?
- Sind Investition und Finanzierung abgesichert, oder gibt es Probleme wie Auflagen beim Bau, bei der Fremdmittelbeschaffung usw.?
- Ist die steuerliche Seite des Objekts vom Fachmann (Steuerberater, Wirtschaftsprüfer) „abgesegnet"?

Quelle: cash 2/87

Trägt sich der Anleger hingegen mit dem Gedanken, später selbst Nutzer in einem solchen Objekt zu werden, kann der Anlage nur zugestimmt werden. Schließlich wird er als Eigentümer auf den Eigentümerversammlungen in den nächsten Jahren mit den Besonderheiten des von ihm auserwählten Objekts bestens betraut. Er wird zwar in der Regel keinen Anspruch auf das von ihm gekaufte Appartement haben, da die Mietverträge mit den Bewohnern grundsätzlich unbefristet (d. h. auf Lebenszeit) abgeschlossen werden. Er kann dann jedoch bevorzugt in ein vergleichbares, freiwerdendes Appartement oder eine entsprechende kleine Wohnung einziehen. Wegen der hohen Neben- und Unterhaltskosten bei solchen Objekten sind zwar gute, jedoch keineswegs Spitzenrenditen erzielbar. Renditen von 4 bis 6 % sind seriös ansetzbar. Hierüber hinausgehende Renditeversprechungen sind nur selten im nachhinein haltbar.

4.4 Weitere Beispiele

4.4.1 Fast-Food-Gastronomie

Über 4,5 Milliarden DM Netto-Umsatz erlösten die 33 größten Unternehmen der Fast-Food-, Handels- und System-Gastronomie in Deutschland 1985. Allein die vier Größten erzielten im Vergleich zum Vorjahr über 170 Mio DM Umsatz-Plus. Grund genug, auf diese Handelserscheinung einzugehen.

Der Begriff Fast-Food kommt aus Nordamerika. Wörtlich übersetzt bedeutet er Schnellverpflegung. Damit wird primär die Service-Geschwindigkeit des gastronomischen Betriebs angesprochen. Industriell *vorgefertigte Nahrungsmittel* kombiniert mit einer *ausgefeilten Logistik* und einer *leistungsfähigen Technik* bei Einsatz von *wenig Personal* sind die Merkmale solcher Betriebe. Ein eng begrenztes Programm, d. h. wenig Produkte, gekoppelt mit Peripherie-Angeboten des Versorgungsprogramms wie z. B. heiße Apfeltaschen, Eis usw. werten die Kernprodukte auf.

Beispielhaft für *Fast-Food-Restaurants* stehen BURGER KING, MCDONALD'S, SAM'S QUICK und WENDY. Stark frequentierte Standorte sind Voraussetzung für die Ansiedlung eines solchen Typs. Gemeint sind damit Einkaufsstraßen, die Nähe von Schulen oder Universitäten, eine sehr dichte Wohnbebauung, markante Haltestellen öffentlicher Verkehrsmittel usw.

Abb. 40: Kategorien der Fast-Food-Gastronomie

Begriff/ Merkmal	Fast-food-Restaurant	System-Gastronomie	Snack und Imbiß
Beispiele	Burger King, McDonald's Sam's Quick	Churrasco, Wienerwald, Bernl's Nudelbrett ...	Frankfurter Wurst-kessel, Drive Inn, Heiße Kiste, Pizza Corner
Hauptaspekt	Schnelligkeit	Rationalisierung/ Systematisierung	Preiswertes Essen
Angebot	Schmales und relativ flaches Sortiment mit ein bis zwei Kern-produkten, (z. B. Hamburger/ Hähnchenteile/Sand-wiches) in verschie-denen Variationen: Zwischenmahlzeiten	Erweitertes Sortiment mit Kernprodukten (z. B. Steaks/Teig-waren) viele Variatio-nen; Menü-Charakter	Mittelgroßes Sorti-ment, selten mit ein-deutigem Produkt-schwerpunkt: Verpfle-gung zwischendurch
Preisniveau	relativ niedrig	mittel-hoch	in der Regel niedrig
Umsatz-Durchschnitt pro Gast	3,50—5,00 DM	15,00—25,00 DM	unter 5,00 DM
Verweildauer der Gäste	ganz kurz, rund 40 Prozent Take away	relativ lang	keine Sitzplätze, jedoch Stehtische
Weitere Be-sonderheiten	Expansion mit Fran-chising, hohe Stand-ortvoraussetzungen, geringer Alkoholkon-sum, Bedienung am Counter, Einwegge-schirr (Finger food)	Expansion über Fili-alisierung, seltener mit Franchising; Bedienungsservice, Porzellangeschirr	Bislang hauptsächlich Einzelbetriebe, selten Systeme; große Bran-chen-Disparität (äußeres und inneres Erscheinungsbild, Hygiene, Preis)

Quelle: fast food-praxis 1/82

Als Hauptzielgruppen im Fast-Food-Geschäft werden Kinder, Jugendli-che und Berufstätige angesprochen.

Daneben gibt es die *System-Gastronomie*. Sie ist mit dem Fast-Food-Konzept verwandt. Auch hier werden moderne, standardisierte Konzeptionen, also die typischen Merkmale einer Kettengastronomie eingesetzt. Im Unterschied zu Fast-Food-Betrieben stellen System-Gastronomie-Betriebe auf ein etwas tieferes und breiteres Angebot ab. Das Preisniveau liegt deutlich höher. Mehr Personalaufwand, Mehr-Weg-Geschirr usw. erfordern dies. Als Hauptzielgruppen gelten fortschrittliche erwerbstätige Erwachsene. Typische Vertreter von System-Gastronomie-Betrieben sind Steak-Häuser oder Nudel-/Spaghetti-Restaurants (WIENERWALD, MÖVENPICK, CHURRASCO).

Verwandt sind diese beiden Typen auch mit *Snack- und Imbiß*-Betrieben. Allerdings dominiert hier der eigenständige Kleinbetrieb. Teile von Metzgereien, Bäckereien, Fischgeschäften, Tankstellen usw. werden hierfür genutzt. Sie werden hier nur der Vollständigkeit halber angesprochen.

Abb. 41: Die größten Unternehmen der Fast Food-, Handels- und Systemgastronomie in Deutschland[1]

Rang (Vorjahr) Unternehmen	Vertriebsketten	Umsatz (ohne MwSt.) in Mio. DM		Zahl der Betriebe		
		1985	1984	31.12.85	davon Fremd-regie	31.12.84
1 (1) McDonald's System of Germany, München	McDonald's[2]	661,0	593,0	228	126	207
2 (2) BAB-Raststätten und Erfrischungsdienste, GfN, Bonn[2]	Raststätten mit Bedienung	156,6	163,1	64	59	64
	Raststätten mit B + SB	142,4	138,3	52	51	54
	Raststätten mit SB	92,5	84,8	52	52	49
	Erfrischungsdienste	109,3	104,8	109	109	114
		500,8	491,0	277	271	281
3 (3) Lufthansa Service GmbH, Frankfurt/M.	LSG-Flugcatering[4]	462,0	400,0	13	–	13
4 (5) Deutsche Schlafwagen und Speisewagen GmbH, Frankfurt/M.	DSG-Fahrbetriebe[4,5]	177,3	162,7	12	–	13
	DSG-stationäre Betriebe	136,0	120,0	144	–	144
		313,3	282,7	156		157
5 (4) Wienerwald GmbH, München	Wienerwald[2]	270,6	285,4	251	127	279
6 (7) Kaufhof-Gastronomie Service GmbH (KGSG), Köln	Kaufhof- und Kaufhalle-Gastronomie	237,0	234,0	137	–	156
7 (6) Hertie Waren- und Kaufhaus GmbH, Frankfurt/M.	Hertie-/Wertheim-/Alsterhaus-Gastronomie	181,7	192,0	74	–	74
	Bilka-Gastronomie	40,4	43,0	30	–	29
		222,1	235,0	104		103
8 (8) Karstadt AG, Essen	Karstadt-Gastronomie	220,0	224,0	137	–	139
9 (9) Nordsee Deutsche Hochsee-fischerei GmbH, Bremerhaven	Nordsee-Quick	128,0	126,0	120	–	118
	Nordsee-Snack Corner	77,0	76,0	168	–	171
	Hamburger Farm[2]	9,5	15,0	5	5	9
		214,5	217,0	293		298
10 (10) Mövenpick Unternehmungen Deutschland, Wuppertal	Mövenpick, Marché, Silberkugel	154,2	142,0	24	–	24
11 (11) Horten AG, Düsseldorf	Horten-Gastronomie	118,5	117,7	59	–	58

Rang (Vorjahr) / Unternehmen	Vertriebsketten	Umsatz (ohne MwSt.) in Mio. DM 1985	Umsatz (ohne MwSt.) in Mio. DM 1984	Zahl der Betriebe 31.12.85	davon Fremdregie	31.12.84
12 (12) Kochlöffel GmbH & Co. KG, Lingen/Ems	Kochlöffel[5]	100,0	90,0	110	–	110
13 (13) Restaurationsbetriebe Stockheim GmbH & Co. KG, Düsseldorf	Stockheim-Gastronomie	85,0	83,0	18	–	18
14 (18) Burger King Holding GmbH, Wiesbaden	Burger King[2]	82,0	60,0	31	20	24
15 (14) Kaub + Kuffler-Gruppe, München	Spaten-, Seehaus, Haxnbauer, Ochs'n Willi, Tangente, Doctor Flotte u.a.[2]	78,2	71,7	56	51	56
16 (15) Block House Restaurations-Betriebe, Hamburg	Block-House	66,0	58,0	13	–	13
	Beef Market, Jim's	8,6	8,5	4	–	5
		74,6	66,5	17		18
17 (16) CTR-Gastronomie (Accor), Düsseldorf	Churrasco	69,0	58,9	24	–	21
18 (19) Maredo GmbH & Co. Betriebs KG, Sindelfingen	Maredo Steak & Salat[2]	67,2	57,8	13	1	11
19 (17) Casserole Filialgesellschaft mbH & Co., Herten	Casserole	16,8	16,6	9	–	10
	von Eicken	17,9	16,8	6	–	6
	Metzgerei-Heißverkauf	31,6	30,0	55	–	52
		66,3	63,4	70		68
20 (20) Vinzenz Murr GmbH, München	VM-Imbisse	53,0	51,0	97	–	94
21 (22) Schickedanz KG, Fürth	Quelle-Gastronomie	50,5	50,0	23	–	23
22 (21) Metro International, Düsseldorf	Metro-, Meister-, Primus-Gastronomie	47,0[6]	49,0[2]	53	–	53
23 (23) Wendy Restaurant GmbH, Ffm.	Wendy	46,3[6]	39,0[6]	22	–	20
24 (24) Wertkauf, Karlsruhe	Wertkauf-Gastronomie	45,0[6]	44,0[6]	15	–	15
25 (–) SAS Service Partner GmbH Deutschland, Frankfurt/M.	SAS-Flugcatering[4]	40,0	–[7]	3	–	–

Rang (Vorjahr) Unternehmen	Vertriebsketten	Umsatz (ohne MwSt.) in Mio. DM		Zahl der Betriebe		
		1985	1984	31. 12. 85	davon Fremd-regie	31. 12. 84
26 (26) Schaper-Gruppe, Hannover	Realkauf-, Extra-, Esbella-, Continent-Gastronomie	37,0[8]	34,0[8]	36	–	34
27 (25) Hahn-Gruppe, Deidesheim	Weinkrüger[8]	19,5	20,0	17		18
	Hahnhof	15,8	15,0	16		17
		35,3	35,0	33	9	35
28 (–) Asko AG, Saarbrücken	Adler-, Agros-, Basar-,[9] Divi-Gastronomie und Imbisse	35,0	–[7]	45	9	–
29 (29) Grillmaster-Service, Krefeld	Grillmaster-Schnell-restaurants[9]	34,0	24,5	71	57	50
30 (27) Hans Reiss KG, Köln	Messegastronomie	30,0[8]	28,0[6]	50	–	50
31 (28) Aral AG, Bochum	Heiße Kiste[2]	26,2	24,5	120	120	131
32 (30) Ikea Deutschland, Hofheim/Wallau	Ikea-Gastronomie	23,7	22,6	15	–	15
33 (31) Breuninger GmbH & Co., Stuttgart	Breuninger-Gastronomie	22,9	21,8	17	–	17
		4522,2	4196,5	2618	796	

1 ohne Hotelrestaurants
2 Gesamtumsatz inklusive Franchise-Betriebe
3 Pachtbetriebe der Gesellschaft für Nebenbetriebe der Bundesautobahnen (GfN), Bonn
4 keine Gastronomie-typische Absatzsituation
5 neue Bezugsbasis
6 Schätzwerte
7 1984 noch nicht erhoben
8 Besitzverhältnisse: 50 % Hahnhof, Deidesheim,　50 % Pieroth, Burg Layen
9 Gesamtumsatz von Eigenregie-, Franchise- und Pachtbetrieben
Quelle: fast-food-praxis

4.4.2 Schuhmärkte

Schuhmärkte verstehen sich zum einen als Fachgeschäft, zum anderen aber auch als Discounter. In Schuhmärkten soll ein tiefes und breites Warensortiment an qualitativ vertretbarer Ware auf jeden Fall preiswert angeboten werden. Der Charakter der Selbstbedienung dominiert. Auf Wunsch kann jedoch stets Fachberatung hinzugezogen werden.

Prädestinierte Standorte sind z. B. der Stadtrand in Ergänzung zum voll sortierten SB-Warenhaus bzw. in Nachbarschaft weiterer Fachmärkte.

Die üblichen Verkaufsflächen liegen zwischen 300 und 500 qm. Häufig werden 15 000 Paar Schuhe ausgestellt. In Schuhmärkten werden im Gegensatz zum Fachhandel die Schuhe meist paarig präsentiert. Die Schuhe sind übersichtlich nach Größen, nach Zielgruppen und Farben sortiert. Der modische Schuh für die Jugend ebenso wie der in Form und Stil auf die ältere Generation abgestimmte Schuh.

Hauptumsatzträger sind Damen-Schuhe mit über 40 % vom Gesamtumsatz. Schuhmärkte zeichnen sich aus durch eine massive Werbung, häufig über 3 % vom Umsatz. Zielgruppen sind Käufer von Kinderschuhen, Turnschuhen, Damen- und Herrenschuhen.

Die relativ einfache Ausstattung und wenig Dekoration reduzieren die Kosten. Auch die Personalkosten liegen um fast 1/3 unter denen des Fachgeschäfts.

Als *Kapitalanlage* sind Schuhfachmärkte geeignet, wenn der Standort gut in andere Einzelhandels-/Fachmärkte eingebettet ist. Sie werden an Marktbedeutung gewinnen, wie es die Entwicklung am Markt zeigt. So hat sich HUSSEL mit einer 50 %-Beteiligung an dem Schuh-Filialisten VOSWINKEL in Bochum beteiligt und zweistellige Umsatzzuwächse erreicht. Und durch den Kauf der HUSH PUPPIES GMBH in Nordheim hat sich COOP die Basis zu einer raschen Expansion mit dem System-Schuh Mayer in Norddeutschland geschaffen. Es gibt also einige Beispiele vom Markt, die einen positiven Trend aufzeigen.

4.4.3 Spielhallen

Trotz steigender Proteste von Einzelhandelsverbänden und regionaler Bürgerinitiativen entstehen vielerorts Spielsäle, die von Automatenaufstellern betrieben werden. Diese gemeinhin als „Spielhöllen" bezeichneten Betriebe haben oft kein gutes Image. Wenn man bedenkt, daß in Großstädten wie Berlin und Hamburg je über 300 solcher Betriebe angesiedelt sind, sollte man diese Erscheinung jedoch nicht einfach übergehen.

Man schätzt, daß etwa 4 Milliarden DM pro Jahr in die in Spielhöllen und Kneipen installierten Spielautomaten fließen. Im Dezember 1985 wurde eigens eine neue Spielverordnung geschaffen, wonach pro Geldspielgerät eine Grundfläche von 15 qm und die Zahl der Automaten auf 10 pro Halle begrenzt wurden. Videoautomaten, Billiard-Tische, Flipper und sonstige Spielgeräte ohne Gewinnmöglichkeiten sind von dieser Regelung ausgenommen, und so ist der Boom ungebrochen.

Die Betreiber erzielen durchweg hervorragende Erträge und sind als Mieter letztendlich doch sehr gefragt. Wo hohe Spannen erzielt werden, ist es auch möglich, etwas mehr Miete zu zahlen. Wer die Wahl hat, bestimmte Flächen an einen imageträchtigen Mieter zu vermieten, dafür aber weniger Miete zu erzielen als bei der Vermietung an einen Spielhallenbetreiber, entscheidet sich nur allzu oft für die kaufmännisch interessantere Variante.

Spielhallen als *Kapitalanlage* sind Geschmacksache. Wo sie in ein Geschäftsgebäude angemessen integriert sind, ist das Konzept vertretbar. Unabhängig von den zu erzielenden Erträgen und der wahrscheinlichen relativen Sicherheit dieses Investments, haben derartige Betriebe allerdings bei den Banken nach wie vor keinen hohen Stellenwert, was die Beleihungshöhe angeht. Man muß bei seiner Entscheidung berücksichtigen, daß eine Gewerbefläche, die zuvor an eine Spielhalle vermietet war, danach in der Regel nicht zu ähnlich hohen Mietwerten weiter vermietbar ist.

Teil B

Die Anlageentscheidung

von Hartmut H. Völker (Abschnitt 1)
und Heinz Gerlach (Abschnitt 2)

1 Immobilieninvestitionen institutioneller Anleger

1.1 Zielkatalog

Sachwertziel

Wesentlicher Grund für die Anlage in Immobilien ist die Sicherung des angelegten Kapitals durch den in der Immobilie steckenden Sachwert. Diese Sachwertanlage hat im Rahmen einer Kapitalanlagestrategie noch immer ihren Stellenwert. Das Verhältnis von Sachwertanlagen zu anderen Anlageformen ist allerdings von Anleger zu Anleger verschieden und ist Ausfluß einer unterschiedlichen *Anlagephilosophie.*

In Zeiten hoher Inflationsraten hat die Anlage in Sachwerten im allgemeinen einen höheren Stellenwert als in Zeiten, in denen der Geldwert nur unmerklich schwindet oder stagniert. Als Sachwertanlage ist die Anlage in Immobilien mittel- bis langfristig zu sehen. Unter Sicherheits-Gesichtspunkten ist sie für institutionelle Anleger immer interessant und notwendig.

Renditeziel

Weiteres Ziel der Kapitalanlage in Immobilien ist die Erwirtschaftung einer Rendite, hier insbesondere die *Ausschüttungsrendite,* also das, was ohne Substanzverlust entnommen werden kann.

Eine durch Sachwert gesicherte Anlage wird regelmäßig eine geringere Ausschüttungsrendite bringen als Anlagen z. B. in Wertpapieren, die kurzfristig in Liquidität umgewandelt werden können. Allerdings ist der Rendite-Unterschied der verschiedenen Kapitalanlagen geringer als gemeinhin angenommen.

Bei der Bewertung des Renditeziels im Rahmen von Anlagen lassen sich unterschiedliche Anlagephilosophien erkennen. Es gibt Anleger, die den Renditen aus den Sachwertanlagen nicht die Bedeutung zumessen wie andere, denen die Rendite „über alles" geht. Die ersteren legen aus langfristigen Erwägungen und Sicherheitsüberlegungen heraus verstärkt in Immobilien in guten Lagen an und nehmen dafür bewußt geringere Renditen in Kauf.

Wachstumsziel

Bei der Anlage in Immobilien geht der institutionelle Anleger von einer Renditesteigerung aus. Dieses Ziel kann über drei verschiedene Arten der Mietvertragsgestaltung erreicht werden:

Bei dem Indexmietvertrag ist die Miethöhe an den Lebenshaltungskostenindex gebunden. In dem Maße, wie sich die Lebenshaltungskosten ändern, stagniert bzw. steigert sich die Miethöhe. Der indexierte Mietvertrag ist bei gewerblichen Mieteinheiten der einfachste Weg, Mieterhöhungen durchzusetzen und eine Renditesteigerung zu erzielen.

Weitere Möglichkeiten, Mietsteigerungen vertraglich festzulegen, bieten Staffel- und Umsatzmietverträge. Beim Staffelmietvertrag wird bei Vertragsabschluß festgelegt, zu welchem Zeitpunkt sich die Miete um einen bestimmten Prozentsatz erhöht. Die Vorteile dieser Vertragsvariante liegen auf der Hand. Der Investor kann seinen Ertrag und somit die Rendite über Jahre hinweg kalkulieren. In Zeiten stabilen Geldwertes bietet sich der Staffelmietvertrag alternativ zum Indexmietvertrag an.

Je nach Risikobereitschaft des Investors besteht die Möglichkeit, Umsatzmietverträge abzuschließen. Dabei wird eine festgelegte Grundmiete vereinbart, die sich in Abhängigkeit von dem erzielten Umsatz des Gewerbemieters erhöht. Empfehlenswert ist ein derartiger Mietvertrag jedoch nur bei ertragsstarken, wachstumsträchtigen Branchen.

Performanceziel

Unter Performance versteht man die *Gesamtwertentwicklung,* d.h. Wertsteigerung einer Immobilie plus laufender Ertrag. Liegt der Immobilienbewertung das reine Ertragswertverfahren zugrunde, korrespondieren beide miteinander. Mit höherem Ertrag — bei konstanten Kosten — steigt der Verkehrswert (= Ertragswert). Wird der Verkehrswert als Mittelwert aus Substanz- und Ertragswert berechnet, kann sich eine Verkehrswerterhöhung auch nur beim Verkauf einer Immobilie auswirken, d.h. wenn der Verkaufserlös realisiert wird. Im anderen Fall bilden sich Reserven. Es hängt dann von der Anlagepolitik ab, ob und wann diese Reserven aufgelöst werden.

1.2 Anlagekriterien

1.2.1 Nutzungsarten

1.2.1.1 Nutzungsarten mit wachsender Bedeutung

Innerhalb der gewerblichen Nutzungsarten hat sich eine Verschiebung in der Bedeutung und damit auch im Umfang ergeben. Nachdem vor Jahren noch reine Verkaufsflächen — weil sie damals den höchsten Renditezuwachs erwarten ließen — gewisse Priorität hatten, sind durch Marktsättigung und durch Veränderungen in den Kaufgewohnheiten Verschiebungen aufgetreten.

Wichtigstes Unterscheidungsmerkmal für Immobilien ist die Art der Nutzung. Sie teilt sich grob in zwei Komplexe: *wohnwirtschaftlich* und *gewerblich* genutzte Immobilien. Das schließt nicht aus, daß eine hauptsächlich gewerblich genutzte Immobilie z. B. in den Obergeschossen Wohnungen enthält.

Reine Wohnanlagen spielen, mit wenigen Ausnahmen, in der Anlagepalette institutioneller Immobilienanleger z. Zt. kaum eine Rolle. Eine regional eingetretene Sättigung des Wohnungsmarktes, damit verbunden eine wachsende Abneigung der Mieter, in großen Wohnanlagen zu leben, Schwierigkeiten beim Durchsetzen von Mieterhöhungen, die Problematik der Betriebskostenabrechnungen und ein kostenintensives, weil personalintensives Verwalten, sind dafür Hauptgründe. Bei Neubauten läßt sich heute eine Kostenmiete nur an wenigen ausgewählten Standorten erreichen.

Bürohäuser

Bürohäuser erlangen zunehmend größere Bedeutung als Anlageobjekte. Die Ausstattung mit EDV-Arbeitsplätzen erfordert einen größeren m²-Bedarf pro Mitarbeiter. Alte Bürohäuser entsprechen in Standard (bauliche Situation, Wärmedämmung, Schallisolierung, schwache elektrische Anlagen o. ä.) nicht mehr modernen Anforderungen. Folge davon sind hohe Betriebskosten, die die Gesamtbelastung in die Höhe treiben und damit den vermeintlichen Vorteil einer gegenüber Neubauten preiswerteren Miete entweder ausgleichen oder sogar überkompensieren. Umzüge von alten in neue oder zumindest neuere Gebäude sind häufig die Konsequenz daraus. Dazu kommen Standortpräferenzen für Dienstleistungsunternehmen in einer ausgewählten Anzahl von Städten in der Bundesrepublik.

Abgesehen von der Lage ist auf eine multifunktionale Beschaffenheit des Gebäudes zu achten, das durch seine technische Ausstattung einerseits optimales Arbeiten zuläßt, andererseits die Betriebskosten minimiert. Der Spielraum für Miethöhe und Mieterhöhungsmöglichkeiten ist dadurch größer.

Geschäftshäuser (gemischt genutzt)

Eine Risikomischung in sich bilden Geschäftshäuser, d.h. Immobilien mit Ladennutzung in Unter- und Erdgeschoß, zum Teil auch im 1. Obergeschoß, Büro- und Praxennutzung sowie möglicherweise einigen Wohnungen in den Obergeschossen. Die Risikomischung macht Objekte dieser Art sehr beliebt. Hierbei sind gewisse Probleme in der Verwaltung zu bedenken, insbesondere die Zuordnung von Kosten zu den einzelnen Nutzungsbereichen.

Bei Läden und Büros im selben Gebäude ist darauf zu achten, daß der Verkaufsbereich von seiner Gestaltung her das Vermieten der Büroflächen an sog. „gute Adressen" nicht behindert. Bestimmte Formen der Gastronomie und der sogenannten Freizeitindustrie sind dafür warnende Beispiele.

Einkaufszentren/Nachbarschaftszentren

Wie es scheint, ist es der Ehrgeiz der institutionellen Anleger, mindestens ein Einkaufszentrum im Bestand zu haben. Dieser Ehrgeiz hat handfeste wirtschaftliche Gründe. Wenn das Einkaufszentrum floriert, trägt es erheblich zur Gesamtrendite aus den Immobilienanlagen bei. Florieren kann ein Einkaufszentrum allerdings nur, wenn es, bedingt durch seine Größe und einen Magnetbetrieb, ein eigenständiges Leben führen kann. Der Kunde muß im Einkaufszentrum ein vielfältiges Angebot finden. Dabei belebt Konkurrenz, richtig eingesetzt, im Einkaufszentrum das Geschäft.

Bei der baulichen Konzeption ist darauf zu achten, daß sich im Bereich der „Mall", also der Hauptachse, ein zentraler Platz für Gemeinschaftsaktionen findet. Ein gut anzufahrender und zu befahrender Parkplatz mit ausreichenden Stellplätzen ist von enormer Bedeutung. Ein Glücksfall für ein Zentrum ist es, wenn *Reservegrundstücke* vorhanden sind, so daß im Bedarfsfall erweitert werden kann.

Nachbarschaftszentren unterliegen anderen Gesetzmäßigkeiten. Zunächst sind sie wesentlich kleiner als Einkaufszentren herkömmlicher Art. Hauptmieter ist häufig ein Lebensmittelsupermarkt für die tägliche Bedarfsdeckung. Er wird umgeben von ergänzenden Angeboten wie Blumen, Bank, Reinigung, kleiner Gaststätte, Eisdiele o. ä. Geschäfte mit höherwertigen Angeboten haben, wegen der mangelnden Vergleichbarkeit in der Umgebung, häufig keine Chance zu bestehen.

Beide Arten der Anlage erfordern ein bestimmtes Know-how im Management, das sich entweder auf dem Markt einkaufen oder durch eigene Mitarbeiter bereitstellen läßt.

Innerstädtische Supermärkte und SB-Warenhäuser

Diese Formen der Immobilienanlage haben in den letzten Jahren durch ihren Standort an Beliebtheit gewonnen. Sie sind häufig in der Bausubstanz und von der Architektur her keine „Schmuckstücke", tragen aber ebenfalls erheblich zur Rendite bei. Diese muß allerdings in Zusammenhang mit der Frage der Abschreibung, gemessen an der Bausubstanz, und möglicherweise an der Laufzeit der Mietverträge gesehen werden. Entscheidend ist immer, daß das Grundstück in guter Lage erhalten bleibt. Darin liegt ein wesentlicher Grund für die Anlage auch in solche äußerlich weniger attraktiven Immobilien.

Lagerhallen mit Büroteil

Insbesondere in Flughafennähe und in Stadtrandlagen haben sich Lagerflächen mit Büroteil die Gunst der Anleger erobert. Mieter sind hier häufig Speditionen und ähnlich ausgerichtete Unternehmen. Dabei ist das ausgewogene Verhältnis von Büro- zu Lagerflächen neben dem Standort entscheidendes Kriterium für eine solche Anlage.

Gewerbeparks

Unter Gewerbeparks soll hier eine Nutzungsart verstanden werden, bei der auf einem Grundstück verschiedene *Kleingewerbetreibende* (keine ausgesprochenen Fabrikationsbetriebe), häufig in Verbindung mit Büroflächen, angesiedelt werden. Ursprünglicher Gedanke war, Handwerker und Kleinunternehmer verschiedenster Art, die in Stadtlagen keine Chance zur Expansion hatten, auf besonders ausgewiesenen Grundstücksflächen neu anzusiedeln.

Diese Art der Gewerbeimmobilie befindet sich — obwohl schon an einigen Orten vorhanden — noch in einem Entwicklungsstadium. Die Fragen, welche optimale Zusammensetzung ein solcher Gewerbepark haben sollte, welche Größe einen wirtschaftlichen Erfolg auf Dauer erwarten läßt, wie sich Fluktuation auswirkt usw., sind noch nicht endgültig beantwortet. Ein Großteil der institutionellen Anleger verhält sich deshalb immer noch abwartend.

1.2.1.2 Nutzungsarten mit abnehmender Bedeutung

In der Bewertung bestimmter Anlageobjektarten ist in den vergangenen Jahren eine Veränderung eingetreten. Anlageobjekte, die von ihrer Nutzung her vor ca. zehn Jahren noch gefragt waren oder die vermeintlich eine neue gewinnversprechende Anlagemöglichkeit darstellten, sind in der Gunst der institutionellen Anleger gesunken.

Warenhäuser herkömmlichen Stils

Immobilien dieser Art waren eine lange Zeit gesuchte Anlageobjekte — häufig mit vereinbarten Umsatzmieten — und sind, nicht zuletzt durch Umsatzstagnation, Umsatzrückgänge und durch die Schließung einer ganzen Reihe von Warenhäusern großer Konzerne, ins Gerede gekommen.

Umsatzmieten mit einer für den Mieter relativ günstigen Basismiete ließen aufgrund der schlechten Umsatzentwicklung keine Mieterhöhungen und damit auch keine Wertsteigerungen zu. Leerstehende Warenhäuser, auch wenn für die restliche Mietlaufzeit noch Miete bezahlt wird, schädigen das Image des Investors. Außerdem sind sie nur in beschränktem Umfang einer neuen Nutzung zuzuführen, wobei die „Nachinvestitionen" einen erheblichen Umfang erreichen. Das Problem von Neuinvestitionen in Warenhäusern herkömmlichen Stils relativiert sich heute dadurch, daß die großen Warenhauskonzerne bei der Eröffnung neuer Häuser sehr zurückhaltend sind.

Supermärkte in Randlagen

Diese Immobilien, häufig von der Bausubstanz her unterste Kategorie, sind nach Ablauf der Mietzeit schwer weiterzuvermieten. Der Kunde ist — nicht zuletzt durch die Vielzahl von Einkaufszentren und Nachbarschaftszentren sowie durch Supermärkte in Innenstadtlagen — nicht mehr gezwungen, Supermärkte in Randlagen zur Bedarfsdeckung aufzusuchen. Im Einkaufszentrum findet er den Supermarkt zugleich mit einem Einkaufserlebnis durch die Ansammlung verschiedenster Einzelhandelsgeschäfte. In Nachbarschaftszentren und innerstädtischen Supermärkten wird ihm die Bedarfsdeckung bequem angeboten.

Bei dieser generellen Betrachtung gibt es Ausnahmen, wenn Supermärkte schon fast das Sortiment eines SB-Warenhauses erreichen. Außerdem hängt der Erfolg entscheidend davon ab, wie aggressiv der Mieter oder Anbieter an potentielle Kunden herangeht.

Hotels

Die Bundesrepublik erlebt z. Z. einen Boom in Hotelneubauten. Nicht nur in fast allen Großstädten, sondern auch in Mittelstädten stehen Hotelplanungen kurz vor dem Abschluß und damit vor dem Baubeginn oder sind bereits in der Bauphase. Es wird — und darin sind sich die Experten einig — zu einem *Verdrängungswettbewerb* kommen, bei dem einige auf der Strecke bleiben (müssen). Der Markt gibt einfach nicht mehr her.

Abzuwägen, wo sich die Investition in ein Hotel lohnt, fällt dem institutionellen Anleger als Nichtfachmann im allgemeinen schwer. Dazu kommt, daß häufig sogenannte Managementverträge statt richtiger Miet- oder Pachtverträge abgeschlossen werden sollen. Diese führen den Investor stark in ein Betreiberrisiko. Bei solchen Verträgen kann die Vorsicht im Hinblick auf Standort und Betreiber nicht groß genug sein.

Allerdings wird sich der eine oder andere Investor bei einem langfristigen echten Mietvertrag mit entsprechender Indexierung und einer ersten Mietadresse (deutsche oder internationale Hotelgruppe) bei der Enge des heutigen Immobilienmarktes die Anlage überlegen und dann auch tätigen. Nach der bisherigen Erfahrung und der neuesten Entwicklung scheint sich aber die Begeisterung auf Seiten der Investoren in Grenzen zu halten.

Seniorenwohnstifte

Seniorenwohnstifte wurden ebenfalls eine Zeitlang als neue Form der gewinnträchtigen Immobilienanlage gesehen. Einige spektakuläre Zusammenbrüche, insbesondere von geschlossenen Fonds, haben ein Umdenken in Gang gesetzt. Dazu kommt, daß heute, bedingt durch eine Reihe von sozialen Diensten bei der Betreuung — Gemeindeschwester, Essen auf Rädern, Einsatz von Ersatzdienstleistenden —, Senioren ungleich länger in ihren angestammten Wohnungen bleiben können als früher. Diese Entwicklung hat sich entscheidend auf die Belegungszahlen von Seniorenwohnstiften ausgewirkt.

Auch in der Standortwahl hat ein Umdenkungsprozeß eingesetzt. In der „Boomphase" glaubte man, eine landschaftlich schöne Umgebung draußen vor der Stadt oder auf dem Land — möglichst noch mit Schloßpark o. ä. — sei der adäquate Standort. Heute steht man vielfach auf dem Standpunkt, solche Einrichtungen sollten mitten in der Stadt stehen. Die alten Leute müssen auch vom Fenster aus am Geschehen auf der Straße teilnehmen können.

All diese Einflüsse und neuen Erkenntnisse haben zur Vorsicht geführt. Einer Grundsatzfrage muß sich außerdem jeder Investor in Immobilien dieser Art stellen: Sind Immobilien, die von der Nutzung her karitativen Zwecken dienen, wirklich die richtige Anlage für Unternehmen, die strenge erwerbswirtschaftliche Maßstäbe bei der Bewirtschaftung ihrer Anlagen anlegen? In dem Moment, in dem ein gewisser sozialer Touch in eine Anlage kommt, verbietet sich diese oft für einen institutionellen Anleger.

Freizeitanlagen

Auch sie erlebten, zumindest was den Bau anlangte, eine Boomphase, die nach einigen spektakulären Mißerfolgen schnell abkühlte. Waren es eine Zeit lang Eislaufbahnen, Rollerscatingbahnen, Großdiskotheken, so haben in jüngster Zeit sogenannte Wasserfreizeiten, d. h. Großsaunen mit Freizeitperipherieanteil, zugenommen. Zur reinen Freude für die Anleger sind nur wenige geworden. Standort und Management spielen auch hier die entscheidende Rolle. Da sich aber Freizeitgewohnheiten ändern, sind solche monofunktionalen Immobilien für eine Daueranlage wenig geeignet.

1.2.2 Standort/Lage

Die Lage einer Immobilie ist das einzige Kriterium, das nachträglich nicht mehr verändert werden kann. Es kann sich allerdings das Umfeld verändern, so daß später die Immobilie dem Umfeld *angepaßt* werden muß, soll sie dem Anleger weiterhin Rendite bringen.

Andererseits hat ein Gesichtspunkt verstärkt in der jüngsten Vergangenheit an Gewicht gewonnen, nämlich die *„Lagebeeinflussung"* durch den Investor. Ein Investor von bestimmter Bedeutung auf dem Markt kann eine Lage „machen".

Er entwickelt ein Projekt in einer Lage, die bisher nicht „in" war. Voraussetzung dafür ist, daß das geplante Gebäude von Konzeption, Architektur und Mieterbesatz optimal angelegt ist. Bei einer guten Entwicklung des Objekts, begleitet mit guter Darstellung in der Öffentlichkeit, werden andere Anleger folgen und den Standort aufwerten.

Mikrostandort

Mikrostandort ist die Lage innerhalb eines Ortes oder einer bestimmten Region (z. B. bei Einkaufszentren). Seine Bedeutung für die Einzelanlage hängt von der vorgesehenen Nutzung ab. Einzelhandelsflächen — das ist so selbstverständlich, daß es nur der Vollständigkeit halber erwähnt wird — sollten in sogenannten I a- oder I b-Lagen, d. h. unmittelbaren *Zentrumslagen,* angesiedelt sein.

Bürohäuser müssen nicht in diesen Lagen errichtet sein. Für sie spielt die *Erreichbarkeit* mit öffentlichen und privaten Verkehrsmitteln und das Parkplatzangebot am Objekt oder in unmittelbarer Nähe eine entscheidende Rolle. Sie schließen häufig an eine I a- oder I b-Lage an.

Stadtteilzentren sind dann geeignet, wenn mittel- und langfristig Bedarf an entsprechenden Flächen, meist Einzelhandelsflächen für die Nahversorgung und Büroflächen für Verwaltung und Dienstleistungen, vorhanden ist.

Für Einkaufszentren ist das Einzugsgebiet und die gute Erreichbarkeit, insbesondere mit dem Pkw, von entscheidender Bedeutung.

Makrostandort

Makrostandort ist die Lage innerhalb des gesamten Anlagegebiets eines Anlegers, z. B. in der Bundesrepublik. Hier ist auf die gesamtwirtschaftliche Entwicklung innerhalb einer Region zu achten. Von ihr hängt die Entscheidung für einen bestimmten Standort maßgeblich ab. Dabei werden sich immer ganz bestimmte Regionen als Anlageschwerpunkte herausbilden. Die Räume Frankfurt, München, Hamburg, Düsseldorf und Stuttgart belegen diese Aussage.

Ein weiteres Kriterium kann sein, ob der Anleger am vorgesehenen Anlageort oder in erreichbarer Nähe schon mit weiteren Immobilien vertreten ist. Das ist im Hinblick auf die Verwaltung des Grundbesitzes und damit aus Kostengründen von wesentlicher Bedeutung. Andererseits ist der Gesichtspunkt der regionalen Risikostreuung zu beachten. Dadurch können Auswirkungen wirtschaftlicher Schwankungen in einigen Regionen relativiert werden.

1.2.3 Objekte und Projekte

Unter *Objekten* versteht man bereits fertiggestellte und vermietete Immobilien. Bei ihnen ist im Normalfall die Beurteilung der derzeitigen Lage und einer künftigen Entwicklung leichter. Je nach Alter werden vermehrt Erhaltungs- und Herstellungsaufwand sowie Investitionen in Umstrukturierungsmaßnahmen eine wesentliche Rolle spielen. Die technische Ausstattung, den baulichen Zustand und die bereits vorhandenen Mietverträge muß man zunächst als gegeben hinnehmen.

Projekte sind durchzuführende Bauvorhaben, die Investoren entweder mit eigenem Personal selbst durchführen oder durch Dritte ausführen lassen. Hier spielt häufig der Generalübernehmervertrag mit festgelegten Konditionen hinsichtlich Preis und Fertigstellung und entsprechenden Absicherungen (durch Bankbürgschaft unterlegte Garantien) eine große Rolle. Der Investor kann beim Projekt auf Architektur, Funktionalität, technische Ausstattung und weitgehend auf die Gestaltung der Mietverträge Einfluß nehmen. Das Erstvermietungsrisiko versuchen Initiatoren solcher Projekte dem Investor gegenüber häufig dadurch zu relativieren, daß Mietgarantien für die Erstvermietung oder eine bestimmte Anzahl von Mietjahren angeboten werden. Solche Mietgarantien sind zweischneidig. Sie sichern zwar den Investor für eine bestimmte Zeit ab und erleichtern ihm die Arbeit bei der Vermietung. Zum anderen werden diese Garantien aber im Rahmen des Gesamtangebots — Grundstück, Planung, Baudurchführung, Vermietung — kalkuliert und erhöhen damit naturgemäß die Gesamtgestehungskosten. Entscheidend ist eine weitere Feststellung: Wenn der Investor vom Projekt überzeugt ist, und nur dann dürfte er eigentlich in ein Projekt investieren, erübrigt sich eine Mietgarantie.

Gegenüber dem Objekt hat das Projekt den Vorteil eines auf Jahre hinaus niedrigen Erhaltungsaufwands. Ein institutioneller Anleger wird deshalb immer eine *Mischung von Anlagen in Projekte und Objekte* vornehmen.

1.3 Renditeeinflußfaktoren

Ausgestaltung der Mietverträge

Neben den Erwerbs- oder Herstellungskosten ist die *Miete* der entscheidende Rendite-Einflußfaktor — allerdings nicht der alleinige. Laufende Betriebskosten und Erhaltungsaufwand, die beim Investor hängenbleiben, beeinflussen erheblich die Rendite. Die Ausgestaltung der Mietverträge hinsichtlich dieser Kosten hat entscheidende Bedeutung. Unabhängig von der Regelung dieser Kosten muß außerdem die Anpassung der Miete an sich verändernde Bedingungen möglich sein (vgl. hierzu Teil E Abschn. 2.2).

Mietzusatzkosten beim Vermieter

Hier scheint wichtig, darauf hinzuweisen, daß außer gewissen Grundkosten wie Grundsteuer und Versicherung der Vermieter nur Kosten tragen sollte, die mit dem Gebäude unmittelbar, d. h. mit Dach und Fach, zu tun haben.

Mietzusatzkosten beim Mieter

Der Mieter trägt im Regelfall die Bewirtschaftungskosten anteilig entsprechend seiner Mietfläche sowie Kosten, die ihm direkt zugeordnet werden können. Das ist folgerichtig, denn diese Kosten sind größtenteils verbrauchsabhängig und vom Mieter oder der Mietergesamtheit in einer Immobilie zu steuern.

Daß damit ein „Muß" auf den Vermieter zukommt, diese Kosten durch entsprechende Ausstattung der Immobilie (z. B. Wärmedämmung, Wärmerückgewinnung u. ä.) so niedrig wie möglich zu halten, liegt auf der Hand. Den Mieter interessiert heute nur noch die Gesamtbelastung aus dem Mietverhältnis, nicht die reine m^2-Miete. Je geringer die Mietnebenkosten sind, desto mehr Spielraum bleibt dem Vermieter für Mieterhöhungen.

Objektalter

Beim Alter des Objekts spielen zu erwartende Kosten für Erhaltungsaufwand sowie mögliche Umstrukturierungen eine große Rolle. Sie sind deshalb beim Erwerb einer alten Immobilie sorgfältig zu untersuchen. Andererseits kann es reizvoll und auch wirtschaftlich sinnvoll sein (z. B. wegen erhöhter Abschreibungen oder öffentlicher Zuschüsse bei denkmalgeschützten Objekten), in Altsubstanz zu investieren, weil diese sehr oft in sehr guten Lagen angeboten wird.

Für Objekte aus den 60er Jahren gilt es, besonders intensive Prüfungen vorzunehmen. Erst seit etwa 1970 haben sich Raumaufteilungsmöglichkeiten und damit die Nutzungsflexibilität, Belichtung, Raumhöhe und weitere Merkmale einer modernen langfristigen Nutzung angepaßt. Betonfassaden und Balkone der 60er und 70er Jahre bedürfen vor Erwerb einer besonderen, kritischen Untersuchung.

Technische Objektausstattung

Die technische Ausstattung hängt mit dem Alter eng zusammen. Der neueste technische Stand ist oft nicht nur der kostengünstigste, sondern immer mehr erforderlich, um eine Vermietung überhaupt erst zu ermöglichen. Wegen der Kosten-/Nutzenrelation ist abzuwägen, wie schnell sich technische Einrichtungen abnutzen, d. h. in welchen Abständen sie auf Kosten des Investors erneuert werden müssen. Hier gilt es, zu erwartende Kosten rechtzeitig zu erkennen und entweder vom Erwerb zurückzutreten oder den Kaufpreis entsprechend zu mindern, während beim Projekt von vornherein auf den technischen Standard Einfluß genommen werden kann.

2 Anlagekriterien für private Anleger

2.1 Allgemeine Anlagekriterien

Für Gewerbeimmobilien, die über geschlossene Immobilienfonds finanziert werden, gelten grundsätzlich die gleichen wirtschaftlichen und rechtlichen Anlagekriterien wie bei allen sonstigen Emissionen am freien Kapitalmarkt, egal, ob es sich dabei um Bauträger-, Bauherren-, Erwerber- und Modernisierungs-Modelle, Verlustzuweisungsgesellschaften, Venture-Capital-Fonds oder um Depotverwaltungen handelt.

Immer will der Anleger deutlich und unverschlüsselt über die realistischen *Chancen* und die relevanten *Risiken* seines Engagements aufgeklärt werden. Und er will wissen, *wem* er sein Geld anvertraut, d.h. ob der Initiator eine positive Leistungsbilanz dokumentieren und damit nachweisen kann, daß er — auch aus der Sicht der Anleger — bei den bisher von ihm plazierten Emissionen erfolgreich gearbeitet hat. Denn: Je günstiger dieser Soll/Ist-Vergleich der Prospektversprechungen zu den tatsächlich erzielten wirtschaftlichen und steuerlichen Ergebnissen, desto wahrscheinlicher ist es, daß die im Prospekt für das aktuelle Zeichnungsangebot ausgewiesenen Risiken nicht eintreten.

Qualifizierte und leistungsfähige Initiatoren von geschlossenen Immobilienfonds sind daher in der Regel bereit, das erfahrungsgemäß wichtigste Kriterium für die Beurteilung ihrer aktuellen Emission, nämlich die detaillierte Dokumentation der bisherigen *Leistungsbilanz,* vorzulegen. Der hierzu vom Kapitalanlage-Informationszentrum in Oberursel mit großem Erfolg und ständig steigender Akzeptanz seit 1983 eingesetzte *Fragenkatalog*[1] eignet sich auch für Anlage-Laien, die tatsächlichen, für die Anleger erzielten Ergebnisse bei den bereits plazierten Fonds zu ermitteln. Die Erfahrung zeigt, daß ein Fonds-Initiator, der bisher seinen Anlegern überwiegend unrentable Objekte oder in sonstiger Weise Problem-Investments verschafft hat, den Leistungsbilanz-Fragenkatalog nicht beantwortet, sondern versucht, mit fadenscheinigen Ausreden seine bisherige Mißwirtschaft zu verschleiern.

---

[1]   Vgl. Gerlach, Das Anlegerschutz-System zur Prüfung und Beurteilung von Emissionen am freien Kapitalmarkt, in: Bihr/Gerlach/Knapp/Pabst, Vorteilhafte Geldanlagen (VG), Gruppe 6 S. 17 ff.

Unabdingbar ist jedoch auch die Einschaltung eines unabhängigen, externen *Abwicklungs-Treuhänders,* der — und darauf sollte nicht verzichtet werden — dem Anlage-Interessenten schriftlich bestätigt, daß er die persönliche Zuverlässigkeit, Leistungsfähigkeit und ggf. die Bonität der Initiatoren und sonstigen Projektpartner, insbesondere der Garanten, geprüft hat und daß er sicherstellt, daß durch die von ihm durchgeführte effiziente Mittelverwendungskontrolle gewährleistet ist, daß über Anlegergelder erst dann verfügt werden kann, wenn die erforderlichen Genehmigungen vorliegen, wenn die Gesamtfinanzierung des Fonds gesichert ist und wenn alle zur Durchführung der Investition erforderlichen Leistungen der Vertragspartner rechtlich einwandfrei angebunden sind.

Auf die Einschaltung eines externen und unabhängigen Treuhänders, der entweder ein der öffentlichen Berufsaufsicht unterliegender Ehrenberufler, also ein Wirtschaftsprüfer, Rechtsanwalt oder Steuerberater, oder eine Bank bzw. eine Bankentochter sein sollte, kann nur dann verzichtet werden, wenn der Initiator eine de facto mündelsichere erste Adresse, also eine Bank, eine Versicherungsgesellschaft oder ein bonitätsmäßig erstklassiger Großkonzern ist. Denn damit ist gewährleistet, daß auch noch nach Jahren ein „potenter Haftpartner" für den Schadensfall da ist, wenn sich herausstellt, daß die Anleger über die zum Zeitpunkt der Plazierung erkennbaren Risiken und Hindernisse unkorrekt informiert wurden.

Kann der Initiator per Saldo eine positive Leistungsbilanz vorweisen und hat der Abwicklungstreuhänder die genannten Kernfragen schriftlich beantwortet bzw. hierzu bereits in den Zeichnungsunterlagen oder im Treuhandvertrag entsprechende Erklärungen abgegeben, geht es als drittes, wesentliches Anlagekriterium um die Ermittlung der Spannweite der realistischen Chancen und der relevanten Risiken.

Hierzu sind regelmäßig die Anlage-Interessenten, aber auch die in die Plazierung eingeschalteten Anlageberater und -vermittler, selbst nicht in der Lage. Das hat in den sog. Goldgräberzeiten der Abschreibungsbranche, aber auch noch in den letzten Jahren häufig dazu geführt, daß die Anleger mit bunten Prospekten und vollmundigen Versprechungen über den wirklichen Wert des Fondsobjekts und insbesondere über die tatsächliche Rentabilität erfolgreich getäuscht werden konnten. Dabei wurde, insbesondere in der jüngeren Historie der Anlage-Branche, nur noch selten mit eindeutigen Falschangaben gearbeitet, sondern vorrangig mit dem Verschweigen oder „Vernebeln" hoher Risiken bzw. mit der Tarnung der später erst, aber dann „mit Wucht", auf die Anleger bzw. auf den Fonds zukommenden Kosten oder Folgeinvestitionen.

Zwischenzeitlich haben sich jedoch die zivil- und insbesondere strafrechtlichen Rahmenbedingungen für einen effizienten *Anlegerschutz* erheblich verbessert. Am 1. 8. 1986 ist im Rahmen des 2. Gesetzes zur Bekämpfung der Wirtschaftskriminalität der Straftatbestand „Kapitalanlagebetrug" als sog. präventives Gefährdungsdelikt in das Strafgesetzbuch als § 264a StGB eingefügt worden. Danach macht sich derjenige strafbar (Höchststrafe drei Jahre), der im Vertrieb z. B. von Immobilienfonds über erhebliche Umstände „unrichtige vorteilhafte Angaben" macht oder „nachteilige Tatsachen", z. B. die Risiken, verschweigt. Die Strafbarkeit tritt selbst dann ein, wenn dem Anleger kein Schaden zuwächst. Dabei stützt sich der § 264a StGB auf die zivilrechtliche Rechtsprechung des Bundesgerichtshofs zur Prospekthaftung und zur Aufklärungspflicht. Nach dieser muß der Anleger über alle für die Anlageentscheidung erheblichen Umstände richtig und vollständig aufgeklärt werden.

Die seit August 1986 hohen, existenzbedrohenden, strafrechtlichen Risiken für alle „im Vertrieb" direkt und auch indirekt eingeschalteten Personen, insbesondere also für die Initiatoren, die Treuhänder, ggf. auch für die Verantwortlichen bei den fremdfinanzierenden Banken, aber auch für den Anlage-Vertrieb und für die Prospektprüfer, haben zwischenzeitlich eine einschneidende Marktbereinigung am freien Kapitalmarkt eingeleitet, die bereits sehr weit fortgeschritten ist. Die Zeichnungsunterlagen der Initiatoren von Geschlossenen Immobilienfonds, die eine gute Leistungsbilanz vorweisen können und damit etabliert sind bzw. einen Ruf und ihre Existenz zu verlieren haben, informieren zwischenzeitlich mit der erforderlichen Deutlichkeit über alle relevanten Risiken und heute bereits erkennbaren zukünftigen nachteiligen Entwicklungen, damit nicht das Verschweigen einer nachteiligen Tatsache im Sinne des § 264a StGB unterstellt werden kann. Und auch die Chancen, insbesondere die Rentabilität, werden im Rahmen von realistischen Prognoserechnungen in den Zeichnungsunterlagen korrekt beschrieben, da-

mit keine unrichtigen vorteilhaften Angaben laut § 264a StGB angenommen werden können.

Der aufmerksame Prospektleser erhält daher, zusammen mit der Leistungsbilanz-Dokumentation und der schriftlichen Bestätigung durch
den Treuhänder, alle Informationen, die er für eine qualifizierte Anlageentscheidung benötigt. Im Umkehrschluß bedeutet dies, daß ein Anleger
nicht schützenswert ist, wenn er sich nicht die Mühe macht, die Ange-
botsunterlagen gründlich zu studieren und z.B. lediglich im Vertrauen
auf Werbesprüche und scheinbar große Namen zeichnet.

Daher können die folgenden, beispielhaft separat zu nennenden Einzel-
kriterien an den formellen Vorgaben der genannten Gesetzgebung und
Rechtsprechung ausgerichtet werden, da die tatsächlichen wirtschaftlichen Inhalte, sofern sie für die Entwicklung des Anlage-Objekts nachteilig sein können (im Branchen-Jargon „Knackpunkte" genannt), mit
der erforderlichen Deutlichkeit angabepflichtig und damit für die Anleger erkennbar sind. Der formelle Prospektausweis muß folglich bei
rechtlich korrekter Ausgestaltung identisch sein mit einem etwaigen Ergebnis einer gründlichen materiellen Prüfung durch einen Experten für
Gewerbeimmobilien, z.B. auf der Basis der Kriterien für die Immobilieninvestitionen institutioneller Anleger (vgl. Abschn. 1).

2.2 Beurteilung des Investitionsobjekts

Bei diesem Beurteilungsbereich geht es ausschließlich um den *Zustand*
und den *Wert* der zu errichtenden bzw. zu erwerbenden Gewerbeimmobilie. In den folgenden Abschnitten 2.3, 2.4 und 2.5 werden die Beurtei-
lungskriterien zu den Gesamtkosten, zur Gesamtfinanzierung und zur
wirtschaftlichen Nutzung des Objekts angesprochen.

Sehr häufig handelt es sich bei einer Gewerbeimmobilie um ein speziell
für einen Nutzer (Mieter) oder für eine Nutzungsart ausgestaltetes Objekt, z.B. Hotel, Seniorenstift, aber auch Produktionshalle etc. Bei Insolvenz des Mieters oder bei einer Rezession der Branche, die eine solche
Immobilie nutzt, verliert das Objekt häufig erheblich an Wert. Dieses
Risiko ist angabepflichtig. Der Anlage-Interessent kann sich folglich
entscheiden, ob er es entsprechend seinem objektiven und subjektiven
Anforderungsprofil akzeptiert.

Anders sieht es bei eher universell nutzbaren Objekten, z. B. bei Bürogebäuden und innerstädtischen Ladenflächen, aus. Hier muß lediglich im Ausweis der Wirtschaftlichkeit ausreichend Vorsorge getroffen werden, daß Mieter ausfallen bzw. das Objekt an eine geänderte Wettbewerbssituation angepaßt werden muß.

Wenn bei Neubauvorhaben erforderliche Genehmigungen (z. B. die Baugenehmigung) fehlen, dann kann schnell das angabepflichtige Risiko eintreten, daß das Objekt nicht in dem vorgesehenen finanziellen oder zeitlichen Rahmen, wenn überhaupt, erstellt werden kann. Verzögert sich dadurch die Fertigstellung und damit der Nutzungsbeginn, besteht die Gefahr, daß Mietverträge gekündigt werden. Daher ist grundsätzlich vor allen Bauvorhaben zu warnen, bei denen die erforderlichen öffentlich-rechtlichen oder privatrechtlichen Genehmigungen nicht vorliegen bzw. nicht bestandskräftig sind.

Befindet sich die Gewerbeimmobilie in einem gebrauchten Zustand, dann kann die Mängelproblematik evident werden. Alle von einem Immobilienexperten erkennbaren baulichen *Mängel* sind in den Zeichnungsunterlagen angabepflichtig — wie auch die damit verbundenen nachteiligen wirtschaftlichen Auswirkungen (z. B. hohe Instandhaltungskosten, nicht zu beseitigender „Schwamm" im Keller etc.). Ein gebrauchtes Objekt, das bautechnisch nicht einwandfrei und nicht den modernsten Ausstattungsanforderungen entspricht, ist in der Regel für eine Publikumsgesellschaft ungeeignet. Daher ist nur der Vollständigkeit halber anzufügen, daß es angabepflichtig ist, wenn Gewerbeimmobilien in ihrer Nutzungskonzeption erkennbar veraltet sind, so daß z. B. nach Auslaufen der Mietverträge damit zu rechnen ist, daß diese nicht erneuert werden bzw. daß nur erheblich geringere Erträge als prospektiert erzielt werden.

Ein entscheidendes Kriterium bei allen Immobilieninvestitionen ist der Standort (siehe auch Teil B Abschnitt 1.2.2). Auch hier besteht die Angabepflicht, wenn nach den Einschätzungen von Marktexperten die konkrete Gefahr besteht, daß der Standort — und damit das gesamte Objekt — einer Entwertung ausgesetzt ist bzw. voraussichtlich ausgesetzt sein wird. In diesem Zusammenhang ist insbesondere an eine sich verschlechternde Verkehrsanbindung, sich nachteilig entwickelnde Sozialstruktur, an neue, konkurrierende oder bessere Standorte im gleichen Einzugsbereich sowie an Lärm- und Immissionsbelästigungen zu denken.

Wenn solche angabepflichtigen Entwertungsrisiken in den Zeichnungsunterlagen zu finden sind, empfiehlt sich äußerste Vorsicht, wenn nicht gleichzeitig gewichtige Argumente diese Risiken relativieren.

2.3 Gesamtkosten des Objekts bzw. des Immobilienfonds

Bei Immobilienfonds, mit denen bereits im Betrieb befindliche Gewerbeimmobilien finanziert werden, kann es nur in Ausnahmefällen zu Kostenüberschreitungen in der Investitionsphase kommen. Dagegen bestehen bei Neubauvorhaben sehr hohe, dann angabepflichtige Kostenüberschreitungsrisiken, z. B. bei den Bau- oder Zwischenfinanzierungskosten, wenn diese nicht durch Garantien solventer Garanten verringert werden. Solche Sicherungsmaßnahmen werden von seriösen und qualifizierten Initiatoren heute regelmäßig in die Fondskonzeptionen einbezogen, so daß dieser Problembereich der Vergangenheit angehören dürfte.

Von erheblicher, vielfach noch immer entscheidender Bedeutung für die Beurteilung eines Immobilienfonds ist jedoch der Anteil des Gesamtaufwands, der nicht direkt in das Immobilienobjekt fließt, sondern in die sog. *Vorkosten.*

Dabei handelt es sich um Konzeptions- und Vertriebsgebühren, die bei einer Veräußerung des Objekts nicht realisiert werden können, da ein zukünftiger Käufer lediglich den Marktpreis der Immobilie selbst bezahlen wird. Daher sind alle nicht wertbildend investierten Anteile des Gesamtaufwands, insbesondere im Zusammenhang mit der Konzeption als Anlage-Modell und dem Vertrieb der Anteile, zahlenmäßig separat von dem Gesamtaufwand für die eigentliche Immobilieninvestition auszuweisen. So kann der interessierte Anleger bei den derzeit im Umlauf befindlichen Prospekten durchaus die Höhe der — früher häufig aufgebauschten — Vorkosten errechnen und entscheiden, ob er diese akzeptiert.

Bei dieser Berechnung muß selbstverständlich das in der Regel zusätzlich zu entrichtende *Agio* von 5 % mit berücksichtigt werden.

2.4 Gesamtfinanzierung des Objekts bzw. des Immobilienfonds

Von elementarer Bedeutung für die Anleger ist die totale Sicherstellung
der Gesamtfinanzierung des Objekts bzw. des Immobilienfonds, bevor
auch nur eine Mark der Anlegergelder aus deren Verfügungsmacht, d. h.
von den in ihren Namen verwalteten Treuhandkonten, abfließt.

In der Praxis bedeutet dies, daß sowohl das gesamte einzuwerbende
Eigenkapital akquiriert sein muß als auch die eingeplanten Fremdmittel
vorbehaltlos seitens der Kreditinstitute zugesagt bzw. bereitgestellt sein
müssen, bevor der Investitionsvorgang gestartet werden kann. Nur
dann, wenn von dritter Seite durch eindeutig werthaltige Garantien Fi-
nanzierungslücken geschlossen werden, kann der Treuhänder die Anleger bzw. den Immobilienfonds endgültig vertraglich verpflichten, und
die gesamten zu erbringenden Leistungen durch die Projektpartner
rechtlich anbinden, d. h. die Verträge mit den Projektpartnern, z. B.
dem Grundstücksverkäufer, abschließen.

Der Treuhänder muß in jeder Phase bis zur totalen Sicherung der Gesamtfinanzierung gewährleisten, daß eine für den Anleger schadensfreie
Rückabwicklung möglich ist, wenn — aus welchem Grund auch immer
— das Investitionsvorhaben nicht zum Tragen kommt. Ist die Sicherstellung der Gesamtfinanzierung bzw. eine alternative schadensfreie Rückabwicklung nicht gewährleistet, dann sind zwar die daraus resultierenden, zum Teil gravierenden Risiken angabepflichtig; es empfiehlt sich
jedoch, wegen der im Grund unüberschaubaren Gefahren von solchen
Investitionsvorhaben bzw. Fonds generell Abstand zu nehmen.

Besonders problematisch im Finanzierungsbereich können Fonds in der
Rechtsform der Gesellschaft bürgerlichen Rechts, sog. BGB-Fonds, sein
(s. a. Teil C, Abschn. 1.2.1). Denn es ist beliebte Praxis am Anlagemarkt, zur Erlangung attraktiver Anfangs-Steuervorteile einen großen
Anteil des Gesamtaufwands mit Krediten zu finanzieren. Der Anleger
haftet persönlich und unbeschränkt mit seinem gesamten Privatvermögen — i.d.R. allerdings nur in Höhe des Anteils seiner Einlage am Gesamtaufwand durch privatschriftliche Abreden mit den Banken — für
die aufgenommenen Kredite (bis zu 80 %).

Wegen der dadurch regelmäßig fällig werdenden hohen Annuitäten
kommt es häufig zu sog. Unterdeckungen. Dies bedeutet, daß die Netto-

Einnahmen aus der Gewerbeimmobilie nach Abzug der Fondskosten erheblich niedriger sind als die Aufwendungen für Zins und Tilgung.

Werden in der Folgezeit Anleger in ihrem persönlichen Bereich insolvent, können sie diese Unterdeckungen nicht mehr leisten. Die Kreditinstitute haben das Recht, über die regelmäßig auf der Gewerbeimmobilie lastende *Globalgrundschuld* in das Objekt zu pfänden bzw. die Versteigerung mit ggf. erheblicher Beeinträchtigung der anteiligen Vermögenswerte der anderen Anleger zu betreiben, wenn diese nicht „freiwillig" die Unterdeckungen ihrer insolventen Mitgesellschafter mittragen.

Besonders auffällig wird dieses selbstverständlich angabepflichtige Risiko bei den sog. *Ansparfonds,* bei denen die Zeichner, meist kleine Sparer, in monatlichen Raten von z. B. DM 100 ihr Eigenkapital mit einem Lebensversicherungsvertrag über einen Zeitraum von 12 bis 15 Jahren nachsparen. Wenn in einem solchen Ansparfonds mehrere Anleger ausfallen, kann das gesamte finanzielle Gefüge ins Wanken geraten — wie es sich in den vergangenen Jahren bei einigen bekannten Fondsserien gezeigt hat.

Daher ist im Rahmen der Beurteilung der Finanzierungskonzeption grundsätzlich darauf zu achten, daß die nachhaltig aus dem Objekt unter Berücksichtigung der Fondskosten zu erzielende Liquidität ausreicht, die gesamten Ausgaben einschließlich der Kosten der Fremdfinanzierung zu decken. Dies gilt selbstverständlich auch für Immobilienfonds in der Rechtsform der Kommanditgesellschaft. Hier ist zwar die Nachschußpflicht durch eine entsprechende gesetzliche Regelung ausgeschlossen (s. a. Teil C, Abschn. 1.2.2), und es bedarf nicht, wie bei der BGB-Gesellschaft, diesbezüglicher privatrechtlicher Abreden mit den Gläubigern.

Wenn jedoch die Einnahmen nicht ausreichen, um die notwendigen Aufwendungen des Fonds inklusive der sog. Werterhaltungsmaßnahmen (s. Abschn. 2.5) abzudecken, dann trägt auch diese Investition den wirtschaftlichen Todeskeim in sich. Denn erfahrungsgemäß verweigern insbesondere bei Publikumsfonds zahlreiche Kommanditisten den dann erforderlichen freiwilligen Nachschuß, was regelmäßig zur Insolvenz des Fonds oder zu einer Verwertung der Gewerbeimmobilie zu Schleuderpreisen führt.

2.5 Beurteilung der Einnahmen und Ausgaben sowie der zukünftigen Rentabilitätsveränderungen

Bei geschlossenen Immobilienfonds, mit denen Gewerbeimmobilien finanziert werden, liegen regelmäßig *indexierte Mietverträge* (s. a. Teil E) vor. Dadurch sind die in die Prognoserechnungen einbezogenen Mietsteigerungen abhängig von der zukünftigen Inflationsrate. Es ist zwar der Hinweis angabepflichtig, daß bei niedrigeren Preissteigerungsraten auch die Einnahmekurve flacher verlaufen kann. Damit hat jedoch der Prospektleser noch nicht viel gewonnen.

Anlage-Interessenten sollten in jedem Fall darauf bestehen, daß ihnen Prognoserechnungen mit mehreren unterstellten Inflationsraten vorgelegt werden. Dabei sollte in der Praxis so verfahren werden, daß für die ersten beiden Jahre die aktuelle Inflationsrate angenommen wird. Für die Folgejahre dürfte aus heutiger Sicht die Annahme eines Geldwertverlusts zwischen 2,5 % und 4,5 % angemessen sein. Diese beiden Prämissen, und ggf. ein Mittelwert von 3,5 %, sollten den Alternativberechnungen zugrunde gelegt werden.

Sehr beliebt ist die „Schönung" der Fondsliquidität und damit des Wirtschaftlichkeitsausweises durch Verschiebungen von Aufwendungen in zukünftige Jahre. So werden z. B. durch ein doppeltes Disagio die zu zahlenden Zinsen für die erste Zinsbindungsperiode drastisch abgesenkt mit der Konsequenz, daß das Risiko extrem hoch ist, daß nach Ablauf der Zinsbindung von z. B. 5 oder 10 Jahren die Zinsbelastung sprunghaft ansteigt und die Rentabilität stark belastet wird.

Ebenso wird häufig mit den Kreditinstituten vereinbart, die deshalb in späteren Jahren höhere Tilgung erst nach der ersten Zinsbindungsperiode einsetzen zu lassen. Hohe, auch liquide verfügbare Anfangsausschüttungen sind dadurch „künstlich" darstellbar.

Diese Praktik ist dann legitim, wenn die nachteiligen und damit angabepflichtigen Konsequenzen daraus, nämlich eine plötzlich ansteigende, hohe liquide Belastung bzw. ggf. sinkende Ausschüttungen in den zukünftigen Jahren, in den Prognoserechnungen korrekt und mit der erforderlichen Deutlichkeit beschrieben werden. Dann kennt der Anlage-Interessent diese Zukunftshypothek — und kann sie akzeptieren, wenn die dagegenstehenden Wertzuwachs- und Ertragschancen diesen nachteiligen Verlauf überkompensieren.

Das gleiche gilt natürlich für die bei Gewerbeimmobilien zu kalkulierenden Rückstellungen für die sog. Werterhaltungsaufwendungen, also in der Zukunft erforderliche Investitionen zur Wettbewerbsanpassung z. B. bei Einkaufszentren und Bürohäusern. Führende Immobilien-Managementgesellschaften bilden hierfür z. B. Rückstellungen von 5 % und mehr der Brutto-Mieteinnahmen.

Nur sehr selten wurde in den vergangenen Jahren bei Immobilienfonds eine entsprechende Vorsorge getroffen, was häufig dazu führte, daß die Fonds nicht die erforderliche Liquidität hatten, dringend anstehende Wettbewerbsanpassungen des Objekts zu finanzieren. Die Folge waren in zahlreichen Fällen erhebliche Mietminderungen oder sogar Leerstände — und damit eine dramatische Verschlechterung der Werthaltigkeit der Fondsimmobilie.

Anders als bei Wohnimmobilien, bei denen die Instandhaltungsaufwendungen komplett vom Immobilieneigentümer zu tragen sind, können die Kosten für den Ersatz von Verschleißbauteilen bei Gewerbeimmobilien häufig auf die Mieter abgewälzt werden. Ist dies jedoch nicht oder nur teilweise möglich, dann sind Instandhaltungsrücklagen in ausreichender Höhe zu bilden, damit der Fonds jederzeit die entsprechenden Reparaturen (z. B. an der Heizung und am Fahrstuhl) finanzieren kann.

Wenn keine ausreichenden Rückstellungen für die genannten Werterhaltungsaufwendungen und für erforderlich werdende Instandhaltungs- und Instandsetzungsaufwendungen gebildet werden, dann sind die daraus entstehenden Risiken bzw. die nachteiligen Auswirkungen auf die Liquidität in den Zeichnungsunterlagen angabepflichtig. Dem aufmerksamen Prospektleser wird dieser häufig gravierende Problemkreis dadurch bewußt gemacht.

Die bis vor Einführung des Straftatbestands Kapitalanlagebetrug ebenfalls beliebte Praxis, die laufenden Kosten für die Objektbewirtschaftung und das Fondsmanagement in der Prognoseberechnung zu niedrig zu kalkulieren, ist derzeit kaum noch zu beobachten, da bei einer solchen Vorgehensweise „unrichtige vorteilhafte Angaben" im Sinne des § 264 a StGB gemacht werden.

Von elementarer Bedeutung für die Beurteilung der Gewerbeimmobilie sind daher die genannten, angabepflichtigen nachteiligen Veränderungen der *zukünftigen Liquidität,* was häufig durch den verkürzten Blick auf hohe Anfangsausschüttungen übersehen wird.

2.6 Beurteilung der rechtlichen und steuerlichen Konzeption

Die Fallen für die Anleger im Bereich der rechtlichen und steuerlichen Konzeption sind bei den neueren geschlossenen Immobilienfonds qualifizierter Initiatoren erfahrungsgemäß sehr gering. Die steuerlichen Rahmenbedingungen haben sich durch Gesetzgebung, durch Rechtsprechung und durch die Erlaßpraxis der Finanzverwaltung weitgehend geklärt und werden von den Konzeptionären beherrscht (s. a. Teil C, Abschn. 4 bis 6). Die in den Prognoserechnungen ausgewiesenen Werbungskosten sind zwar lediglich langfristige Steuerstundungen und keine Steuervorteile, werden jedoch im Regelfall von der Finanzverwaltung anerkannt.

Das gleiche gilt für die rechtliche Konzeption, d. h. insbesondere für Gesellschafts- und Treuhandverträge, zumal auch zu diesem Konzeptionsbereich alle relevanten Risiken für die Anleger angabepflichtig und damit als solche erkennbar sind.

2.7 Beurteilung der Vertragspartner und der Kontrollorgane

Wie bereits ausgeführt (s. Abschn. 2.1), kommt es bei der Beurteilung des aktuellen Fondsangebots entscheidend auf die Solidität und Leistungsfähigkeit der wesentlichen Vertragspartner, insbesondere des Initiators, an. Hierzu ist unabdingbar, die beschriebene *Leistungsbilanz-Dokumentation* vom Initiator abzufordern, bevor über eine Beteiligung am aktuell in der Plazierung befindlichen Immobilienfonds entschieden wird.

Nur der Vollständigkeit halber sei angemerkt, daß es ebenso angabepflichtig ist, wenn die persönliche Zuverlässigkeit und/oder Leistungsfähigkeit von wesentlichen Vertragspartnern oder Kontrollorganen von erheblicher Bedeutung ist und wenn nachvollziehbare Tatsachen die Annahme rechtfertigen, daß die genannten Projektpartner die erforderliche Zuverlässigkeit und/oder Leistungsfähigkeit nicht besitzen.

Das gleiche gilt natürlich, wenn die Bonität z. B. von Garanten in Frage zu stellen ist. Wenn zu diesem Bereich Vorbehalte und Risikohinweise in den Zeichnungsunterlagen zu finden sind, dann empfiehlt es sich, eingehende Erkundigungen einzuholen oder von einem Engagement Abstand zu nehmen.

2.8 Checkliste zur Prüfung von geschlossenen Immobilienfonds

Eine Checkliste für private Anleger sollte einfach zu handhaben, aber doch effizient sein. Daher nachfolgend die Darstellung eines bewährten Stufenplans, der auch die zeitliche Beanspruchung eines Anlageinteressenten, der ggf. aus mehreren Anlage-Angeboten das für ihn richtige auswählen will, berücksichtigt:

● Anleger sollten gleich den Prospekt in den Papierkorb werfen, wenn
  — kein Ehrenberufler (Wirtschaftsprüfer, Steuerberater, Rechtsanwalt etc. bzw. keine Bank oder Bankentochter) als Treuhänder eingeschaltet ist (gilt nicht, wie gesagt, wenn der Initiator eine de facto mündelsichere Adresse sein sollte)
  — oder wenn bei einem schnellen „Diagonal-Lesen" der Zeichnungsunterlagen bereits feststellbar ist, daß keine Hinweise auf Risiken bzw. auf mögliche nachteilige abweichende Entwicklungen in den Werbeaussagen zu finden sind.
  Denn wenn kein Treuhänder die Anlegergelder sichert und wenn in den Zeichnungsunterlagen nur eine „heile Welt" vorgegaukelt wird, dann kann sich ein solcher Immobilienfonds für private Anleger zu einem finanziellen Desaster entwickeln.

● Die Zeichnungsunterlagen der Immobilienfonds-Angebote, die diese Vorab-Prüfung überstanden haben, sollte der Anleger nun intensiv durchlesen, und zwar unbeeinflußt von dritter Seite. Dies dauert je Prospekt etwa eine Stunde; ein Zeitaufwand, der sich schnell lohnt. Denn bei einem konzentrierten Prospektstudium fallen auch einem Anlagelaien häufig Risiken auf, die er nicht bereit ist zu akzeptieren.

● Erst jetzt sollte er bei den verbleibenden Immobilienfonds-Angeboten, die ihm unter Berücksichtigung der bereits erkannten Chancen und Risiken noch attraktiv erscheinen, sich ggf. unter Hinzuziehung des eingeschalteten Anlageberaters oder -vermittlers an den Initiator wenden und diesen bitten bzw. auffordern, die Leistungsbilanz detailliert zu dokumentieren (vgl. Abschn. 2.1). Zusätzlich sollte der Initiator die schriftliche Bestätigung des Treuhänders (vgl. Abschn. 2.1) beschaffen. Spätestens bei diesem Prüfschritt trennt sich die Spreu vom Weizen.

Wie bereits aufgezeigt, werden nur relativ wenige Immobilienfonds-Anbieter in der Lage sein, eine per saldo positive Leistungsbilanz zu dokumentieren. Da aber nur der Initiator das Vertrauen der Anleger verdient, der es durch überzeugende Leistungen bereits gegenüber anderen Anlegern gerechtfertigt hat, sollte ein Anlageinteressent konsequenterweise spätestens jetzt den Zeichnungsprospekt in den Papierkorb werfen, wenn er keine ausführliche Leistungsbilanz-Dokumentation vom Initiator erhält.

● Hat der Anlage-Interessent jedoch die Leistungsbilanz-Dokumentation und die Treuhänder-Bestätigung ausgehändigt bekommen, dann sollte er, um sicher zu gehen,
  — in den Zeichnungsunterlagen mit Grünstift die darin erkennbaren Chancen unterstreichen,
  — mit rotem Stift die Risiken kennzeichnen,
  — die Treuhänder-Bestätigung auf darin geäußerte Vorbehalte abklopfen und
  — die Leistungsbilanz-Dokumentation genau studieren und insbesondere die negativen Abweichungen zwischen den Prospektversprechungen der bereits plazierten Emissionen im Vergleich zu den tatsächlich erzielten Ergebnissen — ebenfalls in rot — kennzeichnen.
Und wenn Unklarheiten auftauchen, wenn z. B. das mögliche wirtschaftliche Ausmaß eines im Prospekt beschriebenen Risikos nicht erkennbar wird, oder gar Verständnisfragen sich aufdrängen, dann sollte der Anlage-Interessent keine Scheu haben, den Initiator um schriftliche Aufklärung zu bitten.

● Der Anleger, der mit dieser Sorgfalt sich um sein Kapital kümmert, wird dann auch belohnt: Er kennt die Leistungsbilanz des Initiators genau, weiß also, wem er sein Geld anvertraut. Und er kennt die Risiken und Problembereiche des konkreten Fonds-Angebots, kann also Rot und Grün gegenüberstellen und eine qualifizierte Anlageentscheidung treffen. Die hierzu notwendige Zeit ist gut investiert.

Teil C

Gewerbeimmobilien als Publikumsangebot

von Dieter Tewes

1 Beteiligungsformen

Die „Vermarktung" einer Gewerbeimmobilie ist weniger geprägt von der Devise, das Gesamtobjekt einem einzigen Käufer nahezubringen, als vielmehr — nachdem derartige Gewerbeobjekte im Regelfall die Finanzierungsmöglichkeiten eines Einzelnen übersteigen — von dem Konzept, eine Vielzahl von Kapitalgebern in einer Gesellschaft zusammenzuführen, die dann anhand einer von einer Initiatorengruppe erarbeiteten Konzeption die geplante Immobilieninvestition mit anschließender Vermietung durchführen. Als Anlageformen, gleichsam als Finanzierungsinstrument für Gewerbeimmobilien, haben sich dabei der *offene* und der geschlossene Immobilienfonds herauskristallisiert.

Sowohl die zivil- als auch die steuerrechtliche Konzeption derartiger Immobilienanlagegesellschaften werden dabei nicht allein vom Ideenreichtum und der Findigkeit der Initiatoren geprägt, sondern vornehmlich von den zahlreichen Gesetzesänderungen und Verwaltungserlassen im steuerlichen Bereich sowie der höchstrichterlichen Rechtsprechung zu Steuerrechtsfragen, zum Haftungsrecht und dem Recht der Allgemeinen Geschäftsbedingungen, auf die es zu reagieren gilt[1]. Unübersehbar sind aber auch die Einflüsse und die negativen Nachwirkungen des Bauherrenmodells auf die Konzeption geschlossener Immobilienfonds.

1.1 Offene Immobilienfonds

Relativ risikolos ist aus Anlegersicht die Beteiligung an offenen Immobilienfonds. Bei dieser Anlageform investieren Kapitalanlagegesellschaften das Geld der Anleger in Grundbesitz; häufig wird daneben auch in gewissem Umfang Wertpapierbesitz gehalten. Das Fondsvermögen ist wertmäßig nach oben nicht begrenzt. Die Anlagegesellschaften können daher — entsprechend der Nachfrage von Anlegerseite — durch laufen-

---

[1] Die zivil- und steuerrechtlichen Aspekte, die bei der Konzeption von Immobilienfonds zu beachten sind, können im Rahmen dieser Abhandlung nur schwerpunktmäßig dargestellt werden. Eine Vertiefung der angerissenen Probleme eröffnet die weiterführende Literatur; hierbei sei auf die (vom Titel her teilweise irreführenden) Loseblattwerke von Tewes, Steuerlich anerkannte Bauherrenmodelle, Weka-Verlag, Kissing, sowie Dornfeld u. a., Handbuch der Bauherrengemeinschaften und geschlossenen Immobilienfonds, Dr. Peter Deubner Verlag, Köln, verwiesen.

de Ausgabe neuer Anteilsscheine das Fondsvermögen beliebig erhöhen (wegen der nicht limitierten Zahl der Fondszertifikate daher die Bezeichnung „offene" Immobilienfonds).

Die Ausgabe der Anteilsscheine erfolgt über eine Depotbank mit einem Agio von in der Regel 5 %, das nicht dem Fondsvermögen, sondern dem eigenen Vermögen der Anlagegesellschaft zur Abdeckung der Emissionskosten zufließt (ebenso wie die dem Sondervermögen für die Kosten der laufenden Fondsverwaltung berechnete jährliche Verwaltervergütung von in der Regel 0,5 % des Fondsvermögens).

Offene Fonds sind geprägt von der Maxime der Solidität und Kontinuität. Die Investitionen erfolgen nach dem Grundsatz der *Risikostreuung,* was den Anleger keinen besonderen Risiken aussetzt, ihn andererseits aber auch keine außergewöhnlichen Renditen und — jedenfalls nicht im Zeitpunkt des Erwerbs von Anteilsscheinen — keine Steuerspareffekte erwarten läßt. Allerdings ist im Regelfall — wie nachstehend noch ausgeführt wird — ein Teil der späteren Ausschüttungen an den Anleger steuerfrei.

Kapitalanlagegesellschaften unterliegen mit ihren offenen Immobilienfonds — anders als geschlossene Immobilienfonds — den strengen Regeln des Gesetzes über Kapitalanlagegesellschaften[1]. Die Anlagegesellschaften dürfen danach nur in der Rechtsform der GmbH oder Aktiengesellschaft geführt werden, müssen ein Mindestkapital von 0,5 Mio DM haben, sind Kreditinstitute und unterliegen deshalb der Bankenaufsicht. Die offenen Fonds sind als sog. Sondervermögen streng getrennt vom Eigenvermögen der Kapitalanlagegesellschaft zu führen.

Der vom Fonds gehaltene Grundbesitz steht im treuhänderischen Eigentum der Kapitalanlagegesellschaft (Erwerb im eigenen Namen der Gesellschaft für gemeinschaftliche Rechnung der Kapitalanleger). Investiert wird vorwiegend in gewerbliche und gemischtgenutzte Objekte (das Sondervermögen aller offenen Immobilienfonds umfaßt rd. 88 % gewerblich genutzte Liegenschaften und rd. 8 % gemischt genutzte Objekte). Aus dem wenig attraktiven Wohnungsmarkt haben sich die meisten Fonds bereits seit Jahren zurückgezogen.

---

[1] KAGG vom 14. 1. 1970.

Abb. 42: Deutsche offene Immobilienfonds

	Investment-Gesellschaft	Depotbank	Fonds-Vermögen (Mio DM) 31. 12. 87	Anteil-umlauf (1000 St.)	Ausgabe-/Rücknahme-preis 19. 5. 88	Ausschüttung 1987 (in DM)	Wertveränderung 31. 12. 86 – 31. 12. 87 (in %)
A.G.I.-Fonds Nr. 1	A.G.I.	Deutsche Bau- und Bodenbank	380	1 893	172,70/164,48	6,80	+ 3,38
Despa-Fonds	DESPA	Dt. Girozentrale/Dt. Kommunalbank	1 651	20 739	85,16/80,90	3,50	+ 5,23
DIFA-Fonds Nr. 1	DIFA	BfG	1 832	10 536	186,60/177,20	9,00	+ 5,20
DIFA-GRUND	DIFA	DG-Bank	412	4 146	106,33/101,01	4,50	+ 5,31
Grundbesitz-Invest	DGI	Dt. Bank	2 774	38 167	74,0/70,41	3,40	+ 5,44
Grundwert-Fonds I	DEGI	Dresdner Bank	3 282	25 195	133,25/126,80	6,50	+ 5,46
Haus-Invest	DGI	Commerzbank	1 305	19 330	72,20/68,69	3,30	+ 5,44
iii-Fonds Nr. 1	iii	Bay. Hypobank	873	7 662	116,80/111,20	4,60	+ 4,57
iii-Fonds Nr. 2	iii	Bay. Vereinsbank	578	7 848	75,00/71,30	3,10	+ 4,46

§§ 26 ff. KAGG geben den Anlagegesellschaften die Grundsätze vor, nach denen sie bei Grundstücksinvestitionen zu verfahren haben. Erworben werden dürfen nur Mietwohn-, Geschäfts- und gemischtgenutzte Grundstücke; unbebaute Grundstücke nur mit dem Ziel der alsbaldigen Bebauung. Der Wert der unbebauten Grundstücke darf dabei insgesamt nicht mehr als 10 % des Werts des gesamten Grundvermögens betragen, ebenso wie der Wert eines bebauten Grundstücks zum Zeitpunkt des Erwerbs 15 % des Sondervermögens nicht überschreiten darf. Außerdem muß das Sondervermögen nach einer Karenzzeit von vier Jahren aus mindestens 10 Grundstücken bestehen. Mit der laufenden Überwachung des Sondervermögens ist eine sog. Depotbank zu beauftragen; Grundstückserwerbe und -veräußerungen dürfen nur mit Zustimmung dieses Kreditinstituts vorgenommen werden.

Die derzeit zehn deutschen offenen Immobilienfonds (am 1. 1. 1988 wurde der „HANSAimmobilia"-Fonds der HANSAINVEST, Hamburg, gegründet) verwalteten mittlerweile Ende 1987 ein Fondsvermögen von insgesamt rd. 13 Mrd. DM. Allein im Jahr 1987 sind über 3 Mrd. DM an Fondsbeteiligungen gezeichnet worden. Damit hat sich seit 1983 das Volumen der offenen Immobilienfonds nahezu verdreifacht (siehe Abb. 42).

Der Vorteil offener Immobilienfonds aus Anlegersicht ist die gesetzlich vorgeschriebene *jederzeitige Rücknahmeverpflichtung* der Anteilscheine zum Tageskurs durch die Anlagegesellschaft. Im Gegensatz zu geschlossenen Immobilienfonds sind derartige Beteiligungen also jederzeit verkäuflich. Ausgabe- und Rücknahmepreise der Fondsanteile sind den Tageszeitungen zu entnehmen.

Offene Immobilienfonds sind von der Körperschaft-, Gewerbe- und Vermögensteuer befreit. Ausschüttungen unterliegen allerdings im Ausschüttungszeitpunkt der Körperschaftsteuer. Der Fondszeichner hat nur die ihm zufließenden Erträge (Ausschüttungen) — als *Einkünfte aus Kapitalvermögen* — zu versteuern, wobei die vom Fonds einbehaltene Körperschaftsteuer anrechenbar ist. Zu beachten ist, daß die Ausschüttungen insoweit steuerfrei sind, als tatsächlich sich ergebende Mietüberschüsse steuerlich — wie bei jedem Haus- und Grundstücksbesitz — durch den Ansatz der Gebäudeabschreibungen buchmäßig gemindert werden. Bei im Privatvermögen gehaltenen Anteilsscheinen bleiben auch die in den Ausschüttungen enthaltenen Veräußerungsgewinne (außerhalb der Spekulationsfrist) steuerfrei.

1.2 Geschlossene Immobilienfonds

Die Alternative der Beteiligung an gewerblichen Großimmobilienobjekten bietet der geschlossene Immobilienfonds. In ihm finden sich — anders als beim offenen Immobilienfonds — jeweils nur eine begrenzte Anzahl von Kapitalanlegern zusammen, da das bzw. die vorgesehenen Investitionsobjekte von Beginn an konkret feststehen und damit auch das jeweilige Investitionsvolumen und das hierfür benötigte Anleger(Gesellschafts-)kapital.

Der Anlageinteressent selbst kann die Eckdaten eines geschlossenen Immobilienfonds, wie beispielsweise Standort und Qualität der Fondsimmobilie, Finanzierungsrahmen und Finanzierungsmodalitäten, Mietvertragskonditionen und Bonität der Mieter, voraussichtliche Rentabilität und Steuerersparniseffekte, vor einem evtl. Beitritt zum Fonds überprüfen. Er sollte sich dabei gleichzeitig bewußt werden, daß es wegen der in der Regel mangelnden Fungibilität der Fondsanteile voraussichtlich eine *langfristige* Anlage sein wird.

1.2.1 Der steuerorientierte BGB-Fonds

Die derzeit auf dem Markt befindlichen geschlossenen Immobilienfonds weisen zwei unterschiedliche Grundkonzeptionen und voneinander abweichende Zielrichtungen auf. Zu nennen sind hier einmal Fondskonzeptionen, die — gleich dem Bauherrenmodell — mit einer *hohen Fremdfinanzierung* des Investitionskapitals (von rd. 80 %) arbeiten und damit auf eine Maximierung der Einkommensteuerersparnis der Anleger ausgerichtet sind. Derartige Fonds werden im Sprachgebrauch als *steuerorientierte Fonds* bezeichnet und wenden sich in erster Linie an Anleger, die mit geringem Eigenkapital — das noch dazu im wesentlichen durch die anteilige Vorsteuererstattung und die Einkommensteuerersparnis aufgebracht werden kann und damit nur zu geringfügiger Bindung von Liquidität führt — durch hohe steuerliche Verluste und effektive Mieteinnahmen Vermögen aufbauen wollen.

Die für geschlossene Immobilienfonds in Betracht kommende *Gesellschaftsform* wird weitgehend von steuerlichen Gesichtspunkten bestimmt. Aus Anlegerschutzgründen wäre sicherlich der Kommanditgesellschaft mit der Stellung der Anleger als beschränkt haftende Kommanditisten der Vorzug zu geben. Hier ist aber zu berücksichtigen, daß bei hohen langjährigen Verlusten, die ein Aufzehren der Gesellschaftereinlagen erwarten lassen und bei den Gesellschaftern zu negativen Kapitalkonten führen, für beschränkt haftende Gesellschafter die Verlustausgleichsbeschränkung des § 15 a EStG eingreift, aufgrund der Verluste über die geleisteten Einlagen hinaus steuerlich nicht sofort geltend gemacht werden können. (siehe Abschn. 4.2). Als Rechtsform für steuerorientierte Fonds mit hohem Fremdfinanzierungsanteil und in der Folge hohen Fondsverlusten bietet sich daher vornehmlich die *BGB-Gesellschaft* mit einer *vertraglich begrenzten* teilschuldnerischen (quotalen) Haftung der Gesellschafter an, da mit dieser Gesellschaftsform bei richtiger Fondskonstruktion ein über den Betrag der Gesellschaftereinlagen hinausgehender Verlustabzug steuerlich möglich wird (siehe im einzelnen Abschn. 4.2.1.2).

Gleichfalls aus steuerlichen Motiven wird der BGB-Fonds generell als sog. vermögensverwaltender Fonds mit steuerlichen Einkünften der Gesellschafter aus *Vermietung und Verpachtung* ausgestaltet, um die Nachteile einer gewerblichen Einkunftsart zu vermeiden (siehe hierzu Abschn. 4.1.1). Sofern ein Fonds mit gewerblichen Einkünften angestrebt wird, liegt es nahe, aus Haftungsgesichtspunkten die Rechtsform der GmbH u. Co KG zu wählen (vgl. Abschn. 1.2.3).

Derzeit üblich und — wie nachstehend noch gezeigt wird — aus steuerlichen Gründen auch ratsam ist es, die gesamt Fremdfinanzierung auf die Ebene der BGB-Gesellschafter zu verlagern, also eine reine *Außenfinanzierung* vorzunehmen. Bei dieser Konzeption wird das erforderliche Investitionskapital in voller Höhe im Wege der Gesellschaftereinlagen erbracht. Die Fondsgesellschaft selbst nimmt also kein Darlehen in Anspruch. Vielmehr werden die Gesellschaftereinlagen entsprechend dem geplanten Fremdfinanzierungsgrad von einem Kreditinstitut kreditiert. Die von den Gesellschaftern aufgenommenen Darlehen werden zum einen durch eine Globalgrundschuld am Grundbesitz des Fonds gesichert, was allerdings im Regelfall dem Kreditinstitut nicht zur Absicherung genügen wird; darüber hinaus erforderliche Kreditsicherheiten haben die Gesellschafter dann aus ihrem Privatbereich zu erbringen.

Der Grund für die Verlagerung der Fremdfinanzierung in den Bereich der Gesellschafter ist in den steuerlichen Vorschriften zu suchen. Die Konzeption bei BGB-Fonds ist nämlich häufig darauf ausgerichtet, das unbegrenzte *Haftungsrisiko* der Gesellschafter durch das Vertragswerk, insbesondere durch ein Bündel von Garantieverträgen, so weit einzuschränken, daß die Gesellschafter in der Praxis nicht über die geleisteten Einlagen hinaus zu haften haben, weswegen nach Ansicht der Finanzbehörden dann auch bei einem BGB-Fonds die steuerliche Verlustausgleichsbeschränkung des § 15a EStG (Verlustabzug nur bis zur Höhe des positiven Kapitalkontos) Anwendung findet. Nach Auffassung eben dieser Finanzbehörden sind jedoch Verluste der Gesellschafter, die nicht im Gesamthandbereich der BGB-Gesellschaft, sondern im sog. *Sondervermögen* der Gesellschafter entstehen, unbegrenzt abzugsfähig, gleichgültig, ob ein positives Kapitalkonto vorhanden ist oder nicht. Eine Fremdfinanzierung der Gesellschaftereinlage rechnet steuerlich zu diesem Sondervermögen der Gesellschafter, weshalb die daraus resultierenden Finanzierungskosten, die einen nicht unwesentlichen Teil der anfallenden Verluste ausmachen, uneingeschränkt sofort steuerlich abgesetzt werden können (siehe Abschn. 4.2.1.2). Die Fremdfinanzierung auf Gesellschafterebene hat im übrigen den Vorteil, daß jeder Anleger individuell entsprechend seiner jeweiligen Finanzkraft das aufgenommene Darlehen später zurückführen kann.

Das Anlegerhaftungsrisiko wird durch die Verlagerung der Finanzierung auf die Gesellschafter nicht vergrößert. Die Ursache für die Ausdehnung der Haftung auf die Gesellschafter ist die *hohe Fremdfinanzierung.* Auch bei einer sog. Innenfinanzierung, d. h. einer entsprechenden Kreditaufnahme durch die Gesamthandsgemeinschaft selbst, würde daher das Kreditinstitut zusätzlich persönliche Haftungserklärungen der Fondszeichner fordern, da das Fondsgrundstück allein im Regelfall zur Kreditsicherung nicht ausreicht.

Der hohe Fremdfinanzierungsgrad steuerorientierter Fonds hat meist zur Folge, daß die Mieterträge in den Anfangsjahren der Mietphase allenfalls die hohen Zins- und Tilgungsverpflichtungen und die laufenden Kosten der Fondsverwaltung decken. Häufig wird es nicht zu umgehen sein, daß die Anleger in diesen Anfangsjahren noch *Zuzahlungen* leisten müssen, die allerdings aus der jährlichen Einkommensteuerersparnis finanzierbar sind. Ausschüttungen für die Anleger sind in diesem Zeitraum jedoch nicht darstellbar.

1.2.2 Der ausschüttungsorientierte KG-Fonds

Eine andere Zielrichtung als die steuerorientierten BGB-Fonds verfolgen die ausschüttungsorientierten Immobilienfonds. Bei ihnen treten die steuerlichen Vorteile aufgrund des relativ hohen Eigenkapitaleinsatzes (von gewöhnlich 50—60 %, im Einzelfall höher) in den Hintergrund. Beabsichtigt sind vielmehr mit Beginn der Vermietungsphase attraktive — in den Anfangsjahren aufgrund der hohen steuerlichen Abschreibungen steuerfreie — Ausschüttungen, die sich in einer Bandbreite von ca. 5,5 % bis maximal 7 % bewegen. Wegen der hohen Eigenkapitalanteile werden derartige Fondskonstruktionen auch als *eigenkapitalorientierte Fonds* bezeichnet (gelegentlich irreführend auch Eigenkapitalfonds genannt, was aber voraussetzen würde, daß der gesamte Investitionsbedarf voll aus Eigenmitteln der Anleger erbracht wird). Ausschüttungsorientierte Fonds sollen in erster Linie Kapitalanleger ansprechen, die vornehmlich unter höherem Eigenkapitaleinsatz sofort mit Beginn der Objektvermietung laufende regelmäßige Erträge aus der Beteiligung erzielen wollen, dagegen weniger an maximalen Steuerersparniseffekten interessiert sind.

Wegen des relativ niedrigen Fremdkapitalanteils werden bei ausschüttungsorientierten Fonds die anfallenden Verluste im Regelfall die Gesellschaftereinlagen nicht übersteigen. Damit stellt sich nicht das Problem über den Betrag der Gesellschaftereinlagen hinausgehender Verluste, d. h. negativer Gesellschafter-Kapitalkonten. Folglich wird bei dieser Konzeption der steuerlichen Verlustausgleichsbeschränkung des § 15 a EStG, die auf beschränkt haftende Gesellschafter, wie beispielsweise Kommanditisten, grundsätzlich Anwendung findet, keine praktische Bedeutung zukommen. Derartige Fonds werden daher im Regelfall zur Minimierung des Haftungsrisikos der Kapitalanleger in der Rechtsform der *Kommanditgesellschaft* mit den Anlegern als Kommanditisten aufgelegt.

Wegen der niedrigen Kreditaufnahme genügt bei diesen Fonds im Regelfall das Fondsgrundstück zur dinglichen Absicherung der Kredite, wobei die Fondsgesellschaft selbst als Darlehensnehmer auftritt. Eine persönliche Kredit- und Haftungsverpflichtung müssen die Anleger nur dann eingehen, wenn sie ihre Kommanditeinlage ganz oder teilweise fremdfinanzieren.

Steuerlich werden die Fonds so konzipiert, daß sie als sog. vermögensverwaltende Fonds den Kommanditisten Einkünfte aus *Vermietung und Verpachtung,* also nicht gewerbliche Einkünfte vermitteln, was für die Anleger vorteilhafter ist (keine Bilanzierungspflicht, keine Versteuerung etwaiger Veräußerungsgewinne, keine Gewerbesteuerpflicht usw.; siehe Abschn. 1.2.3 und 4.1.1). Als *Komplementär* muß folglich eine natürliche Person, keine Kapitalgesellschaft, fungieren. Im übrigen werden bei KG-Fonds zur Verringerung des Verwaltungsaufwands häufig die Rechte der Kapitalanleger von einem *Treuhandkommanditisten* wahrgenommen. Die Anleger bleiben dadurch anonym gegenüber Außenstehenden (wenn auch nicht gegenüber dem Finanzamt), die Fondsgesellschaft selbst behält bei Veränderungen im Gesellschafterbestand (z. B. im Fall der Erbfolge) ihren Handlungsspielraum, da Berichtigungen des Handelsregisters nicht notwendig sind (siehe auch Abschn. 2.3).

1.2.3 GmbH & Co KG

Nur der Vollständigkeit halber seien Fondskonstruktionen in der Rechtsform der GmbH u. Co KG erwähnt, an der sich die Kapitalanleger als Kommanditisten beteiligen. Diese Fondskonzeption führt steuerlich zu *gewerblichen Einkünften* der Anleger mit all ihren steuerlichen Nachteilen (Besteuerung der Veräußerungsgewinne, keine sofortige Absetzbarkeit von Gebühren- und Kostenvorauszahlungen, Gewerbesteuerpflicht, Gesellschaftsteuerpflicht, siehe Abschn. 4.1.1). Die Rechtsform der GmbH u. Co KG wird daher nur gewählt, wenn gesetzliche Sonderregelungen, wie die noch bestehende unbeschränkte steuerliche Verlustabzugsmöglichkeit im öffentlich geförderten sozialen Wohnungsbau Berlin, ausgenützt werden sollen.

Sofern die geplanten Verluste voraussichtlich zu keinen negativen Kapitalkonten der Gesellschafter führen, die steuerliche Verlustausgleichsbe-

schränkung des § 15 a EStG damit keine Rolle spielt, ist es sinnvoller —
da für den Anleger steuerlich vorteilhafter —, den Fonds als vermögensverwaltenden KG-Fonds mit steuerlichen Einkünften aus Vermietung
und Verpachtung zu gestalten; eine Ausnahme sollte nur dann erfolgen,
wenn steuerliche Investitionszulagen oder erhöhte degressive Abschreibungen für Gewerbeimmobilien (siehe Abschn. 4.1.1) in Anspruch genommen werden, da diese nur gewerblichen Fonds offenstehen.

1.2.4 Finanzierungssonderform Lebensversicherungsfonds

Seit wenigen Jahren sind am Kapitalanlagemarkt geschlossene Immobilienfonds zu finden, die sich nur hinsichtlich des Finanzierungskonzepts
von den herkömmlichen, vorstehend beschriebenen Fondsgestaltungen
unterscheiden. Zu erwähnen ist in diesem Zusammenhang der sog. Lebensversicherungsfonds, bei dem der Kapitalanleger seine Gesellschaftereinlage zum Großteil fremdfinanziert und im Zeitpunkt der Kreditaufnahme zur späteren Tilgung dieses Darlehens gleichzeitig eine *Kapi-
tal-Risikolebensversicherung* mit einer Laufzeit von üblicherweise 12
oder 15 Jahren, ggf. auch 20 Jahren abschließt[1]. Versicherungsnehmer
ist der einzelne Gesellschafter, nicht die Fondsgesellschaft. Für sog. In-
nenfinanzierungen, bei denen also die Fondsgesellschaft selbst als Kreditnehmer auftritt, werden Lebensversicherungen zur Darlehenstilgung
derzeit nicht eingesetzt, da noch nicht abschließend geklärt ist, mit welcher Gestaltung die Lebensversicherung steuerlich bereits im Zeitpunkt
des Abschlusses der Versicherung in den Gesamthandsbereich der
Fondsgesellschaft gezogen werden kann (siehe Abschn. 4.2.2).

Auf diese Risikolebensversicherung leistet der Gesellschafter laufende
Prämienzahlungen, deren Höhe sich nach dem Alter des Anlegers (genauer: der versicherten Person) richtet. Der Versicherungsprämien kann
der Anleger als Sonderausgaben geltend machen. Allerdings ist zu beachten, daß die Steuerreform 1990 die Einführung einer Quellensteuer
von 10% auf die — bislang steuerfreien — Erträge aus Kapitallebensversicherungen, soweit es sich um außerrechnungsmäßige Zinsen handelt, vorsieht. Die abzuschließende Versicherungssumme ist so festzule-

---

1 Aus steuerlichen Gründen — Problem der Prämienschädlichkeit — ist eine Mindest-
versicherungsdauer von 12 Jahren einzuhalten, § 10 Abs. 1 Nr. 2b, dd EStG.

140   **Gewerbeimmobilien als Publikumsangebot**

gen, daß bei Fälligkeit der Versicherung unter Berücksichtigung der Prämien und steuerfrei angesammelten Gewinnanteile mit der Auszahlungssumme das Darlehen vollständig getilgt werden kann. Im Fall des vorzeitigen Todes der versicherten Person wird die Lebensversicherungssumme sofort fällig und dient der Rückführung des Darlehens.

Die *Darlehenskonditionen* sind dahingehend festzulegen, daß die Tilgung des Darlehens bis zur Fälligkeit der Lebensversicherung ausgesetzt ist. Damit bleiben die jährlichen Kreditzinsen — bei festen Zinskonditionen — bis zum Zeitpunkt der Kredittilgung unverändert (hoch). Dies hat wiederum zur Folge, daß der Steuerspareffekt in dieser Phase bei konstantem Einkommen des Gesellschafters annähernd gleich bleibt, wodurch die Finanzierungsvariante „Lebensversicherungsfonds" auch für Kapitalanleger mit hoher steuerlicher Progression interessant ist.

Als Rechtsform für den Lebensversicherungsfonds bietet sich vornehmlich die *BGB-Gesellschaft* an, da zu erwarten ist, daß wegen der während der Versicherungszeit gleichbleibend hohen Zinsbelastung die Verluste insgesamt zu negativen Kapitalkonten der Gesellschafter und damit zum steuerlichen Problem des Eingreifens der Verlustausgleichsbegrenzung des § 15a EStG führen werden (vgl. Abschn. 1.2.1).

Selbstverständlich kann diese Finanzierungsform bei einer Fondskonzeption auch so eingesetzt werden, daß es dem einzelnen Kapitalanleger freigestellt wird, ob er im Fall der teilweisen Fremdfinanzierung seiner Gesellschaftereinlage diese durch Erbringen laufender Tilgungsleistungen oder eben über den Abschluß einer Kapitallebensversicherung tilgen will.

1.2.5 Finanzierungssonderform Ansparfonds

Eine weitere Finanzierungsvariante stellt der sog. Ansparfonds dar. Mit ihm sollen insbesondere Anleger mit mittleren und niedrigeren Einkommen angesprochen werden, weniger Kapitalanleger mit Steuersätzen der oberen Progressionszonen.

Diese Fondskonzeption — meist wird für den Fonds die Rechtsform der *Kommanditgesellschaft* gewählt — stellt darauf ab, daß die für die Immobilieninvestition erforderlichen Geldmittel zunächst weitestgehend durch Kreditaufnahme der Fondsgesellschaft selbst aufgebracht werden. Der Anleger hat im Beitrittszeitpunkt nur eine geringe (oder ggf. keine) Eigenkapitalrate zu leisten. Den Restbetrag der von ihm gezeichneten Gesellschaftereinlage erbringt er in Form *monatlicher Ansparraten* (bei einer Zeichnungssumme von 10 000 DM monatliche Sparraten von beispielsweise 100 DM). Die unter dem Stichwort „624 DM-Fonds" bzw. „936 DM-Fonds" laufenden Immobilienfonds sind dabei darauf ausgerichtet, daß die monatlichen Ansparleistungen unter Einbeziehung der vermögenswirksamen Leistungen und Arbeitnehmer-Sparzulagen im Rahmen des 5. Vermögensbildungsgesetzes geleistet werden.

Die Sparraten werden in vollem Umfang zur Zurückführung der Fremdmittel eingesetzt (was zur Folge hat, daß bei stockenden Einzahlungen eine planmäßige Tilgung der Kredite unterbrochen wird). Die bislang bekannt gewordenen Fondskonzeptionen stellen darauf ab, daß das Zeichnungskapital von den Gesellschaftern nach rd. 9—12 Jahren vollständig erbracht und in diesem Zeitpunkt die aufgenommenen Kredite getilgt sind. Die erzielbaren Mieten wiederum müssen so kalkuliert sein, daß mit ihnen die Fremdfinanzierungszinsen und die laufenden Fondsbewirtschaftungskosten voll bedient werden können.

In den Werbeprospekten wird die Beteiligung an Ansparfonds als Möglichkeit der zusätzlichen Altersversorgung in Form der — nach vollständigem Erbringen der Gesellschaftereinlage — erfolgenden regelmäßigen Ausschüttungen herausgestellt. Unbestreitbar eröffnet sich für Initiatoren von Beteiligungssparfonds eine eminent große Zielgruppe von mehr als 20 Millionen Arbeitnehmern. In der Praxis sind aus Initiatorensicht allerdings die Ansätze für diese Finanzierungsform nicht sehr ermutigend, da aufgrund der angesprochenen nicht sehr finanzkräftigen Anlegerschichten relativ häufig Anleger bei privaten Finanzierungsproblemen mit ihren Ansparleistungen bereits in der Investitionsphase in Rückstand geraten bzw. die Ratenzahlungen völlig einstellen, was in kurzer Zeit durchaus die zwangsweise Liquidierung des Fonds nach sich ziehen kann. Im übrigen sollte nicht außer Acht gelassen werden, daß ein derartiger Ansparfonds wegen des Massengeschäfts für eine ordnungsgemäße Kontrolle einen enorm hohen Verwaltungsaufwand und damit eine entsprechende Büro-Organisation erfordert.

Der aufgrund der Zielgruppe in der Regel wirtschaftlich unerfahrene und geringer verdienende Anleger sollte diesen Beteiligungssparfonds äußerst kritisch gegenüberstehen. Gerade wenn die zu investierenden Gelder wegen der nur sukzessive dem Fonds zufließenden Mittel in einem sog. „Blind Pool" gesammelt werden, müssen an die Seriosität des Initiators und Treuhänders sowie an eine Mittelverwendungskontrolle höchste Anforderungen gestellt werden. Es sollte zudem gewährleistet sein, daß — insbesondere bei „Blind Pools" — ein Anlagetreuhänder eingeschaltet wird, der die entsprechenden Investitionen genehmigt, um auf diese Weise zu unterbinden, daß die Gelder zur Sanierung unwirtschaftlicher Projekte verwendet werden.

2 Der Gesellschaftsvertrag/ Gesellschaftsrechtliche Erfordernisse

2.1 Gründungsvorgang

Die Gründung der Fondsgesellschaft erfolgt üblicherweise ausschließlich durch die Initiatoren selbst. Beim *KG-Fonds* stammt also die erforderliche Mindestzahl von Gründungsgesellschaftern, nämlich der Komplementär und ein Kommanditist, aus dem Initiatorenbereich. Sieht die Fondskonzeption einen Treuhandkommanditisten vor, so sollte dieser aus Vereinfachungsgründen bereits Gründungsgesellschafter sein. Der Komplementär ist üblicherweise nicht am Gesellschaftskapital beteiligt (sog. Haftungskomplementär, der lediglich für die übernommene Haftung und die Fondsgeschäftsführung eine Vergütung erhält).

Auch bei dem *BGB-Fonds* erfolgt in der Praxis die Errichtung der Gesellschaft gewöhnlich nur durch zwei Gesellschafter aus dem Initiatorenbereich. Zumindest einer der Gründungsgesellschafter wird dabei auf Dauer mit einer Minimalbeteiligung in der Gesellschaft verbleiben; dies ist insbesondere aus grunderwerbsteuerlichen Gründen dann erforderlich, wenn der Gründungsgesellschafter das Grundstück in den Fonds eingebracht hat (siehe dazu Abschn. 6.1).

Wegen der meist langen Plazierungsdauer ist davon abzuraten, die Gesellschaft erst nach vollständiger Zeichnung des Gesellschaftskapitals zu gründen.

Sofern Initiatoren gegenüber Anlageinteressenten im Prospekt mit dem Werbeeffekt der vorläufigen oder endgültigen Finanzierungszusage eines Kreditinstituts für das Projekt zu arbeiten gedenken, haben sie zu beachten, daß eine derartige Zusage von den Banken im Regelfall nur unter der Voraussetzung der Bürgschaft der Initiatoren für die Zwischenfinanzierung erteilt wird.

Der *Beitritt eines Neugesellschafters* bedarf grundsätzlich einer Vereinbarung zwischen den Altgesellschaftern und dem neu beitretenden Anleger, was bei einer Vielzahl von sukzessive beitretenden Fondszeichnern zu erheblichem Verwaltungsaufwand führen würde. Es ist daher im Gesellschaftsvertrag die Vertragsbestimmung unumgänglich, die den Komplementär oder Treuhandkommanditisten oder beim BGB-Fonds den geschäftsführenden Gesellschafter bzw. einen eingeschalteten Treuhänder ermächtigt — beim Treuhänder unter Befreiung von den Beschränkungen des § 181 BGB —, für weitere Gesellschafter deren Beitritt zur Gesellschaft zu erklären, solche Beitrittserklärungen entgegenzunehmen und alle Rechtsgeschäfte vorzunehmen, die zur gesellschaftsvertraglich vorgesehenen Aufnahme weiterer Gesellschafter erforderlich oder zweckmäßig sind.

Ist bei der Gründung der Gesellschaft bereits das laut Fondskonzeption vorgesehene endgültige Gesellschaftskapital von den Gründungsgesellschaftern gezeichnet worden (denkbar, wenn die Gründungsgesellschafter die Gewerbeimmobilie bei Gründung der Gesellschaft bereits einbringen) und übertragen sie die Gesellschaftsanteile anteilig auf die später beitretenden Neugesellschafter, so hat dies in Form eines Kaufvertrags über die Fondsanteile zwischen übertragendem Gesellschafter und Neugesellschafter, nicht im Wege einer Beitrittsvereinbarung zu erfolgen.

Zur Formbedürftigkeit der Errichtung des Gesellschaftsvertrags und der Beitrittserklärung der Gesellschafter wird auf die Ausführungen in Abschn. 2.4 verwiesen.

Mag die Festlegung des Gesellschaftszwecks (z. B. Erwerb und gemeinsame Vermietung und Verwaltung eines Geschäftsgrundstücks) im Gesellschaftsvertrag eines BGB-Fonds unproblematisch sein, setzt § 105 Abs. 1 HGB für die Gründung und handelsregisterliche Eintragung einer Kommanditgesellschaft voraus, daß deren Zweck auf den Betrieb eines nach Art und Umfang in vollkaufmännischer Weise eingerichteten *Handelsgewerbes* unter gemeinschaftlicher Firma gerichtet ist. Zwar bereitet die Eintragung eines vermögensverwaltenden KG-Fonds in das Handelsregister gewöhnlich keine Probleme. Warnend sei allerdings auf den Beschluß des Bayerischen Obersten Landgerichts vom 13. 11. 1984[1] hingewiesen, in dem hohe Anforderungen an die Notwendigkeit eines in kaufmännischer Weise eingerichteten Geschäftsbetrieb gestellt werden und einer Kommanditgesellschaft nur eine kurze Anlaufzeit zugebilligt wird, innerhalb der diese Kriterien erfüllt sein müssen. Das Erfordernis eines in kaufmännischer Weise eingerichteten Geschäftsbetriebs wird

---

[1]   Der Betrieb 1985 S. 271.

danach durch folgende Merkmale bestimmt: Vielfalt der erbrachten Leistungen, Umsatzvolumen, Gewerbeertrag, Anlage- und Betriebskapital, Anzahl der Beschäftigten, Geschäftslokal, Geschäftsbeziehungen, Kassenführung, kaufmännische Buchführung, regelmäßige Inventurerstellung, Aufstellung von Bilanzen und Teilnahme am Kreditverkehr. Entscheidend ist dabei stets das Gesamtbild des Betriebs.

2.2 Ausgestaltung des Gesellschaftsvertrags

2.2.1 Gesellschafterpflichten

Die bei geschlossenen Immobilienfonds im Gesellschaftsvertrag festzulegenden Gesellschafterpflichten beschränken sich im Normalfall auf die Pflicht zur *Erbringung der Bareinlage* in der im Gesellschaftsvertrag vorgesehenen Höhe (bei der Kommanditgesellschaft der sog. Pflichteinlage), im Ausnahmefall auch der Erbringung von *Gesellschafterdarlehen*.

Sofern die Gesellschaftereinlage vom einzelnen Anleger teilweise oder ganz fremdfinanziert und dieser Kredit dann am Fondsgrundstück dinglich abgesichert werden soll, ist es ratsam, die ordnungsgemäße *Bedienung der Zins- und Tilgungsleistungen* durch den Gesellschafter entsprechend den Kreditkonditionen ebenfalls als Gesellschafterpflicht gegenüber den Mitgesellschaftern zu verankern. Das eröffnet die Möglichkeit, gegen säumige Gesellschafter zur Vermeidung etwaiger Zwangsmaßnahmen des Kreditinstituts in das Fondsgrundstück gesellschaftsrechtliche Maßnahmen (z. B. Zurückhaltung von Ausschüttungen) zu ergreifen.

2.2.2 Finanz- und Investitionsplan

Es hat sich bei Immobilienfonds mittlerweile eingebürgert, nicht nur im Werbeprospekt sondern auch im Gesellschaftsvertrag selbst zur Festlegung des Investitionsvolumens den *Finanz- und Investitionsplan* der Fondsgesellschaft und ihrer Gesellschafter aufzunehmen — gegliedert beispielsweise bei einem BGB-Fonds nach Mittelherkunft, Mittelverwendung, letztere wiederum untergliedert nach Aufwendungen der Gesellschaft selbst und Aufwendungen der Gesellschafter in der Investitionsphase.

Es empfiehlt sich in diesem Zusammenhang im Gesellschaftsvertrag gleichzeitig festzulegen, daß

● die Gesellschafter im Investitionsplan vorgesehene, und bereits durchgeführte Maßnahmen ausdrücklich genehmigen,

● Änderungen des Mehrwertsteuersatzes und der Mehrwertsteuerpflicht von Leistungen das Investitionsvolumen nach oben bzw. unten korrigieren können,

● der Geschäftsführer berechtigt ist — soweit er nach Art der Maßnahme nicht dazu der Zustimmung der Gesellschafterversammlung bedarf —, das Investitionsvolumen abzuändern, sofern dadurch keine Nachschußpflicht der Gesellschafter begründet wird und sich die Rentabilität nicht verschlechtert.

Wird im Investitionsplan eine sog. *Liquiditätsreserve* aufgenommen, sollte aus Gründen der Klarheit der Mittelverwendung im Gesellschaftsvertrag der Verwendungszweck dieses Reservestocks näher beschrieben werden, um nicht beim Gesellschafter den Verdacht zu erwecken, dieser Betrag werde womöglich zur Realisierung der dem Kapitalanleger versprochenen, jedoch nicht erwirtschafteten Barausschüttungen verwendet.

2.2.3 Willensbildung der Gesellschafter

Wenngleich die Kapitalanleger — gleichgültig, ob sie sich nun an einem KG- oder BGB-Fonds beteiligen — laut Gesellschaftsvertrag von der laufenden Fondsgeschäftsführung ausgeschlossen sind, bedeutet dies nicht, daß ihnen gesellschaftsrechtlich jegliches Mitspracherecht genommen werden kann. Sie sind an der internen Willensbildung zu beteiligen, soweit Fragen, die das *Gesellschaftsverhältnis* selbst berühren, zur Diskussion stehen (z. B. Entlastung des Geschäftsführers, Ergebnisverwendungsbeschlußfassung, Änderungen des Gesellschaftsvertrags, Liquidierung der Gesellschaft); desgleichen, soweit Maßnahmen zu beschließen sind, die über den laufenden Geschäftsbetrieb des Fonds hinausgehen (siehe zu letzterem auch die Ausführungen in Abschn. 2.2.4).

Plattform dieser Willensbildung der Gesellschafter ist die *Gesellschafterversammlung;* Beschlußfassungen im schriftlichen Umlaufverfahren sind bei Fondsgesellschaften mit einer Vielzahl von Anlegern dagegen wegen des enormen Zeitaufwands unpraktikabel.

Unbedingt ist darauf zu achten, daß im Gesellschaftsvertrag eindeutige Regelungen über Anberaumung und Ablauf von Gesellschafterversammlungen (z. B. Ladung, Tagesordnung, Beschlußfähigkeit, Stimmrecht, Vertretung, Versammlungsleitung) und — um es hervorzuheben — auch klare und vor allem praktikable Mehrheitsregelungen (im Regelfall genügt einfache Mehrheit; Zweidrittelmehrheit nur bei ausdrücklich im Gesellschaftsvertrag genannten Maßnahmen) getroffen werden.

Sind bei einem KG-Fonds die Anleger über einen *Treuhandkommanditisten* am Fonds beteiligt, ist es — da der Treuhandkommanditist nicht selten der Initiatorenseite nahesteht — ein Gebot der Seriosität und Fairness, daß den Treugebern (Anlegern) im Gesellschaftsvertrag im Innenverhältnis die *Rechte von Kommanditisten* eingeräumt, ihnen also beispielsweise das Recht zugestanden wird, an Gesellschafterversammlungen teilzunehmen, auch selbst abzustimmen und die gesetzlichen bzw. gesellschaftsvertraglich einem Kommanditisten zugestandenen Kontrollrechte auszuüben; hinsichtlich des Prüfungsrechts der Handelsbilanz sowie der Einnahme-Überschußrechnung sollte der Gesellschaftsvertrag jedoch vorsehen, daß — aus Vereinfachungsgründen — dieses Prüfungsrecht im Weg der Beschlußfassung der Gesellschafterversammlung auf einen Wirtschaftsprüfer/Steuerberater übertragen werden kann. Möglicher Vertragswortlaut: „Im Innenverhältnis der Gesellschafter untereinander werden die Treugeber, für die der Treuhandkommanditist die Gesellschaftsbeteiligung treuhänderisch hält, wie unmittelbar beteiligte Gesellschafter behandelt. Dies gilt insbesondere für die Beteiligung am Gesellschaftsvermögen, am Gewinn und Verlust, an einem Auseinandersetzungsguthaben und Liquidationserlös sowie für die Ausübung mitgliedschaftlicher Rechte. Alle Treugeber sind berechtigt, an den Gesellschafterversammlungen auf Wunsch persönlich teilzunehmen und das von ihnen dem Treuhandkommanditisten überlassene Stimmrecht auszuüben".

Die *Vergütung für den Geschäftsführer* (bzw. den Komplementär) sollte ebenso wie für den Treuhandkommanditisten bzw. Treuhänder im Gesellschaftsvertrag festgelegt werden. Es hat sich dabei eingebürgert, für die gesamte Investitionsphase ein Pauschalhonorar, für die Mietphase

dagegen eine jährliche (nach einer gewissen Zeit angemessene erhöhba-
re) Vergütung incl./zzgl. Mehrwertsteuer festzulegen. Außerdem ist
beim KG-Fonds für die Übernahme des Haftungsrisikos des Komplementärs eine Vergütung zu vereinbaren, sofern keine Gewinnbeteiligung
erfolgt.

Eröffnet der Gesellschaftsvertrag den Anlegern die Möglichkeit, einen
Beirat einzusetzen (Amtszeit meist drei Jahre), sollte der Fondsinitiator
sich hierbei vergegenwärtigen, daß dem Beirat im Zweifel die Rechte
und Pflichten eines satzungsmäßig bestellten Aufsichtsrats bei einer
GmbH eingeräumt sind, sofern keine ausdrücklichen Einschränkungen
im Gesellschaftsvertrag vorgesehen werden[1]. Diesem steht daher das
Kontrollrecht zu, im Interesse der Gesellschafter die Geschäftsführung
fortlaufend dahingehend zu überprüfen, ob diese das Gesellschaftskapital mit der entsprechenden kaufmännischen Sorgfalt lt. Gesellschaftszweck verwendet (mit der Folge regelmäßiger Berichterstattung des Geschäftsführers, Einsichtsrecht des Beirats in Geschäftsführungsunterla-
gen).

2.2.4 Regelung der Geschäftsführung und Vertretung

KG-Fonds

Zur Geschäftsführung und Vertretung nach außen ist bei einem *KG-
Fonds* der Komplementär berechtigt und verpflichtet. Dabei ist es zulässig und üblich, im Innenverhältnis die *Geschäftsführung* einzuschränken auf die Vornahme aller Rechtsgeschäfte, die zum üblichen Geschäftsbetrieb des Fonds gehören, insbesondere auf die Durchführung
und Abwicklung der dem Investitions- und Finanzierungsplan zugrunde
liegenden Rechtsgeschäfte und Rechtshandlungen. Für darüber hinausgehende Rechtsgeschäfte sollte jedoch das Erfordernis der vorherigen
Zustimmung des Treuhandkommanditisten bzw. der Gesellschafter
oder eines Kontrollorgans, wie z. B. des Beirats, festgelegt werden. Hierbei ist ratsam, zur Verdeutlichung einen Katalog der wichtigsten über
den allgemeinen Geschäftsbetrieb hinausgehenden zustimmungspflichti-
gen Rechtsgeschäfte im Gesellschaftsvertrag niederzulegen (z. B. Ände-

---

[1] Vgl. OLG Düsseldorf, Urteil vom 13. 3. 1985, Recht und Praxis der Kapitalanlage,
    Urteil-Eildienst Nr. 317/85.

rungen des Investitionsvolumens; Erwerb von im Investitionsplan nicht vorgesehenen Grundstücken; Veräußerung von Grundstücken; Belastung von Grundstücken, soweit diese nicht der Absicherung des Finanzierungskonzepts dient; nachträgliche Abänderung der zur Durchführung der Investition abgeschlossenen Verträge). In diesem Zusammenhang sei darauf hingewiesen, daß dagegen die *Vertretungsmacht* des Komplementärs im Außenverhältnis nicht rechtswirksam gegenüber Dritten durch den Gesellschaftsvertrag beschränkt werden kann.

BGB-Fonds

Da nach §§ 709, 714 BGB bei einer *BGB-Gesellschaft* zunächst die Geschäftsführung und Vertretung im Außenverhältnis allen Gesellschaftern gemeinschaftlich zusteht, ist bei einem BGB-Fonds zur Sicherung einer kontinuierlichen Handlungsfähigkeit eine eindeutige Regelung der Geschäftsführung und Vertretung unumgänglich. Hierbei ist festzuhalten, daß die in den erwähnten Vorschriften vorgesehene Geschäftsführung und Vertretung durch die Gesellschafter selbst (sog. Selbstorganschaft) nach herrschender Meinung weitestgehend abdingbar ist, also die Geschäftsführung und Vertretung auch einem Nichtgesellschafter übertragen werden kann[1]. Aus Gründen der Vorsicht (um das Prinzip der Selbstorganschaft in gewissem Umfang zu gewährleisten) ist bei manchen Fondsgestaltungen neben einem fremden Geschäftsführer die Bestellung auch eines Gesellschafters als weiterer Geschäftsführer vorgesehen. In diesem Fall ist allerdings eine eindeutige Abgrenzung und Zuweisung der Geschäftsführeraufgaben im Gesellschaftsvertrag unumgänglich.

Hinsichtlich der Einschränkung der Geschäftsführerbefugnis im Innenverhältnis gelten die vorstehenden Ausführungen zur Geschäftsführung bei KG-Fonds sinngemäß. Zu beachten ist, daß bei BGB-Fonds auch die Vertretungsbefugnis des Geschäftsführers im Außenverhältnis im Gesellschaftsvertrag dahingehend beschränkt wird, daß er die nach dem Gesetz grundsätzlich unbeschränkt haftenden Gesellschafter in Verträgen mit Dritten nur teilschuldnerisch (quotal) verpflichten darf (siehe zur Haftungsbeschränkung von BGB-Gesellschaftern auch Abschn. 2.2.6).

---

[1] Indirekt bestätigt durch BGH-Urteil vom 25. 10. 1984, Der Betrieb 1985 S. 432.

> Mögliche Vertragsformulierung: „Bei allen Rechtshandlungen, insbesondere dem Abschluß von Verträgen und der sonstigen Vertretung der Gesellschaft nach außen, darf der Geschäftsführer in Vertretung der einzelnen Gesellschafter diese schuldrechtlich nur als Teilschuldner gemäß dem anteiligen Wert ihrer Beteiligung verpflichten, soweit dies gesetzlich möglich ist."

Unbedingt darauf zu achten ist, daß jeder BGB-Gesellschafter im Gesellschaftsvertrag gleichzeitig verpflichtet wird, dem Geschäftsführer unverzüglich eine notariell beurkundete umfassende Handlungsvollmacht zu erteilen (es empfiehlt sich, deren Wortlaut bereits in den Gesellschaftsvertrag aufzunehmen) und — als Strafklausel — bis zur Erteilung dieser Vollmacht die Rechte eines Gesellschafters aus dem Gesellschaftsvertrag ruhen zu lassen.

2.2.5 Gewinn- und Verlustverteilung, Ausschüttungen

Die *Gewinn- und Verlustverteilung* bei einem geschlossenen Immobilienfonds bedarf einer eingehenden Regelung im Gesellschaftsvertrag, da die gesetzlichen Ergebnisverteilungsvorschriften (für die KG[1] Verteilung entsprechend den Kapitalanteilen; für die BGB-Gesellschaft[2] Verteilung nach Köpfen) den Zielvorgaben bei Fonds, nämlich der gleichmäßigen Zuweisung der Gewinne/Verluste in der Investitionsphase auch bei unterschiedlichen Beitrittszeitpunkten der Fondszeichner, nicht gerecht wird.

Üblich ist die Regelung, daß sich die Beteiligung des einzelnen Gesellschafters am Ergebnis — und gleichzeitig auch am Gesellschaftsvermögen — entsprechend seinem *nominellen Anteil am Gesellschaftskapital* bemißt. Bei KG-Fonds hat dies zur Folge, daß einem Kommanditisten Verlustanteile handels- und steuerrechtlich auch dann zugerechnet werden dürfen, wenn sie die Höhe der gezeichneten Kommanditeinlage übersteigen und damit ein negatives Kapitalkonto entsteht (was nichts mit der steuerlichen Abzugsfähigkeit derartiger Verluste zu tun hat; siehe zu letzterem Abschn. 4.2).

---

[1]   § 167 i.V.m. §§ 120, 121 HGB.
[2]   § 722 BGB.

Ist damit zu rechnen, daß sich die Plazierungsphase eines Fonds über mehrere Kalenderjahre erstreckt, besteht auch die Möglichkeit, die Ergebnisverteilung in den Plazierungsjahren nach dem Verhältnis der von den Gesellschaftern *im jeweiligen Jahr* geleisteten Einlagen vorzunehmen. Gleichzeitig sollte im Gesellschaftsvertrag sichergestellt werden, daß allen Gesellschaftern in der Plazierungs- und Investitionsphase im Ergebnis die gleichen Verluste/Gewinne entsprechend ihren Kapitalanteilen zuzurechnen sind. Zu beachten ist bei einer derartigen Ergebnisverteilungsregelung allerdings der Standpunkt der Finanzverwaltung (abgesegnet durch die Rechtsprechung des Bundesfinanzhofs), daß eine rückwirkende Gewinn- und Verlustzurechnung (Zuweisung von *vor* dem Beitritt eines Gesellschafters entstandener Gewinne/Verluste) steuerlich unzulässig ist (siehe hierzu die Ausführungen in Abschn. 4.3.1—4.3.3).

Muster einer entsprechenden Ergebnisverteilungsvereinbarung:

„(1) Die Beteiligung der Gesellschafter am Ergebnis und am Vermögen der Gesellschaft richtet sich nach den gezeichneten Kapitaleinlagen.

(2) Abweichend von Absatz 1 bestimmt sich in den Jahren 1987 und 1988 die Beteiligung der Gesellschafter am Ergebnis und am Vermögen nach den im jeweiligen Jahr eingezahlten Einlagen.

(3) Ergänzend zu vorstehender Regelung ist im Jahr 1988 die Ergebnisverteilung so vorzunehmen, daß alle Gesellschafter in den Jahren 1987 und 1988 an den von der Gesellschaft in diesem Zeitraum insgesamt erzielten Ergebnissen mit einem ihren gezeichneten Einlagen entsprechenden Anteil teilnehmen.“

Eine derartige Ergebnisverteilung zeigt steuerlich für den einzelnen Gesellschafter allerdings nur dann die gewünschte Wirkung (d. h. auch steuerlich gleichmäßige Verlustzuweisung in der Investitionsphase auf alle Gesellschafter entsprechend den Gesellschaftsanteilen), wenn nach dessen Beitritt in der Investitionsphase noch genügend Verluste für eine abweichende Verlustverteilung anfallen.

Eine Ergebnisverteilungsklausel, nach der den Gesellschaftern unabhängig von deren Beitritt zum Fonds die *Vorsteuererstattungen* der Gesellschaft entsprechend ihren Gesellschaftsanteilen zugerechnet werden, ist m. E. aus steuerlicher Sicht unwirksam, da steuerlich das jährlich erzielte Gesamtergebnis der Fondsgesellschaft den Gesellschaftern über den Ergebnisverteilungsschlüssel zuzurechnen ist, nicht aber der einzelne Geschäftsvorfall (wie z. B. eine Vorsteuererstattung); siehe hierzu die Ausführungen in Abschn. 4.3.2.

Geregelt werden sollten im Rahmen der Ergebnisverteilungsabrede auch die Entnahmebefugnisse der Gesellschafter. *Ausschüttungen* an die Gesellschafter sollten dabei nur entsprechend der Liquiditätslage des Fonds erfolgen (sofern nicht Ausschüttungsgarantien von Dritten vorliegen) und der Beschlußfassung der Gesellschafterversammlung vorbehalten bleiben.

Möglicher Vertragswortlaut: „Gewinne und Liquiditätsüberschüsse, die nicht zur Erfüllung vertraglicher, gesetzlicher oder sonstiger Verpflichtungen und nicht für die Liquiditätsreserve zur Sicherstellung einer ordnungsgemäßen Gesellschaftsführung benötigt werden, sind entsprechend den Beschlüssen der Gesellschafterversammlung an die Gesellschafter auszuschütten. Ausschüttungen sollen in halbjährlichen à-conto-Zahlungen jeweils zum 1. 7. und 31. 12. eines jeden Jahres vorgenommen werden".

Soweit eine überwiegende Außenfinanzierung des Investitionsaufwands durch die Gesellschafter selbst — also nicht durch die Fondsgesellschaft — erfolgt (und üblicherweise eine dingliche Absicherung der Kredite am Fondsvermögen unumgänglich ist), wird eine gesellschaftsvertragliche Zweckbindung von Ausschüttungen zur vorrangigen Bedienung der Zins- und Tilgungsraten empfohlen. Dies kann in der Weise geschehen, daß der Gesellschaftsvertrag den Geschäftsführer ermächtigt, Ausschüttungen dazu zu verwenden, um vom Gesellschafter für die Finanzierung seiner Gesellschaftereinlage aufgenommenen Kredite zu begleichen. Erforderlich ist in diesem Falle, daß die ordnungsgemäße Leistung der Zins- und Tilgungsraten für die vom Gesellschafter aufgenommenen objektbezogenen Kredite im Gesellschaftsvertrag als Gesellschafterpflicht niedergelegt ist.

Zur Problematik des Auflebens der Außenhaftung eines Kommanditisten durch Ausschüttungen bei negativem Kapitalkonto wird auf Abschn. 2.2.6 verwiesen.

2.2.6 Gesellschafterhaftung, Nachschußpflicht

Es hat sich gezeigt, daß beim Vertrieb von Fondsanteilen seitens des Anlageinteressenten die Frage nach der Haftung eines Fondszeichners eines der zentralen Themen ist — neben der Rendite und der Wiederverkäuflichkeit von derartigen Anteilen.

Außenhaftung bei KG-Fonds

Der sich an einem KG-Fonds als Kommanditist (bzw. Treugeber bei Einschaltung eines Treuhandkommanditisten) beteiligende Kapitalanleger hat die im Gesellschaftsvertrag vereinbarte Kapitaleinlage zu erbringen. Auf die Leistung dieser *Pflichteinlage* haben die übrigen Mitgesellschafter einen Rechtsanspruch. Zu trennen hiervon ist die im Handelsregister eingetragene sog. Hafteinlage des Kommanditisten, die gleich, höher oder niedriger als die Pflichteinlage sein kann. Diese *Hafteinlage* bestimmt die Haftungsbeschränkung des Kommanditisten. Hierbei ist die unbeschränkte Haftung der KG selbst als eigene Rechtspersönlichkeit sowie die Haftung des Komplementärs und der Kommanditisten auseinanderzuhalten. Es läge nun nahe, aus steuerlichen Gründen zur Erlangung höherer Verlustabzugsmöglichkeiten die Hafteinlage höher als die Pflichteinlage festzulegen. Nicht allein aus Gründen des Anlegerschutzes, sondern auch wegen der Fragwürdigkeit der steuerlichen Durchsetzbarkeit höherer Verlustabzüge (siehe hierzu Abschn. 4.2.3) ist jedoch davon abzuraten, den Anleger unnötig einer höheren Außenhaftung gegenüber Gesellschaftsgläubigern auszusetzen.

Entspricht die handelsregisterliche Hafteinlage der Pflichteinlage oder ist sie niedriger, so erlischt mit Leisten der Hafteinlage die persönliche Haftung des Kommanditisten[1].

Zu beachten ist, daß die Haftungsbeschränkung gegenüber Gesellschaftsgläubigern auf den Betrag der Hafteinlage erst mit *Eintragung*

---

[1] § 171 HGB.

dieser Einlage im Handelsregister greift. Für zwischen Eintritt in die Gesellschaft und Eintragung des Kommanditisten in das Handelsregister von der Fondsgesellschaft eingegangene Verbindlichkeiten würde der Anleger folglich unbeschränkt haften, sofern nicht den Gläubigern die Beteiligung des Anlegers als „Kommanditist" bekannt ist. Dem Rat mancher Autoren, zur Vermeidung dieser unbeschränkten Haftung den Eintritt in den KG-Fonds unter der aufschiebenden Bedingung der Eintragung des Anlegers in das Handelsregister zu erklären, sollte aus steuerlicher Sicht nur unter Vorbehalten gefolgt werden; steuerlich wären dem Kommanditisten nämlich die Gewinne/Verluste des Fonds dann erst ab dem Zeitpunkt des Handelsregistereintrags zuzurechnen, was nur dann ohne steuerliche Auswirkungen wäre, wenn der Gesellschaftsvertrag eine abweichende Verlustverteilung für die Investitionsphase vorsieht (Hinweis auf Abschn. 2.2.5 und 4.3.1—4.3.3). Einfacher dürfte es wohl für den Geschäftsführer sein, in dem Zeitraum bis zum Handelsregistereintrag aller Fondszeichner keine Verbindlichkeiten für den Fonds einzugehen.

Nicht übersehen werden sollte, daß im Fall des Absinkens des Kapitalanteils — durch Verluste und frühere Entnahmen — unter den Betrag der geleisteten Hafteinlage Ausschüttungen zum Wiederaufleben der Außenhaftung des Kommanditisten führen[1]. Diese für den Kommanditisten nachteilige Wirkung von — im Werbeprospekt üblicherweise zugesagten jährlichen — Ausschüttungen kann bei den in den Anfangsjahren aufgrund der Fremdfinanzierungszinsen und Abschreibungen meist sehr „verlustträchtigen" Fonds nur vermieden oder vermindert werden durch Festsetzung einer weit *unter* der im Innenverhältnis zu erbringenden Pflichteinlage liegenden Hafteinlage oder durch Aufteilung des vom Kommanditisten zu leistenden Gesellschaftsbeitrags in eine niedrige Pflicht(= Haft-)einlage und ein hohes Gesellschafterdarlehen (wobei bei einem Fonds in der Rechtsform der GmbH u. Co KG allerdings die Zivilrechtsprechung derartige Darlehen — für den Kommanditisten haftungsrechtlich nachteilig — als kapitalersetzende Darlehen wertet).

---

[1] § 172 Abs. 4 HGB.

Außenhaftung bei BGB-Fonds

Nachdem der BGB-Gesellschaft im Geschäftsverkehr mit Dritten keine eigene Rechtspersönlichkeit zukommt, wird aus den vom Geschäftsführer eines BGB-Fonds eingegangenen Rechtsverhältnissen nach dem Gesetz[1] — sofern in den Verträgen mit Dritten nicht ausdrücklich ausgeschlossen — eine gesamtschuldnerische Haftung der Gesellschafter begründet. Diese führt zur *uneingeschränkten Haftung* des einzelnen Gesellschafters für die aus einem Vertrag erwachsenden Verbindlichkeiten, wobei der Gesellschafter mit seinem gesamten, auch privaten Vermögen hierfür einzustehen hat.

Zur Minimierung der Gesellschafterhaftung ist daher erforderlich, dessen Haftung in den vom Geschäftsführer mit Dritten geschlossenen Verträgen ausdrücklich auf eine anteilige, teilschuldnerische (quotale) Haftung zu begrenzen. Wie bereits in Abschn. 2.2.4 hingewiesen, ist deshalb im Gesellschaftsvertrag eine entsprechende Verpflichtung des Geschäftsführers (bzw. im Treuhandvertrag des Treuhänders) aufzunehmen, die Fondszeichner in Verträgen mit Dritten *nur teilschuldnerisch,* also nicht gesamtschuldnerisch, verpflichten zu dürfen. Mit Eingehen einer teilschuldnerischen Haftung haftet ein BGB-Gesellschafter für die Gesellschaftsverbindlichkeiten nur anteilig entsprechend seinem Beteiligungsverhältnis, innerhalb dieses Rahmens allerdings wiederum unbegrenzt mit seinem ganzen Vermögen. Steuerlich führt dies nicht zur Anwendung der Verlustausgleichsbeschränkung des § 15a EStG, im Gegensatz zu einer Vertragsvereinbarung, in der die Haftung der Fondszeichner auf das Gesellschaftsvermögen bzw. das Fondsgrundstück beschränkt wird (siehe Abschn. 4.2.1.2).

Die gesamtschuldnerische Haftung kann jedoch für *gesetzliche* Schuldverhältnisse *nicht* auf eine teilschuldnerische Haftung beschränkt werden. Der einzelne Gesellschafter haftet daher beispielsweise in vollem Umfang und unbegrenzt für die Umsatz- oder Grunderwerbsteuerschulden, Erschließungskosten nach dem Bundesbaugesetz, Grundbuchgebühren des BGB-Fonds[2].

---

[1] §§ 421, 427 BGB.
[2] Vgl. BFH-Urteil vom 23. 10. 1985, Betriebs-Berater 1986 S. 120, Bundessteuerblatt 1986 II S. 156.

Soweit Gesellschafter zur Fremdfinanzierung ihrer Gesellschaftereinlage in ihrem Privatbereich, also nicht im Gesamthandsbereich des Fonds, Verbindlichkeiten gegenüber einem Kreditinstitut eingehen, haften sie für diese persönlich und uneingeschränkt.

Nachschußpflicht der Gesellschafter

Eine Nachschußpflicht der Gesellschafter im Innenverhältnis über den Betrag der von ihnen lt. Gesellschaftsvertrag zu erbringenden Einlagen sieht das Gesetz nicht vor[1]. Sie kann jedoch im Gesellschaftsvertrag vereinbart werden, erfordert dann aber eine klare, eindeutige, den Umfang der Nachschußpflicht erkennbar festlegende Vertragsbestimmung[2]. Es ist allerdings bei geschlossenen Immobilienfonds nicht üblich und bei sorgfältiger Konzeption auch nicht erforderlich, im Gesellschaftsvertrag eine Nachschußpflicht der Anleger festzulegen.

Trotz Ausschlusses einer Nachschußpflicht kann sich jedoch eine *faktische Nachschußpflicht* für den einzelnen Gesellschafter eines BGB-Fonds ergeben, und zwar im Fall der dinglichen Mithaftung des Fondsgrundstücks durch eine an dem Grundstück bestellte Globalgrundschuld des Kreditgebers. Diese Problematik kann sich dadurch ergeben, daß

- entweder die Gesellschaft selbst, d. h. die BGB-Gesellschafter in ihrer gesamthänderischen Verbundenheit einen Kredit aufnehmen und am Fondsgrundstück absichern lassen, oder

- ein Gesellschafter (oder mehrere) die Kapitaleinlage ganz oder teilweise fremdfinanziert und das Kreditinstitut mangels ausreichender persönlicher Sicherheiten des Gesellschafters eine dingliche Sicherung an der Fondsimmobilie vornimmt,

und einer der Gesellschafter mit den ihm auferlegten Zins- und Tilgungsleistungen in Zahlungsrückstand gerät bzw. diese überhaupt nicht mehr erbringt. Die Globalgrundschuld würde es in diesem Fall dem Kreditinstitut ermöglichen, das Fondsgrundstück im Wege der Zwangsversteigerung zu verwerten und aus dem Versteigerungserlös seine Kreditforderungen zu befriedigen. Die Mitgesellschafter könnten dann die zwangsweise Verwertung des Grundstücks trotz vereinbarten Ausschlus-

---

[1] Vgl. z. B. § 707 BGB.
[2] Vgl. BFH-Urteil vom 27. 9. 1982, Der Betrieb 1982 S. 2562.

ses einer Nachschußpflicht nur durch ein „Einspringen" für den zahlungsunfähigen Gesellschafter, also durch eine faktische Nachschußpflicht in Form des Nachschießens von Geldbeträgen und Übernahme der Zahlungsverpflichtungen verhindern.

Dieses Problem der faktischen Nachschußpflicht bei BGB-Fonds läßt sich in der Praxis nur bedingt entschärfen. So ist neben der unbedingt erforderlichen *Limitierung der Einzelzeichnungssumme* zur Risikoeingrenzung (z. B. auf maximal 100 000 DM je Anleger) sowie einer im Gesellschaftsvertrag vorgesehenen Zweckbindung von Ausschüttungen zur vorrangigen Verwendung für Zins- und Tilgungsleistungen der von den Gesellschaftern aufgenommenen Kredite zur Finanzierung ihrer Einlagen auch eine Zweckbestimmungsvereinbarung mit dem finanzierenden Kreditinstitut denkbar, in der die Subsidiarität der dinglichen Haftung des Grundstücks *nach* anderweitigen Vermögenswerten des einzelnen Gesellschafters und der Gewährung einer Frist (z. B. von sechs Monaten) zur Veräußerung des Gesellschaftsanteils des zahlungsunfähigen Gesellschafters durch den Fonds vereinbart wird.

Aus Gesellschaftersicht wünschenswerte Stillhalteerklärung des Kreditinstituts:

„Die X-Bank wird bei Zahlungsverzug eines einzelnen Gesellschafters zunächst in das außerhalb der Gesellschaft liegende Privatvermögen des Gesellschafters vollstrecken. Wenn die Zwangsvollstreckung in das sonstige Privatvermögen des Gesellschafters fruchtlos bleibt oder wenn über das Vermögen des Gesellschafters ein Konkurs- oder Vergleichsverfahren beantragt worden ist oder die Zwangsvollstreckung aus sonstigen Gründen zwecklos erscheint, kann die Vollstreckung in den Gesellschaftsanteil erfolgen.

Vor einer Vollstreckung in den Gesellschaftsanteil oder in das ihr verpfändete Fondsvermögen wird die X-Bank der Fondsgesellschaft Gelegenheit geben, innerhalb angemessener Frist (maximal 6 Monate) eine Übertragung des Gesellschaftsanteils auf die übrigen Gesellschafter oder auf einen Dritten durchzuführen, sofern der oder die Übernehmer die bestehenden Darlehensverbindlich-

> keiten des Gesellschafters einschließlich etwaiger Rückstände an
> Zinsen, Tilgung und Kosten übernimmt und die Bank die Schuld-
> übernahme nicht aus wichtigem Grund (z. B. mangelnder Bonität
> des Übernehmers) verweigert. Voraussetzung für ein Stillhalten
> der X-Bank ist, daß in jedem Fall die während der Stillhaltezeit
> laufenden Zinsen von der Gesellschaft gezahlt werden".

Denkbar wäre auch, im Investitionsplan des Fonds eine Liquiditätsreserve (Fondsreserve) für notleidend werdende Gesellschafter vorzusehen, die verzinslich angelegt wird. Sie ist dabei so zu bemessen, daß mit
ihr die anfallenden Zins- und Tilgungsraten des zahlungsunfähigen Gesellschafters für die voraussichtliche Zeit bis zur Veräußerung des Gesellschaftsanteils bzw. dessen Übernahme durch die übrigen Mitgesellschafter bestritten werden können. In der Praxis wird eine Fondsreserve
von 2 % des Investitionsvolumens zur Abdeckung derartiger Ausfallrisi-
ken für ausreichend erachtet.

2.2.7 Dauer der Gesellschaft, Kündigung und Ausschluß
eines Gesellschafters

Dauer und Ende des Fonds sowie Kriterien für das freiwillige oder
zwangsweise Ausscheiden eines Gesellschafters bedürfen gleichfalls der
gesellschaftsvertraglichen Regelung, da die entsprechenden, abdingba-
ren Gesetzesvorschriften bei einer auf langfristigen Bestand ausgerichteten Fondsgesellschaft unzureichend sind.

Eben dieses geplante langfristige Bestehen eines Immobilienfonds erfordert zum einen die gesellschaftsvertragliche Klausel der Errichtung der
Gesellschaft auf unbestimmte Zeit und zum anderen eine Vertragsbestimmung, nach der das Recht eines Gesellschafters auf *ordentliche
Kündigung* des Gesellschaftsverhältnisses — mit der Folge der Abfindung des ausscheidenden Gesellschafters durch die Gesellschaft — für
einen längeren Zeitraum (meist für die Zeit, in der sich der Fonds in der
Verlustzone befindet; bei Finanzierung über Kapitallebensversicherungen ist die steuerliche 12-Jahresfrist zu beachten) ausgeschlossen ist. Dagegen sollte die vorzeitige *Auflösung der Gesellschaft* durch — entsprechend qualifizierte — Beschlußfassung der Gesellschafterversammlung

im Gesellschaftsvertrag zugelassen werden, um sich im Fall des wirtschaftlichen Fehlschlagens der Investition von dem Engagement endgültig trennen zu können.

Die — in der Praxis meist nur theoretische (siehe Abschn. 2.2.8) — Möglichkeit der Veräußerung des Gesellschaftsanteils an einen Dritten (Sonderrechtsnachfolge) sollte zeitlich nicht eingeschränkt werden, jedoch unter sachlichen Auflagen stehen (wie z.B. der Zustimmungspflicht des Geschäftsführers, Regelung der Haftung für Altschulden durch den eintretenden Neugesellschafter).

> Möglicher Vertragswortlaut bei BGB-Fonds: „Die Veräußerung einer Gesellschaftsbeteiligung oder eines Teils hiervon ist mit Wirkung zum Ende eines Geschäftsjahres zulässig, wenn ein dritter Erwerber in alle Rechte und Pflichten des Veräußerers eintritt. Der Gesellschaft gegenüber wird die Veräußerung wirksam mit Vorlage der zugrunde liegenden Vereinbarung zwischen dem alten und dem neuen Gesellschafter und gemeinsamer Anzeige der Veräußerung durch beide an den Geschäftsführer."

Nachdem vertragswidrig handelnde oder zahlungsunfähige Gesellschafter den Gesellschaftszweck nicht nur in der Investitionsphase, sondern auch später in der Bewirtschaftungsphase (siehe hierzu auch Abschn. 2.2.7) empfindlich stören, ja zum Scheitern bringen können, bedarf es eindeutiger Sicherungen der Gesellschaft und der Mitgesellschafter im Gesellschaftsvertrag, die bei Vorliegen eines wichtigen Grundes als letztes Mittel den *Ausschluß* derartiger „Störer" aus der Gesellschaft vorsehen sollten. Angeraten wird, dabei die Ausschlußtatbestände im Gesellschaftsvertrag abschließend aufzuführen und das förmliche Ausschlußverfahren genau vorzuschreiben (z.B. Beschlußfassung durch die Gesellschafterversammlung). Der Ausschluß eines Gesellschafters ohne Vorliegen eines wichtigen Grundes ist im Regelfall jedoch unzulässig[1]. Als „wichtige Gründe" gelten allgemein: Pfändung eines Gesellschaftsanteils, Konkurseröffnung über das Vermögen eines Gesellschafters oder Konkursabweisung mangels Masse, gesellschaftsvertragswidriges

---

[1] Vgl. BFH-Urteil vom 29. 5. 1978, Neue Juristische Wochenschrift 1979 S. 104.

Verhalten eines Gesellschafters — wozu auch die Nichtzahlung von Zins- und Tilgungsleistungen rechnet, sofern das Fondsvermögen für den Kredit mithaftet — trotz mehrmaliger Abmahnung durch den Geschäftsführer. Die Klausel, nach der der Komplementär nach freiem Ermessen, also ohne wichtigen Grund, die Mitgesellschafter hinauskündigen kann, ist allerdings unwirksam[1].

Nicht übersehen werden sollte, auch die *Folgen des Ausscheidens* eines Gesellschafters — aufgrund ordentlicher oder außerordentlicher Kündigung sowie Ausschlusses — festzulegen: Abfindungsklauseln, Ermittlungsmethode für das Auseinandersetzungsguthaben, Kostentragungspflicht des Ausscheidenden für die Wertermittlung, Auszahlungsform des Guthabens (sofort oder in viertel- oder mehrjährigen Raten, mit oder ohne Verzinsungspflicht der Raten). Die Abfindung des ausscheidenden Gesellschafters zum Verkehrswert seiner Beteiligung (also unter Berücksichtigung der anteiligen stillen Reserven sowie eines etwaigen anteiligen Firmenwerts) hat bei seriösen Fondsgesellschaften eine Selbstverständlichkeit zu sein. Vor der sog. Buchwertklausel (Abfindung auf der Grundlage des Buchwerts lt. Handels- bzw. Steuerbilanz) wird gewarnt, da sie bei erheblichem Mißverhältnis zwischen Buchwert und tatsächlichem Wert der Anteile (dies trifft bereits zu, wenn der Buchwert nur rd. 50 v. H. des Verkehrswerts der Beteiligung entspricht) nichtig ist; in diesem Fall besteht im Wege der ergänzenden Vertragsauslegung Anspruch auf angemessene Abfindung unter Einbeziehung der stillen Reserven. Statthaft ist, eine Auszahlung des Auseinandersetzungsguthabens in mehreren Jahresraten vorzusehen; eine Verzinsung der Raten ist zwar nicht zwingend erforderlich, jedoch in den Gesellschaftsverträgen von Immobilienfonds üblich.

Selbstverständlich ist, daß lt. Gesellschaftsvertrag mit Ausscheiden eines Gesellschafters die Gesellschaft nicht — wie es die zivilrechtlichen Vorschriften vorsehen — aufgelöst, sondern unter den verbleibenden Gesellschaftern — in der Regel automatisch ohne besondere Beschlußfassung der Gesellschafterversammlung — fortgesetzt wird.

---

[1] Vgl. BFH-Urteil vom 25. 3. 1985, Betriebs-Berater 1985 S. 1558.

2.2.8 Veräußerung von Fondsanteilen

Wie bereits in Abschn. 2.2.7 dargelegt, ist in Fonds-Gesellschaftsverträgen generell die jederzeitige Übertragung der Gesellschaftsanteile auf einen Rechtsnachfolger (im Wege der Veräußerung) zugelassen, sofern der Rechtsnachfolger entsprechende Bonität aufweist und die Rechte und Pflichten (vor allem etwaige Schulden) des alten Gesellschafters übernimmt.

Derartige Bestimmungen lesen sich gut, entfalten aber in der Praxis so gut wie nie Wirkung, da Anteile an geschlossenen Immobilienfonds *in der Regel nicht weiterverkäuflich* sind. Vereinzelt wird in Fondsvertragswerken zwar die Bereitschaft der Fondsverwaltung (oder des Initiators) zum Ausdruck gebracht, den Gesellschaftern bei der Weiterveräußerung der Anteile beratend und vermittelnd beizustehen; dies sind jedoch unverbindliche Absichtserklärungen. Verkaufs- und Rücknahmegarantien (wie bei offenen Immobilienfonds) werden dem Fondszeichner dagegen nicht eingeräumt — was aus steuerlicher Sicht wegen des Problems der dann möglicherweise fehlenden Einkunftserzielungsabsicht (siehe hierzu Abschn. 4.1.2 und 4.1.3) im Regelfall auch nicht angeraten werden kann.

Zu diesem Kernproblem der mangelnden Fungibilität der Anteile an geschlossenen Immobilienfonds wird auf die ausführliche Darstellung in Teil D Abschn. 2 verwiesen.

2.3 Zwischenschaltung eines Treuhänders

Treuhandkommanditist

Bei KG-Fonds mit einer Vielzahl von Anlegern ist es üblich, einen Treuhandkommanditisten zwischenzuschalten. Handelsrechtlich sind *Gesellschafter* der Kommanditgesellschaft dann allein der Komplementär und der Treuhandkommanditist (es gibt in der Praxis auch Mischformen, bei denen dem Anleger ab einer bestimmten gezeichneten Anteilshöhe das Recht eingeräumt wird, direkt als Kommanditist beteiligt zu sein). Die Anleger werden über das Treuhandverhältnis mittelbar (wirtschaftlich) am Vermögen und am Ergebnis des Fonds beteiligt. Sinn und Zweck dieser ab einer gewissen Anlegerzahl zu befürwortenden Zwi-

schenschaltung eines Treuhandkommanditisten ist es, den bei einer Pu-
blikums-Kommanditgesellschaft mit zahlreichen Anlegern anfallenden
Verwaltungsaufwand — insbesondere bezüglich der Eintragung in das
Handelsregister und der Folge der laufenden Berichtigungen des Regi-
sters bei Änderungen im Gesellschafterbestand durch Erbfolge, Schenkung usw. — auf ein Minimum zu beschränken. Im Handelsregister
wird bei dieser Konzeption neben dem Komplementär nur der Treuhandkommanditist eingetragen; die Treugeber (Anleger) bleiben anonym.

Nachdem der Treuhandkommanditist Gesellschafter ist, damit alle
Rechte und Pflichten aus dem Gesellschaftsverhältnis unmittelbar in seiner Person begründet sind, ist erforderlich, daß die Rechte und Pflichten der Treugeber (Anleger) im Treuhandvertrag weitestgehend der
Rechtsstellung angeglichen werden, als wenn ihnen direkt die Gesell-
schafterstellung an der Kommanditgesellschaft eingeräumt worden
wäre. Gleichzeitig sollte parallel dazu im Gesellschaftsvertrag für die
Treugeber die Möglichkeit eröffnet werden, die dem Treuhandkommanditisten zustehenden Rechte direkt auszuüben, wie z. B. Stimmrecht bei
Gesellschafterversammlungen (siehe hierzu Abschn. 2.2.3). Eine derartige Regelung ist schon deswegen ratsam, um nicht den Eindruck entstehen zu lassen, die Anleger sollten durch die Einschaltung eines mit dem
Initiator kooperierenden Treuhandkommanditisten von tieferen Ein-
blicken in die Geschäftsführung abgehalten werden.

Verwaltungstreuhänder

Stellt die Fondskonzeption darauf ab, den Kapitalanleger *direkt* als
Kommanditisten an einem KG-Fonds oder als Gesellschafter an einem
BGB-Fonds zu beteiligen, ist es sinnvoll, zur Verwaltungsvereinfachung
für alle im Zuge des Beitritts der Fondzeichner anfallenden Handlun-
gen, aber auch in der Investitionsphase, einen Treuhänder zu bestellen,
der nicht im eigenen Namen, sondern im Namen und für Rechnung der
Gesellschaft bzw. der Gesellschafter, also in *offener Treuhandschaft,*
tätig wird (sog. Verwaltungstreuhänder). Der Aufgabenbereich des
Treuhänders entspricht in diesem Fall weitgehend dem eines Treuhänders beim Bauherrenmodell. Dieses Tätigwerden eines Verwaltungstreu-
händers ist insbesondere dann erforderlich, wenn bei einem BGB-Fonds

ein Teil der Verträge aus steuerlichen Gründen (siehe hierzu Abschn. 4.2.1.2) nicht von der Gesamthandsgemeinschaft abgeschlossen, sondern in das sog. Sondervermögen der einzelnen Gesellschafter verlagert wird und diese Verträge daher jeweils von den Gesellschaftern als Einzelpersonen abzuschließen sind.

Nicht übersehen werden sollte im Gesellschaftsvertrag, eine Regelung über das *Ende der Treuhandschaft* zu treffen; im Regelfall wird es mit dem Abschluß der Investitionsphase zusammenfallen.

> Möglicher Vertragswortlaut: „Die Befugnisse und Aufgaben des Treuhänders enden — abgesehen von der Erstellung der Endabrechnung, die noch zu seinen Aufgaben zählt — mit vollständiger Fertigstellung und behördlicher Abnahme der gesamten Baumaßnahme".

Wird der Treuhänder — entsprechend der Handhabung beim Bauherrenmodell — in der Investitionsphase mit umfassenden Vollmachten ausgestattet, dürfte es im Regelfall genügen, wenn die Tätigkeit des Fondsgeschäftsführers erst mit Beginn der Bewirtschaftungsphase einsetzt. Agieren Verwaltungstreuhänder und Fondsgeschäftsführer von Anfang an nebeneinander, ist darauf zu achten, daß deren Aufgabenbereiche im Gesellschaftsvertrag klar voneinander abgegrenzt werden.

Grundbuchtreuhänder

Bei BGB-Fonds mit einer Vielzahl von Gesellschaftern stellt sich zwar nicht wie bei einem KG-Fonds das verwaltungstechnische Problem der Eintragung aller Anleger in das Handelsregister, jedoch das aus der Sicht der steten vollen Handlungsfähigkeit eines Fonds ähnlich gelagerte Problem der Eintragung der Gesellschafter in das Grundbuch. Mag die vom Anleger bei Gesellschaftsbeitritt dem Fondsgeschäftsführer notariell eingeräumte Geschäftsführungs- und Vertretungsvollmacht noch so umfassend sein, kann diese nicht verhindern, daß bei Tod eines Gesellschafters aufgrund unklarer Erbrechtsverhältnisse, Erbstreitigkeiten, Erben im Ausland usw. die Vollmachtserteilung durch den Rechtsnachfolger möglicherweise über längere Zeit fehlt und damit die Handlungsfähigkeit des Fonds, z.B. bei Grundbuchabsicherungen von Krediten, beeinträchtigt wird. Auch Handlungsprobleme, die sich durch einen in der Gesellschafterversammlung überstimmten, in der Folge als „Störer" auftretenden Gesellschafter ergeben könnten, dürfen keineswegs verharmlost werden. Einen Ausweg bietet hier für das Handeln gegenüber dem Grundbuchamt die Bestellung eines sog. Grundbuchtreuhänders. Dessen Funktion beschränkt sich aufgrund eines zwischen ihm und den Fondsgesellschaftern geschlossenen Treuhandvertrags dabei ausschließlich auf das *Halten des Fondsgrundbesitzes* im eigenen Namen (wenn auch im Innenverhältnis für Rechnung der Gesamthandsgemeinschaft) im Grundbuch; es werden also nicht die BGB-Gesellschafter, sondern allein der Grundbuchtreuhänder eingetragen. Um bei dieser Gestaltung eine Verwertung des Grundbesitzes durch den Grundbuchtreuhänder gegen den Willen der Gesellschafter zu verhindern, ist bei der Fondskonzeption darauf zu achten, daß in Abteilung II des Grundbuchs für die Fondsgesellschafter *Auflassungsvormerkungen* eingetragen werden; in der Praxis wird aus Gründen der Verwaltungsvereinfachung nur die Auflassungsvormerkung für eine Treuhandbank eingetragen, die treuhänderisch die Auflassungsvormerkungsansprüche der BGB-Gesellschafter hält. Nachdem die Einschaltung eines Grundbuchtreuhänders jedoch das Problem des doppelten Anfalls von Grunderwerbsteuer nach sich zieht (siehe Abschnitt 6.1), ist in der Praxis bei BGB-Fonds eine weitere Beteiligungskonstruktion, nämlich die des sog. Beteiligungstreuhänders, festzustellen.

Beteiligungstreuhänder

Der bei einem BGB-Fonds eingeschaltete Beteiligungstreuhänder hält — in Anlehnung an die Ausgestaltung des KG-Fonds mit einem Treuhandkommanditisten — die Gesellschaftsanteile im eigenen Namen, jedoch für Rechnung der Treugeber-Gesellschafter, d.h. der Kapitalanleger. Teilweise sehen die Fondskonzeptionen in diesem Falle dann vor, daß Anleger mit größerer Gesellschaftsbeteiligung ein Wahlrecht haben, sich auch direkt — also ohne Zwischenschaltung des Beteiligungstreuhänders — am Fonds beteiligen zu können. Diese Beteiligung des Anlegers über einen Beteiligungstreuhänder hat jedoch den steuerlichen Nachteil des Eingreifens der Verlustabzugsbeschränkung des § 15a EStG und bedingt als steuerliche Lösung demzufolge wiederum die weitgehende Verlagerung der Verluste in das sog. Sondervermögen der Kapitalanleger (siehe hierzu eingehend Abschnitt 4.2.1.2).

2.4 Beurkundungspflichten

Im Rahmen der Konzeption eines geschlossenen Immobilienfonds stellt sich zwangsläufig die Frage nach dem *Umfang der notariellen Beurkundung* der abzuschließenden Verträge und Handlungsvollmachten. Initiatoren sollten diesen Problembereich keinesfalls unterschätzen, da die fehlende Beurkundung eines eigentlich beurkundungspflichtigen Vertrags zur Unwirksamkeit des Vertrags führt und nicht nur wirtschaftlich, sondern auch steuerlich u. U. negative Auswirkungen auf das Bestehen des Fonds haben kann. Zwar ist gemäß § 313 S. 2 BGB in bestimmten Fällen eine Heilung im Fall der Nichtbeurkundung möglich, jedoch eben nicht rückwirkend.

Die Frage der Beurkundungspflicht stellt sich — sieht man vom Grundstückskaufvertrag ab — vornehmlich für die Errichtung des *Gesellschaftsvertrags,* die *Beitrittserklärungen* der Fondszeichner, den Abschluß des *Treuhandvertrags* und der *Handlungsvollmacht* des Geschäftsführers. Angesichts der Höhe der Notargebühren wäre es unwirtschaftlich, von dem Grundsatz auszugehen, im Zweifel all diese vorgenannten Verträge und Vollmachten zu beurkunden. Im Zweifelsfall ist es unumgänglich, den Rat eines Notars einzuholen.

Für die Beantwortung der Frage nach der Beurkundungspflicht der im Rahmen eines Immobilienfonds abzuschließenden Verträge ist zwischen den beiden in der Praxis anzutreffenden Gestaltungen zu differenzieren, die zu voneinander abweichenden Ergebnissen führen:

● 1. Variante: Die Gründungsgesellschafter legen den Fonds auf, d. h. gründen die Fondsgesellschaft; sodann werden die Fondsanteile unter den Kapitalanlegern plaziert. Erst *nach* der Schließung des Fonds wird das im Gesellschaftsvertrag bereits näher bezeichnete Fondsgrundstück erworben.

● 2. Variante: Die Gründungsgesellschafter gründen die Fondsgesellschaft und erwerben sodann das im Gesellschaftsvertrag bezeichnete Grundstück (bzw. einer der Gründungsgesellschafter bringt bei

Gründung das Grundstück in die Gesellschaft ein); erst in der Folge werden die restlichen Fondszeichner angeworben.

Zu messen sind die Verträge am Grundsatz des § 313 BGB, wonach alle Rechtsgeschäfte der notariellen Beurkundung bedürfen, die auf die Veräußerung oder den Erwerb von Grundbesitz gerichtet sind. Die Folgen werden — getrennt für KG-Fonds und BGB-Fonds — in den Abschn. 2.4.1 und 2.4.2 näher erläutert.

Ist der Beitrittsvorgang oder der Abschluß des Treuhandvertrags beurkundungspflichtig und wird die Beurkundung des Vertrages in Angebot und Annahme aufgespalten, ist nach den Weisungen der Bundesnotarkammer[1] die Belehrung des beitretenden Gesellschafters durch ein standesgerechtes Beurkundungsverfahren sicherzustellen. Sofern der Vertrag nicht bei gleichzeitiger Anwesenheit beider Vertragsparteien beurkundet werden kann, sind die Notare daher gehalten, im Regelfall zunächst die Beurkundung des Vertragsangebots mit dem Kapitalanleger vorzunehmen (da nur bei dieser Gestaltung eine Pflicht des Notars zur Belehrung besteht; dagegen besteht keine Belehrungspflicht mangels Pflicht zur Verlesung des Vertragsangebots bei der Beurkundung der Annahme).

Initiatoren sollten im übrigen erwägen, zur Einsparung von Notarkosten zumindest die Protokollierung des Gesellschaftsvertrags oder die Verbriefung des Grundstückskaufvertrags im Ausland, z. B. in der Schweiz, vorzunehmen, weil eben dort die Notargebühren niedriger sind. Beurkundungen im Ausland sind auch nach deutschem Recht formgültig, wenn sie die Formvorschriften des Rechts des ausländischen Staates erfüllen, in dem die Verbriefung vorgenommen wird[2].

2.4.1 Beurkundungspflichten bei KG-Fonds

Erwerb des Fondsgrundstücks nach Gesellschafterbeitritt

Untersucht man zunächst die in Abschn. 2.4 angesprochene 1. Variante, nach der die Fondsgesellschaft das Fondsgrundstück erst *nach Beitritt*

---

[1]   Schreiben vom 29. 6. 1984.
[2]   Vgl. Artikel 11 des Gesetzes zur Neuregelung des Internationalen Privatrechts vom 25. 7. 1986.

aller Gesellschafter erwirbt, so bedarf der *Gesellschaftsvertrag* der Kommanditgesellschaft der notariellen Beurkundung, wenn er — wie in der Praxis üblich — zum Zwecke des Erwerbs eines *bestimmten Grundstücks* geschlossen wird (nicht beurkundungspflichtig wäre der Gesellschaftsvertrag nur dann, wenn der Gesellschaftszweck der Erwerb eines Grundstücks wäre, ohne daß dieses zum Zeitpunkt des Abschlusses des Gesellschaftsvertrags zumindest bestimmbar ist). Fehlt die notarielle Beurkundung, so ist der Gesellschaftsvertrag nichtig.

Auch die *Beitrittserklärung* des Fondszeichners (Aufnahmevertrag) bedarf der notariellen Beurkundung. Zwar geht der Beitretende mit dieser Erklärung hinsichtlich des Grundstücks keine eigene Erwerbspflicht ein, da die Kommanditgesellschaft als eigene Rechtspersönlichkeit das Grundstück erwirbt. Wohl aber tritt er in die sich aus dem Gesellschaftsvertrag ergebenden Rechte und Pflichten ein, und seitens des Fonds besteht nach dem vorgegebenen Gesellschaftszweck die Verpflichtung zum Erwerb eines bestimmten Grundstücks.

Da der Komplementär kraft Gesetzes Vertreter der Kommanditgesellschaft ist, stellt sich das Problem einer notariellen Handlungsvollmacht nicht.

Gesellschafterbeitritt nach Grundstückserwerb

Auch wenn die Anleger erst *nach dem Erwerb* des Grundstücks durch die Fondsgesellschaft dem Fonds beitreten, muß der von den Gründungsgesellschaftern abgeschlossene *Gesellschaftsvertrag* notariell beurkundet werden, wenn der Gesellschaftszweck auf den Erwerb eines bestimmten Grundstücks gerichtet ist (siehe hierzu die vorstehenden Ausführungen zu Gesellschafterbeitritt vor Grundstückserwerb).

Die *Beitrittserklärung* des Kapitalanlegers zum Fonds (meist handelt es sich um einen Vertrag über die Übertragung von Gesellschaftsanteilen, da bei der Gestaltung „Gesellschafterbeitritt nach Grundstückserwerb" gewöhnlich die Fondsanteile bereits durch die Gründungsgesellschafter voll gezeichnet sind) ist *nicht* beurkundungspflichtig, da mit ihr — nachdem das Grundstück vom Fonds bereits erworben ist — keine Grundstückserwerbsverpflichtung eingegangen wird.

Einschaltung eines Treuhandkommanditisten

Werden die Kapitalanleger nicht direkt Fondsgesellschafter, sondern sind sie über einen Treuhandkommanditisten als sog. Treugeber nur mittelbar am Fonds beteiligt, ist der zwischen ihnen und dem Treuhänder abzuschließende *Treuhandvertrag* — gleichgültig, zu welchem Zeitpunkt das Fondsgrundstück erworben wird — *nicht beurkundungspflichtig,* weil sich die Vertragspartner in ihm allenfalls zur Übertragung oder zum Erwerb eines Kommanditanteils, nicht aber zum Erwerb bzw. Übertragung eines Grundstücks verpflichten. Dies gilt auch für den Fall, daß die Kapitalanleger nicht als Treugeber, sondern als Unterbeteiligte nur mittelbar an der Kommanditgesellschaft beteiligt werden.

Registervollmacht

Um die Eintragung der Kommanditisten in das Handelsregister veranlassen zu können, benötigt der Komplementär eine sog. Registervollmacht, die nach § 12 HGB notariell *beglaubigt* sein muß. Dieser Vollmacht bedarf es allerdings nicht, wenn ein Treuhandkommanditist eingeschaltet wird, da die Anleger als Treugeber nicht im Handelsregister erscheinen (gilt ebenso für den Fall der Unterbeteiligung).

2.4.2 Formerfordernisse bei BGB-Fonds

Gesellschafterbeitritt vor Grundstückserwerb

Analog den Ausführungen zum KG-Fonds (siehe Abschn. 2.4.1) bedarf der *Gesellschaftsvertrag* auch bei einem BGB-Fonds der notariellen Beurkundung, wenn der Gesellschaftszweck u. a. auf den Erwerb eines *bestimmten* Grundstücks gerichtet ist.

Die *Beitrittserklärung* der Gesellschafter zum Fonds (Aufnahmevertrag) ist im Fall des Beitritts vor dem Zeitpunkt des Abschlusses des Kaufvertrags über das Fondsgrundstück gleichfalls notariell zu beurkunden, da eine gegenseitige Verpflichtung der Gesellschafter zum Grundstückserwerb eingegangen wird. Erfolgt der Beitritt vor Erwerb des Eigentums am Grundstück, aber nach Abschluß des notariellen Grundstückskaufvertrages, so ist die Beitrittserklärung allerdings formfrei, wenn zu diesem Zeitpunkt die Auflassung bereits erklärt *und* der Antrag auf Eintragung im Grundbuch gestellt worden ist[1].

Da die vom Gesellschafter dem Fondsgeschäftsführer erteilte *Geschäftsführervollmacht* zum einen zum Erwerb des — im Gesellschaftsvertrag genannten — Grundbesitzes ermächtigt und zum anderen die Vollmacht üblicherweise *unwiderruflich* ist, muß sie wegen der bindenden Verpflichtung des Gesellschafters zum Grundstückserwerb notariell *beurkundet* werden (eine widerrufliche Vollmacht würde dagegen lediglich der notariellen Beglaubigung[2] bedürfen).

Diese vorgenannten Grundsätze zur Geschäftsführervollmacht gelten gleichermaßen, wenn einem im Namen und für Rechnung der BGB-Gesellschafter auftretender Treuhänder (offene Treuhandschaft) eine entsprechende *Treuhandvollmacht* erteilt wird (Beurkundungspflicht dann auch des Treuhandvertrags bei unwiderruflicher Bindung des Gesellschafters hinsichtlich des Grundstückskaufs).

Wird ein Treuhänder eingeschaltet, der das Fondsgrundstück im eigenen Namen, wenn auch für Rechnung der Gesamthandsgemeinschaft erwerben soll, ist die Treuhandvereinbarung nur dann notariell zu beurkunden, wenn sich aus ihr für den Treugeber (d. h. den Kapitalanleger) eine bedingte Erwerbspflicht (nicht nur ein Erwerbsrecht) ergibt. Bei der Einschaltung eines sog. Grundbuchtreuhänders (siehe hierzu Abschn. 2.3) wird im Regelfall allerdings nur ein aus § 667 BGB sich ergebendes Erwerbsrecht vereinbart und folglich die Treuhandvereinbarung insoweit formfrei sein. Ist die Treuhandvereinbarung bei der Treuhandschaft beurkundungspflichtig, hat dies zur Folge, daß auch der Gesellschaftsvertrag des Fonds und die Beitrittserklärungen der Anleger der notariellen Beurkundung bedürfen.

Im Falle der Beteiligungstreuhandschaft, bei der der Beteiligungstreuhänder die Gesellschaftsbeteiligung im eigenen Namen, wenn auch treuhänderisch für Rechnung des Anlegers hält, ist der Treuhandvertrag gleichermaßen wie bei der vorstehend in Abschnitt 2.4.1 geschilderten Einschaltung eines Treuhandkommanditisten allein auf den Erwerb

---

1 In der Literatur ist allerdings strittig, ob wegen des sog. Anwachsungsprinzips auch der Eintragungsantrag bereits gestellt sein muß, um Formfreiheit des Beitritts anzunehmen; vgl. Palandt, 46. Auflage, § 736 BGB Anm. 3a.
2 § 29 Grundbuchordnung.

bzw. die Übertragung eines Gesellschaftsanteils gerichtet und damit nicht beurkundungspflichtig.

Gesellschafterbeitritt nach Grundstückserwerb

Auch wenn der Beitritt der Kapitalanleger zu einem BGB-Fonds *nach* dem Zeitpunkt des Grundstückserwerbs erfolgt, bedarf der vorausgehende *Gesellschaftsvertrag* selbstverständlich der notariellen Beurkundung (siehe hierzu die vorstehenden Ausführungen).

Dagegen ist bei dieser Fallgestaltung die *Beitrittserklärung* (Beitrittsvereinbarung) des Anlegers formfrei, da sie keine Erwerbspflicht des Gesellschafters enthält; dem Anleger wächst vielmehr mit dem Beitritt gesamthänderisches Miteigentum am bereits erworbenen Grundstück kraft Gesetzes zu[1].

Sofern das Grundstück von der Fondsgesellschaft vor dem Beitritt der Anleger erworben worden ist, wird sich die *Geschäftsführervollmacht* (bzw. Vollmacht des in offener Treuhandschaft, also im Namen und für Rechnung des Fonds auftretenden Treuhänders) — wenn kein Grundbuchtreuhänder eingeschaltet ist — für den Grundstücksbereich lediglich auf die Stellung der Grundbuchberichtigungsanträge bei Gesellschafterbeitritten bzw. -wechseln und die Bestellung und Löschung dinglicher Sicherheiten und dergleichen erstrecken. In diesem Fall ist nur eine notarielle Beglaubigung der Vollmacht notwendig. Beinhaltet die Handlungsvollmacht allerdings auch das Recht des Geschäftsführers/Treuhänders zur späteren Veräußerung des Fondsgrundbesitzes *und* ist diese Vollmacht unwiderruflich, ist für die Vollmacht notarielle Beurkundung erforderlich.

Wird das Fondsgrundstück im Grundbuch von einem *Grundbuchtreuhänder* gehalten (siehe hierzu die vorstehenden Ausführungen und Abschn. 2.3), so unterliegen die von den später beitretenden Gesellschaftern abzugebenden Beitrittserklärungen zu der bereits abgeschlossenen Treuhandvereinbarung nur dann der notariellen Beurkundung, wenn der Treuhandvertrag eine bedingte Erwerbspflicht und nicht lediglich ein Erwerbsrecht bzgl. des Grundstücks für die Gesellschafter begründet. Wie vorstehend ausgeführt, wird die Treuhandvereinbarung mit

---

[1] § 738 Abs. 1 S. 1 BGB.

dem Grundbuchtreuhänder im Regelfall nur ein Erwerbsrecht (Pflicht des Grundbuchtreuhänders auf Übertragung des Treuguts auf die Gesellschafter gemäß § 667 BGB) der Gesellschafter festlegen, was zu keiner notariellen Beurkundungspflicht führt.

Der zwischen dem Kapitalanleger und einem Beteiligungstreuhänder, der den Geseellschaftsanteil im eigenen Namen, jedoch für Rechnung des Anlegers hält, geschlossene Treuhandvertrag ist wie bei der Zwischenschaltung eines Treuhandkommanditisten bei einem KG-Fonds nicht beurkundungspflichtig.

3 Das übrige Vertragswerk

Der Fondsgeschäftsführer bzw. — je nach gesellschaftsvertraglicher Regelung — der Treuhänder schließt die zur Verwirklichung des Investitionsprojekts erforderlichen Verträge. Wie vom Bauherrenmodell her bekannt, werden auch die im Rahmen eines geschlossenen Immobilienfonds zu erbringenden Leistungen nicht einem einzigen Unternehmer übertragen. Vielmehr wird eine Reihe von Unternehmen mit der Übernahme bestimmter Dienstleistungen im Rahmen der Planung, Abwicklung und Finanzierung des Bauvorhabens und der anschließenden Vermietung der Gewerbeimmobilie beauftragt.

Die Einzelverträge werden dabei nach Art und Inhalt weitgehend dem Bauherrenmodell entlehnt. Allerdings hat man aus den Auswüchsen der Vertragsgestaltung beim Bauherrenmodell gelernt und konzipiert heute nur noch sog. abgespeckte Fonds, d. h. die sog. Serviceverträge bei Immobilienfonds beschränken sich auf die für die Durchführung des Vorhabens unbedingt *notwendigen Verträge:* Treuhandvertrag, Vertrag über Konzeption, Vertrieb und Marketing für die Gesellschaft, Eigenkapitalbeschaffungsvertrag, Plazierungsgarantievertrag, Grundstückskaufvertrag, Generalübernehmervertrag, Fertigstellungs- und Baukostengarantievertrag, Finanzierungsvermittlungs- und -garantieverträge, Mietvertrag, Mietgarantievertrag, Steuerberatungsvertrag.

Da die inhaltliche Ausgestaltung dieser Verträge den Verträgen des Bauherrenmodells entspricht und damit als bekannt vorausgesetzt werden darf, unterbleibt im Rahmen dieser Darstellung eine Erörterung dieser Vertragswerke. Es sei lediglich erwähnt, daß der Gestaltung des *Mietvertrags* besondere Aufmerksamkeit zu widmen ist, da mit ihm die Einnahmenseite und damit letztlich der Bestand des Fonds steht und fällt (siehe hierzu ausführlich Teil E).

4 Einkommensteuerliche Aspekte

Dem steuerlichen Moment kommt wegen der Steuerfreiheit des Fonds und der steuerlichen Wertung der vom Fondszeichner aus der Beteiligung erzielten Erträge als Kapitaleinkünfte bei der Planung eines bzw. der Beteiligung an einem *offenen* Immobilienfonds keine Bedeutung zu.

Dagegen muß bei der Konzeption eines *geschlossenen* Immobilienfonds nicht nur den zivil- und haftungsrechtlichen Gesichtspunkten, sondern auch den steuerrechtlichen Aspekten Rechnung getragen werden. Die Nichtbeachtung grundlegender Besteuerungsregeln, wie beispielsweise das Vorliegen der Einkunftserzielungsabsicht oder die Geltung der Verlustbegrenzungsregelung des § 15a EStG für beschränkt haftende Personengesellschafter, kann alle im Werbeprospekt versprochenen Steuerersparniseffekte und die darauf aufbauenden Rentabilitätsrechnungen ad absurdum führen.

4.1 Besteuerungsgrundsätze

4.1.1 Einkünfteermittlung

Allein steuerrechtliche Gründe sind dafür maßgeblich, ob ein geschlossener Immobilienfonds als vermögensverwaltende oder als gewerbliche Personengesellschaft auf den Markt gebracht wird. Von der Einkunftsart des Fonds, also ob Einkünfte aus Vermietung und Verpachtung oder solche aus Gewerbebetrieb erzielt werden, hängt nicht nur die Art der Gewinnermittlung, sondern für den Anleger letztlich auch das Ausmaß seiner steuerlichen Belastung ab.

Vermögensverwaltende Immobilienfonds

Bestehen keine zwingenden Erfordernisse, einen Fonds so zu gestalten, daß er seinen Gesellschaftern aus der Beteiligung Einkünfte aus Gewerbebetrieb vermittelt, sollte sich die Tätigkeit der Fondsgesellschaft auf eine reine Vermögensverwaltung beschränken; unter dieser Voraussetzung gilt der Fonds als sog. vermögensverwaltende Gesellschaft mit steuerlichen *Einkünften aus Vermietung und Verpachtung.* Dies hat ertragsteuerlich den Vorteil, daß die Fondseinkünfte nicht durch Bilanzierung (selbst wenn eine Handelsbilanz erstellt wird), sondern im Wege der sog. *Überschußrechnung,* d. h. des Überschusses der Einnahmen über die Werbungskosten, zu ermitteln sind. Das im Bereich der Einkünfte aus Vermietung und Verpachtung maßgebliche Zu- und Abflußprinzip des § 11 EStG (danach ist entscheidend für die steuerliche Berücksichtigung, in welchem Zeitpunkt die Erträge beim Fonds tatsächlich vereinnahmt und die Aufwendungen tatsächlich bezahlt worden sind) eröffnet einem vermögensverwaltenden Fonds die bereits vom Bauherrenmodell her bekannte Möglichkeit, mit *sofortiger steuerlicher Wirkung* Gebühren und Schuldzinsen in gewissem zeitlichen Umfang (siehe hierzu die Ausführungen in Abschn. 4.1.4) *vorauszahlen* zu können.

Ein weiterer Vorteil der Einkunftsart Vermietung und Verpachtung liegt darin, daß evtl. *Veräußerungsgewinne* (z. B. bei Verkauf einer Fondsimmobilie oder bei Veräußerung des Gesellschaftsanteils) *nicht steuerpflichtig* sind. Ausnahme: Verkauf innerhalb der für Grundstücke und Immobilienfondsanteile geltenden *zweijährigen* Spekulationsfrist.

Wie bereits angedeutet, setzt die Einkunftsart Vermietung und Verpachtung eine rein vermögensverwaltende Tätigkeit des Fonds voraus; der Gesellschaftszweck darf also nicht über den Erwerb des Grundstücks, die Errichtung des Gebäudes und die Verwaltung der Immobilie hinausgehen. Der Bereich der Vermögensverwaltung wird dabei auch dann nicht verlassen, wenn erhebliche Fremdmittel eingesetzt werden, der vermietete Fondsbesitz sehr umfangreich ist, die Verwaltung der Fondsobjekte eine kaufmännische Organisation erfordert oder es sich bei den Fondsimmobilien um Gewerbeobjekte handelt. Eine Fondsgesellschaft sollte sich allerdings neben der reinen Vermietungstätigkeit jeglicher zusätzlicher Leistungen enthalten, die als „gewerblich" eingestuft werden könnten. Es genügt nämlich nach Auffassung der Finanzbehörden bereits eine geringfügige gewerbliche Nebentätigkeit, der im Rahmen der Gesamttätigkeit des Fonds jedoch eine gewisse Bedeutung zukommt, um auch die gesamte Vermietungstätigkeit des Fonds steuerlich in gewerbliche Einkünfte umschlagen zu lassen. *Schädlich* ist beispielsweise, wenn ein Fonds zusätzlich zur Vermietung eines Hotels oder Boardinghauses den Restaurationsbetrieb oder bei Einkaufszentren über die Vermietung hinaus die Gemeinschaftswerbung übernimmt.

Zu beachten ist weiterhin, daß das Gesetz[1] auch bei einer Personengesellschaft mit vermögensverwaltender Tätigkeit einen Gewerbebetrieb
und damit gewerbliche Einkünfte der Gesellschafter fingiert, wenn an
ihr ausschließlich eine (oder mehrere) Kapitalgesellschaft *persönlich
haftender Gesellschafter* ist und nur dieser oder nur Nichtgesellschafter
zur Geschäftsführung berufen sind; Paradebeispiel hierfür ist die
GmbH u. Co KG. Wird allerdings — und das sollte durchaus bei der
Fondskonzeption in Einzelfällen ins Kalkül gezogen werden — ein vermögensverwaltender Fonds in die Rechtsform der GmbH u. Co KG ge-
kleidet und wird *neben der GmbH* eine natürliche Person (z. B. ein
Kommanditist) ebenfalls als weiterer Geschäftsführer bestellt, führt dies
steuerlich nicht zu einer gewerblichen Einordnung der Einkünfte. Damit
eröffnet sich die Möglichkeit, zur Minimierung der Komplementärhaf-
tung auch einen vermögensverwaltenden Fonds als GmbH u. Co KG
auszugestalten.

Werden Fondsanteile von einem Gesellschafter im Betriebsvermögen
seines gewerblichen Unternehmens gehalten, wandeln sich seine aus dem
vermögensverwaltenden Fonds erzielten Überschüsse/Verluste zu gewerblichen Gewinnen/Verlusten. In diesem Zusammenhang sei be-
merkt, daß es im Normalfall allerdings sehr schwierig sein wird, mit Bil-
ligung des Finanzamts derartige verlustbringende Fondsbeteiligungen in
das Betriebsvermögen eines Gewerbetreibenden zu übernehmen; dies ist
z. B. vorstellbar, wenn ein Unternehmer aufgrund einer Plazierungsga-
rantie Fondsanteile zu übernehmen hat; denkbar auch, wenn ein Gewer-
betreibender Anteile eines Fonds zeichnet, von dem er eine Gewerbeein-
heit (Laden, Büro) anmietet[2].

Gewerbliche Immobilienfonds

Die steuerlichen Nachteile eines Immobilienfonds mit Einkünften aus
Gewerbebetrieb ergeben sich eigentlich schon aus den vorstehenden
Ausführungen: Gewinnermittlung durch *Bilanzierung,* was zur Folge
hat, daß Vorauszahlungen von Gebühren oder ein Disagio steuerlich
nicht im Jahr der Zahlung sofort als Betriebsausgaben abgezogen werden können, sondern gleichmäßig auf die Jahre zu verteilen sind, die sie

---

1   § 15 Abs. 3 Nr. 2 EStG.
2   Siehe zu dieser Problematik BFH-Urteil vom 20. 6. 1985, Der Betrieb 1985 S. 2331.

betreffen; *Steuerpflicht* etwaiger Veräußerungsgewinne; *Gesellschaftsteuerpflicht* bei Erwerb von Gesellschaftsanteilen, Kapitalerhöhungen; bei Überschreiten der im Gewerbesteuergesetz genannten Grenzen *Gewerbesteuerpflicht* usw.

Der Ausgestaltung als gewerblicher Immobilienfonds — üblicherweise in der Rechtsform der GmbH u. Co KG — bedient man sich daher nur, wenn *Steuervergünstigungen* in Anspruch genommen werden sollen, die auf den gewerblichen Bereich beschränkt sind (wenn man einmal von den Objekten des öffentlich geförderten und steuerbegünstigten Wohnungsbaus Berlin absieht). Zu nennen sind beispielsweise die Einbeziehung von Investitionszulagen in das Finanzierungskonzept oder die Geltendmachung der durch das „Gesetz zur Verbesserung der Abschreibungsbedingungen für Wirtschaftsgebäude" angehobenen degressiven Abschreibungen bei zum Betriebsvermögen gehörenden Büro- und Gewerbeobjekten[1], was für Finanzierungsleasing-Objektgesellschaften durchaus interessant ist.

4.1.2 Einkunftserzielungsabsicht

Keineswegs außer Betracht gelassen werden sollte bei der Fondskonzeption bzw. einer Würdigung der steuerlichen Abzugsfähigkeit der sich aus einer Fondsbeteiligung ergebenden Verluste die Frage des Vorliegens der Einkunftserzielungsabsicht bei der *Fondsgesellschaft* und zusätzlich auch beim *Kapitalanleger* selbst. Jeder Immobilienfonds ist diesbezüglich einer generellen Prüfungspflicht des Finanzamts ausgesetzt.

Gefordert wird nicht nur bei gewerblichen Einkünften, sondern auch für den Bereich der steuerlichen Einkunftsart Vermietung und Verpachtung die Absicht der Gesellschaft und ihrer Gesellschafter, ein *steuerlich positives Gesamtergebnis* von der Gründung bis zur Liquidierung der Gesellschaft bzw. bis zum Ausscheiden des Anlegers zu erzielen[2]. Maßgeblich für die steuerliche Anerkennung der Fondsverluste ist also nicht das jeweilige Jahresergebnis; vielmehr muß das Bestreben vorliegen, für die

---

[1]   Nach § 7 Abs. 5 Nr. 1 EStG 1986 sind in den ersten sieben Jahren 55 v.H. der Anschaffungs- bzw. Herstellungskosten derartiger Gebäude als Betriebsausgaben absetzbar.

[2]   Vgl. BFH-Beschluß vom 25. 6. 1984, Bundessteuerblatt 1984 II S. 751; siehe auch § 15 Abs. 2 EStG.

Zeit des voraussichtlichen Bestehens des Fonds bzw. dem mutmaßlichen Zeitraum der Beteiligung des Fondszeichners an dem Fonds steuerlich einen Totalgewinn bzw. Totalüberschuß der Einnahmen über die Werbungskosten zu erreichen. Dabei sind bei der Einkunftsart Vermietung und Verpachtung etwaige steuerfreie Veräußerungsgewinne in die Feststellung des voraussichtlichen Überschusses nicht mit einzubeziehen.

Da diese Einkunftserzielungsabsicht allein unter steuerlichen Gesichtspunkten zu würdigen ist, muß ein Streben nach sonstigen, außerhalb der Einkunftsart liegenden wirtschaftlichen Vorteilen, insbesondere die Absicht, durch die Beteiligung Steuern zu sparen, bei dieser Wertung außer Betracht bleiben.

Inwieweit bei der Fondsgesellschaft bzw. deren Gesellschaftern eine Einkunftserzielungsabsicht besteht, ist nicht aus den Absichtserklärungen, sondern nur anhand *äußerer Merkmale* festzustellen. Hierbei ist im Einzelfall zulässig, aufgrund gegebener aussagekräftiger objektiver Umstände auf das Vorliegen oder Fehlen der geforderten Gewinn- bzw. Überschußerzielungsabsicht zu schließen, wobei diese objektiven Momente lediglich Beweisanzeichen für die subjektiven Vorstellungen der Gesellschafter sind.

Nun ist zwar festzuhalten, daß nach Überzeugung des Bundesfinanzhofs im Bereich der Vermietung und Verpachtung nur in Ausnahmefällen die Einkunftserzielungsabsicht zu verneinen ist, also sog. *Liebhaberei* vorliegt, weil es — so der Bundesfinanzhof — schwer vorstellbar sei, daß jemand eine Immobilie ohne Gewinn- bzw. Überschußerzielungsabsicht lediglich aus persönlicher, nicht wirtschaftlicher Neigung an Fremde vermietet[1]. Gerade bei geschlossenen Immobilienfonds können allerdings Umstände sowohl auf der Ebene der Gesellschaft als auch in der Sphäre des einzelnen Gesellschafters vorliegen, die auf ein Fehlen der Einkunftserzielungsabsicht hindeuten.

Einkunftserzielungsabsicht der Fondsgesellschaft

Zur vorbeugenden Absicherung der steuerlichen Anerkennung der späteren Fondsverluste ist es ratsam, bereits bei der Fondskonzeption für die Zeit der voraussichtlichen Nutzung der Fondsimmobilie eine Art

---

[1] Vgl. BFH-Urteil vom 21. 10. 1980, Bundessteuerblatt 1981 II S. 452.

Wirtschaftlichkeitsrechnung auf der Basis einer steuerlichen Gewinn- bzw. Überschußrechnung aufzustellen, also die voraussichtlich erzielbaren Mieteinnahmen und die mit der Vermietung zusammenhängenden mutmaßlichen Aufwendungen (Betriebsausgaben, Werbungskosten) gegenüberzustellen. In diesem Zusammenhang kommt den Kriterien Alter und wirtschaftliche Nutzungsdauer der Immobilie, Mietvertragskonditionen und Grad der Fremdfinanzierung entscheidende Bedeutung zu, ob im Einzelfall der steuerlich geforderte Totalgewinn bzw. Totalüberschuß nicht ausgeschlossen werden muß.

Zu beachten ist dabei, daß die von Initiatoren bei Gewerbeobjekten — zur Erlangung höherer steuerlicher Abschreibungen — mittels Sachverständigengutachten belegten kürzeren Nutzungsdauern (z. B. von 25 Jahren) selbstverständlich dann auch bei der steuerlichen Gesamtrechnung anzusetzen sind. Während bei einer 33jährigen Nutzungsdauer und einem Fremdfinanzierungsgrad von rd. 80 v. H. des Investitionsaufwands bei mindestens 2 %iger Tilgung der Fremdmittel die Erzielung eines steuerlichen Totalüberschusses weitgehend unproblematisch ist, sollte dem Kriterium Einkunftserzielungsabsicht bei einer 25jährigen Abschreibungsdauer des Fondsobjekts doch erhöhte Aufmerksamkeit gewidmet werden.

Dies gilt insbesondere dann, wenn das Finanzierungskonzept die Tilgung der Fremdmittel durch bei Darlehensaufnahme abgeschlossene *Kapitallebensversicherungen* vorsieht (siehe zu dieser Finanzierungsvariante Abschn. 1.2.4). Aufgrund der in etwa gleichbleibend hohen Verluste bis zum Fälligkeitszeitpunkt der Lebensversicherungen hängt es vornehmlich von der Laufzeit dieser Versicherungen ab, ob ein steuerlich positives Gesamtergebnis — auf die Gesamtnutzungsdauer der Gewerbeimmobilie gesehen — voraussichtlich zu erreichen ist. Bei derartigen Konzeptionen erscheint es dringend geraten, daß Initiatoren vorsorglich Modellrechnungen bzgl. der Erzielung eines Totalgewinns bzw. Totalüberschusses erstellen.

Einkunftserzielungsabsicht der Gesellschafter

Auch wenn die Voraussetzungen einer Einkunftserzielungsabsicht bei der Fondsgesellschaft selbst gegeben sein mögen, kann es dennoch beim einzelnen Gesellschafter zur steuerlichen Nichtanerkennung der auf ihn entfallenden Fondsverluste kommen, nämlich dann, wenn dieser selbst Beweisanzeichen dafür setzt, daß er nur *für befristete Zeit* in der Gesellschaft verbleiben will und in diesem Zeitraum der Gesellschaftszugehörigkeit aus steuerlicher Sicht voraussichtlich kein positives Gesamtergebnis erzielen wird. Für diesen Fall liegt die Schlußfolgerung nahe, daß die Beteiligung am Fonds aus Anlegersicht nur aus Gründen der Steuerersparnis erfolgt. Als Gefahrenpunkte erweisen sich in diesem Zusammenhang immer wieder etwaige in den Gesellschaftsverträgen enthaltene Ankaufs- bzw. Rückkaufsrechte des Komplementärs, Initiators oder Mieters. Zu diesem Problemkreis wird auf die Ausführungen in Abschn. 4.1.3 verwiesen.

4.1.3 Fallstrick Ankaufsrecht

Zu warnen ist vor der Vereinbarung *gesellschaftsvertraglicher Ankaufsrechte* für den Komplementär (hierzu rechnet auch die Bestimmung, daß der Komplementär die Kommanditisten nach einem bestimmten Zeitraum „hinauskündigen" kann) oder einen Dritten (z. B. Generalmieter) bzgl. der Fondsanteile der (Mit)Gesellschafter. Die Praxis zeigt, daß die Finanzämter aufgrund derartiger Klauseln zunehmend die Einkunftserzielungsabsicht der Gesellschafter verneinen, mit der Folge, die Fondsverluste dem steuerlich nicht berücksichtigungsfähigen Bereich der Liebhaberei zuzuweisen.

Ankaufsrechte sind nur bei nachhaltig ertragreichen Gewerbeobjekten zu finden, wobei der Zeitpunkt der Geltendmachung dieser Rechte meist mit dem der weitgehenden Entschuldung der Immobilie übereinstimmt. Steuerliche Kernfrage bei diesen Ankaufsrechten ist

- zum einen, ob bereits im Zeitpunkt des Anlegerbeitritts bei einer vernünftigen wirtschaftlichen Würdigung nach einem typischen Geschehensablauf die Ausübung des Ankaufsrechts zu erwarten ist,

- und — bei Bejahung dieser Frage — zum anderen, ob beim Fondszeichner aufgrund der Befristung seiner Fondsbeteiligung ein steuerlicher Totalüberschuß zu erwarten ist. Dies dürfte zu verneinen sein, wenn das Ankaufsrecht erstmals zu einem Zeitpunkt ausgeübt werden kann, zu dem die Fremdfinanzierungsmittel des Fonds noch nicht voll zurückgeführt sind.

Eine allgemeingültige Beurteilung von Ankaufsrechten in diesem Sinn läßt sich nicht geben. Der Wahrscheinlichkeitsgrad der Ausübung eines derartigen Ankaufsrechts wird vor allem durch das Ausmaß der wirtschaftlichen Zwangslage zur Rechtsausübung bestimmt und hängt damit von den jeweiligen Umständen des Einzelfalls ab. Ein günstiger Ankaufspreis spricht sicherlich dafür, daß der Berechtigte sein Recht mit hoher Wahrscheinlichkeit ausüben wird. Andererseits ist in die Überlegungen auch der Zeitpunkt einzubeziehen, zu dem erstmals das Ankaufsrecht wahrgenommen werden kann. So war für den Bundesfinanzhof[1] entscheidungserheblich, daß der Berechtigte sein Ankaufsrecht erst nach 20 Jahren geltend machen konnte. Bei einer so langen Wartezeit könne aber im vorhinein das Interesse des Berechtigten nicht sicher beurteilt werden. Dieser vom Bundesfinanzhof aufgezeigte Gesichtspunkt erscheint gerade bei Gewerbeimmobilien von ausschlaggebender Bedeutung. Abgesehen von der Frage, ob ein Ankaufsberechtigter nach einem Zeitraum von 15 oder 20 Jahren noch finanziell in der Lage ist, seine Rechte zu wahren, dürfte es im Zeitpunkt der Vereinbarung des Ankaufsrechts überhaupt nicht absehbar sein, ob für den Berechtigten aus betriebsinternen Gründen oder aus wirtschaftlicher Sicht (z. B. mittlerweile wirtschaftlich ungünstiger Standort eines Einkaufszentrums aufgrund geänderter Einkaufsgewohnheiten) die Übernahme der Fondsanteile noch rentierlich ist.

4.1.4 Vorauszahlungen von Gebühren und Schuldzinsen

Vom Bauherrenmodell her bekannt als eine der Säulen der hohen Verlustzuweisungen im Beitrittsjahr des Kapitalanlegers, sieht auch die Konzeption vieler vermögensverwaltender geschlossener Immobilienfonds aus steuerlichen Gründen die Vorauszahlung von Gebühren und Honoraren an die beim Fonds nicht nur in der Investitionsphase sondern auch in der Vermietungsphase eingeschalteten Vertragspartner vor. Diese Vorausleistung von Aufwendungen beschränkt sich hierbei auf *vermögensverwaltende* Fonds, da im gewerblichen Bereich bei bilanzierenden Gesellschaften Vorauszahlungen auch steuerlich generell auf die Jahre zu verteilen sind, auf die sie sich wirtschaftlich beziehen, also nicht im Jahr der Zahlung sofort in voller Höhe als Betriebsausgaben geltend gemacht werden dürfen.

---

[1]   Urteil vom 29. 7. 1981, Der Betrieb 1982 S. 518.

Wegen des bei der Einkunftsart Vermietung und Verpachtung geltenden Abflußprinzips sind vorausgeleistete Aufwendungen, sofern sie begrifflich Werbungskosten darstellen, im Zeitpunkt der Zahlung steuerlich sofort als *Werbungskosten* absetzbar. Eine Ausnahme besteht dann, wenn derartige Kosten ohne *wirtschaftlich vernünftigen Grund* vorausgeleistet werden; sie sind in diesem Fall anteilig in den Jahren als Werbungskosten absetzbar, zu denen sie wirtschaftlich gehören.

Die Fälligkeit und Vorauszahlung von Gebühren mit Abschluß der Dienstleistungsverträge (z. B. Treuhandvertrag, Steuerberatungsvertrag) wird von den Finanzämtern akzeptiert, wenn die vereinbarten Gegenleistungen in der Bauphase bzw. bis zum Beginn der Vermietungsphase zu erbringen sind. Im Regelfall bestehen auch keine Bedenken, wenn Garantiegebühren (z. B. Zins- oder Mietgarantien) mit Vertragsunterzeichnung zu entrichten sind, da für den Garantiegeber das Garantierisiko mit der vertraglichen Bindung einsetzt.

Zu warnen ist jedoch vor der Vorauszahlung von Gebühren für einen mehrjährigen Zeitraum der *Vermietungsphase*. So hat der Bundesfinanzhof beispielsweise die Vorauszahlung von Treuhandgebühren insoweit als mißbräuchlich angesehen, als mit ihr Treuhand- bzw. Verwaltungsleistungen für einen Zeitraum von 30 Jahren ab Fertigstellung des Bauvorhabens abgegolten werden sollten. Wirtschaftliche Gründe vermochte das Gericht bei dieser Gestaltung nicht zu erkennen[1]. Im gleichen Urteil versagte der Bundesfinanzhof wegen der ungewöhnlichen Gestaltung auch den sofortigen Werbungskostenabzug vorausgeleisteter Gebühren für die Haftungsübernahme für Fremddarlehen, deren Verzinsung und Tilgung erst rd. 30 Jahre nach der Darlehensgewährung vorgesehen waren (Aufwendungsdarlehen der Wohnbaukreditanstalt). Diese steuerlichen Folgen wird man auch ziehen müssen, wenn — wie häufig bei Immobilienfonds vorgesehen — Geschäftsführergehälter oder Steuerberatungsgebühren für einen vieljährigen Zeitraum der Vermietungsphase (beispielsweise für einen Zeitraum von fünf Jahren) vorauszuzahlen sind.

Nach den Verwaltungsanweisungen ist die Vorauszahlung von *Schuldzinsen* nur insoweit steuerlich anzuerkennen, als sie einen Zeitraum bis

---

[1] Vgl. BFH-Urteil vom 23. 9. 1986, Der Betrieb 1986 S. 415.

zu *einem Jahr* betrifft; für darüber hinausgehende Vorauszahlungen bestehen nach dem sog. Bauherrenerlaß vom 13. 8. 1981 (siehe hierzu Abschn. 5.1) im Regelfall keine einleuchtenden wirtschaftlichen Gründe.

Die Vorauszahlung eines *Disagios* führt nur dann zum sofortigen Wer-
bungskostenabfluß, wenn diese Vorausleistung vertraglich mit der Bank
vereinbart ist und ein enger zeitlicher Zusammenhang zwischen der Ent-
richtung des Damnums und der Darlehensausreichung besteht, wobei
der Bundesfinanzhof hierunter einen Zeitraum von nicht mehr als einem
Monat versteht[1].

4.2 Steuerliche Begrenzung des Verlustabzugs/§ 15 a EStG

Eines der steuerlichen Zentralthemen bei geschlossenen Immobilienfonds ist immer noch die Frage, mit welcher Fondsgestaltung ein Eingreifen bzw. Wirksamwerden der Verlustausgleichsbeschränkung des
§ 15 a EStG vermieden werden kann. Nach dieser Vorschrift darf der
auf einen Kommanditisten entfallende jährliche Verlust aus seiner Kom-
manditbeteiligung mit anderen positiven Einkünften, gleich welcher
Einkunftsart, *nicht ausgeglichen* (verrechnet) werden, *soweit* durch diesen Verlustanteil ein negatives Kapitalkonto des Kommanditisten entsteht oder sich ein bereits bestehendes negatives Kapitalkonto dadurch
erhöhen würde. Auch ein Verlustrücktrag ist in diesem Fall nicht statthaft. Dies bedeutet also im Klartext, daß bei dem beschränkt haftenden
Kommanditisten ein Verlustabzug so lange *möglich* ist als ein *positives
Kapitalkonto* besteht.

Im Jahr der Verlustentstehung steuerlich nicht ausgleichsfähige Verluste
können jedoch zeitlich unbegrenzt vorgetragen und mit Gewinnen späterer Jahre aus der gleichen Gesellschaftsbeteiligung (nicht dagegen mit
Gewinnen aus anderen Beteiligungen) verrechnet werden. Der nicht sofort ausgleichsfähige (= vortragsfähige) Verlust wird dabei vom Betriebsfinanzamt des Fonds jedes Jahr neu in einem Feststellungsbescheid
ermittelt.

Die vorstehenden Grundsätze finden gleichermaßen Anwendung auf
Gesellschafter, deren Haftung der eines Kommanditisten vergleichbar

---

[1]   Vgl. BFH-Urteile vom 13. 12. 1983, Bundessteuerblatt 1984 II S. 426, 428.

ist, also auf nicht unbeschränkt haftende Gesellschafter gewerblicher Personengesellschaften und über die Regelung des § 21 Abs. 1 S. 2 EStG auch für etwaige beschränkt haftende Gesellschafter von vermögensverwaltenden Fondsgesellschaften mit steuerlichen Einkünften aus Vermietung und Verpachtung (siehe hierzu Abschn. 4.1.1).

Ist die Fondskonzeption also nicht darauf abgestellt, dem Fondszeichner Verluste zu verschaffen, die einschließlich der geplanten Ausschüttungen dessen positives Kapitalkonto übersteigen, bleibt die Regelung des § 15a EStG bei beschränkt haftenden Fondsgesellschaftern ohne nachteilige Auswirkungen.

4.2.1 Betroffene Gesellschaftsformen

4.2.1.1 KG-Fonds

Der Verlustausgleichsbeschränkung des § 15a EStG unterliegen die Kommanditisten sowohl gewerblicher als auch vermögensverwaltender KG-Fonds und unabhängig davon, ob es sich bei den Kommanditisten um natürliche Personen, Personen- oder Kapitalgesellschaften handelt.

Bei KG-Fonds mit zwischengeschaltetem Treuhandkommanditisten greift § 15a EStG auf der Ebene der Treugeber (Anleger) ein. Sieht die Fondskonzeption vor, daß die Anleger in Form von Unterbeteiligungen am Kommanditisten-Gesellschaftsanteil beteiligt sind, gilt die Verlustausgleichsbeschränkung sinngemäß auch für die Unterbeteiligten (§ 15 Abs. 5 Nr. 2 EStG).

4.2.1.2 BGB-Fonds

Die Verlustausgleichsbeschränkung des § 15a EStG kann auch bei Immobilienfonds in der Rechtsform der BGB-Gesellschaft — gleichgültig, ob deren Gesellschafter ertragsteuerlich gewerbliche Einkünfte oder solche aus Vermietung und Verpachtung erzielen — eingreifen, und zwar dann, wenn die nach den bürgerlich-rechtlichen Vorschriften eigentlich unbeschränkte Haftung eines BGB-Gesellschafters aufgrund vertraglicher Regelungen oder tatsächlicher Gestaltung der eines Kommanditisten vergleichbar ist. Diese Voraussetzungen sind erfüllt, wenn, wie es § 15a Abs. 5 Nr. 2 EStG ausdrückt, die Inanspruchnahme der Gesellschafter für Schulden im Zusammenhang mit dem Betrieb

- entweder durch Vertrag ausgeschlossen,

- *oder* nach Art und Weise des Geschäftsbetriebs unwahrscheinlich ist. Jede der beiden Alternativen führt also zur Anwendbarkeit des § 15a EStG bei Gesellschaftern eines BGB-Fonds.

Der Initiator eines BGB-Fonds sieht sich mithin dem Zwiespalt ausgesetzt, einerseits durch entsprechende Vertragsgestaltungen die zivilrechtlich bestehende unbegrenzte Haftung eines BGB-Gesellschafters soweit wie möglich einzuschränken, andererseits aber bei voraussichtlich über die Kapitaleinlagen hinausgehenden Fondsverlusten ein Eingreifen des § 15a EStG zu vermeiden. Nachdem es aber bislang noch keine von den Finanzbehörden mit Blickwinkel auf § 15a EStG offiziell abgesegnete Vertragskonzeption für einen BGB-Fonds gibt, stellt es damit für den Initiator ein gewisses Risiko dar, den Grenzbereich auszuloten, in dem das Gesamtvertragswerk eines BGB-Fonds zum Eingreifen der Verlustausgleichsbeschränkung des § 15a EStG führt.

Gewisse Anhaltspunkte für die Konzeption bieten derzeit allein die Erlase des Senators für Finanzen Berlin vom 11. 12. 1985[1] und vom 27. 8. 1986[2], in denen einzelne Klauseln in Gesellschaftsverträgen sowie bestimmte Gestaltungsformen von BGB-Fonds aus der Sicht des § 15a EStG gewürdigt werden.

Haftungsbegrenzung durch Vertrag

Zu warnen ist damit vor allen *im Außenverhältnis* des Fonds zu Dritten wirkenden Vertragsklauseln, durch die die unbegrenzte Haftung eines BGB-Gesellschafters auf das Haftungsausmaß eines Kommanditisten reduziert wird.

Unschädlich ist dagegen eine nur im Innenverhältnis vereinbarte Haftungs- und Verpflichtungsbeschränkung. Ausnahme: die Gesellschaftsgläubiger kannten diese interne Haftungsbeschränkung oder hätten sie kennen müssen; dann nämlich zeigt die interne Haftungsbeschränkung auch im Außenverhältnis Wirkung. Zu nennen ist in diesem Zusammen-

---

[1] Az. III B 3 — S 2253 — 3/83, Recht und Praxis der Kapitalanlage, Urteil-Eildienst Nr. 371/85.
[2] Az. III B 3 — S 2253 — 11/86.

hang die im Gesellschaftsvertrag niedergelegte Haftungsbeschränkung der BGB-Gesellschafter, die durch eine gegenüber Dritten erkennbare Begrenzung der Vertretungsmacht des geschäftsführenden Gesellschafters zum Ausdruck kommt und Außenwirkung zeigt[1].

Typische Fälle für das Eingreifen des § 15a EStG sind nachstehend genannte Beschränkungen der Vertretungsmacht des Geschäftsführers oder des vorgeschalteten Treuhänders, *wenn* diese Haftungsklauseln sich entweder aus der Vollmachtsurkunde selbst ergeben oder der Geschäftsführer/Treuhänder in den Verträgen mit Dritten auf die lt. Gesellschaftsvertrag bestehenden Haftungsbeschränkungen hinweist (oder diese Beschränkungen den Vertragspartnern im Sonderfall auf andere Weise bekannt werden):

● Beschränkung der Vertretungsmacht auf einen *absoluten Betrag,* beispielsweise bis zur Höhe des geplanten Investitionsaufwands lt. im Gesellschaftsvertrag dargestellten Investitionsplan;

● Haftungsbeschränkung auf das Fondsvermögen und somit Ausschluß einer persönlichen Haftung der Gesellschafter;

● Gebot der Verpflichtung der Gesellschafter nur bis zur Höhe ihres gezeichneten Gesellschaftsanteils;

● Ausschluß einer Nachschußpflicht der BGB-Gesellschafter.

Geklärt ist mittlerweile, daß die heute üblicherweise in Gesellschaftsverträgen, Geschäftsführer- und Treuhandvollmachten und damit auch in den Verträgen mit Dritten bei Immobilienfonds vorgesehene Reduzierung der gesamtschuldnerischen Haftung auf eine persönlich quotale (teilschuldnerische) Haftung eines BGB-Gesellschafters (also eine Haftung entsprechend dem Beteiligungsverhältnis des einzelnen Gesellschafters) für die Fondsverbindlichkeiten für sich allein *nicht* zur Anwendbarkeit des § 15a EStG führt. Bei einer derartigen Klausel haftet nämlich der einzelne Gesellschafter weiterhin persönlich und unbegrenzt, wenngleich nur für die anteilig auf seinen Gesellschaftsanteil treffenden Fondsverbindlichkeiten[2]. Eine Einschränkung der gesamtschuldneri-

---

1 Vgl. Senator Finanzen Berlin vom 11. 12. 1985 unter Hinweis auf BGH-Urteil vom 25. 10. 1984, Der Betrieb 1985 S. 432.
2 Vgl. Senator Finanzen Berlin vom 11. 12. 1985.

schen Haftung eines BGB-Gesellschafters ist allerdings bezüglich sog.
gesetzlicher Schuldverhältnisse (z. B. bei Steuerschulden des Fonds, wie
Grunderwerbsteuer, Umsatzsteuer) unwirksam. Es sollte sich daher jeder Gesellschafter darüber im Klaren sein, daß ihn das Finanzamt für etwaige bestehende Steuerrückstände der Fondsgesellschaft in voller
Höhe zur Zahlung heranziehen kann[1].

Unwahrscheinlichkeit der Inanspruchnahme

Wenngleich mit der Vereinbarung einer quotalen Haftung die Haftungs-
frage aus der Sicht des BGB-Gesellschafters vertretbar gelöst und — wie
vorstehend aufgezeigt — auch steuerlich unproblematisch ist, sollte
nicht übersehen werden, daß die weitere Möglichkeit des Eingreifens des
§ 15 a EStG, nämlich der Fall der nach Art und Weise des Geschäftsbetriebs tatsächlichen Unwahrscheinlichkeit der Inanspruchnahme der Gesellschafter für die Schulden eines BGB-Fonds, bei der Vielzahl der für
die Investitionsphase abzuschließenden Verträge relativ leicht verwirk-
licht werden kann; insbesondere dann, wenn sich das Gesamtvertragswerk zu eng an dem vom Bauherrenmodell her bekannten, alle Risiken
absichernden „Bündel" von Serviceverträgen orientiert.

Beispiel für die in § 15 a EStG angesprochene Unwahrscheinlichkeit der
Haftungsinanspruchnahme eines BGB-Gesellschafters über seine erbrachte Gesellschaftereinlage hinaus ist die Fondskonstruktion mit vor-
geschaltetem fiduziarischen Treuhänder bzw. Beteiligungstreuhänders
(siehe zu diesem Begriff Abschnitt 2.4), der gegenüber Vertragspartnern
im eigenen Namen (also nicht im Namen der Gesellschaft bzw. der Gesellschafter), wenn auch im Innenverhältnis für Rechnung der Gesellschafter handelt (und damit den Gesellschaftern das wirtschaftliche
Eigentum an der Immobilie verschafft). Diese Konzeption ist bei BGB-
Fonds nach wie vor schon deshalb so beliebt, weil damit das bei großen
Fonds bestehende Problem, eine Vielzahl von Gesellschafter und jeden
Gesellschafterwechsel in das Grundbuch eintragen zu müssen, mit Eintragung eines derartigen Treuhänders im Grundbuch ausgeschaltet werden kann. Auch das Problem, im Fall von Anteilsverkäufen bzw. An-
teilsübertragungen im Erbwege die Handlungsvollmacht des Geschäftsführers durch die neuen Gesellschafter bestätigen zu lassen, was sich bei

---

[1]   Vgl. BFH-Urteil vom 23. 10. 1985, Bundessteuerblatt 1986 II S. 156.

Erbfällen im Ausland und ungeklärten einredebehafteten Rechtsnachfolgen als sehr hinderlich für ein rasches Handeln der Fondsgesellschaft
erweisen kann, wird mit dieser Gestaltung unterbunden.

Die Zwischenschaltung eines fiduziarischen Treuhänders bzw. Beteiligungstreuhänders führt nach Meinung der Finanzbehörden zum Eingreifen des § 15a EStG. Wie die Einkommensteuerreferenten der Länder[1] zum Ausdruck gebracht haben, bestehe eine unbeschränkte Haftung des einzelnen BGB-Gesellschafters nur für solche Verbindlichkeiten, die der fiduziarische Treuhänder in vertragsgemäßer Errichtung des
Fondsobjekts eingehe. Aus Überschreitungen des Treuhandvertrags
durch den Treuhänder entstünden keine unmittelbaren Haftungsver-
pflichtungen der Gesellschafter, da der Treuhänder nach außen im eigenen Namen auftrete. Mit einer derartigen Konstruktion werde sichergestellt, daß der Gesellschafter kein Haftungsrisiko über den Betrag seiner
Gesellschaftereinlage hinaus übernehme. Bei Fondskonstruktionen mit
nach der Konzeption die Gesellschaftereinlagen übersteigenden Verlusten ist also darauf zu achten, daß ein bei einem BGB-Fonds zwischen-
geschalteter Treuhänder Dritten gegenüber nur im Namen und für Rechnung der Fondsgesellschaft tätig wird.

Die vorstehend erwähnte grundbuchrechtliche Problematik der Eintragung aller BGB-Gesellschafter in das Grundbuch kann durch die Bestellung eines sog. *Grundbuchtreuhänders* vermieden werden (siehe hierzu
Abschn. 2.3). Die Einschaltung eines Grundbuchtreuhänders löst nicht
das Eingreifen des § 15a EStG aus[2].

Noch nicht abschließend geklärt ist, ob die bei nahezu allen Immobilienfonds zum Schutze der Kapitalanleger konzipierte sog. geschlossene Finanzierung, d.h. die bereits bei Auflegen des Fonds vorgesehene Abdek-
kung des insgesamt benötigten und wirtschaftlich begründeten Finanzierungsbedarfs durch Eigen- und Fremdmittel, die Haftungsbeschränkung des § 15a EStG zur Folge hat. Der Senator der Finanzen Berlin[3]
verneint zwar diese Rechtsfolge; zu Recht, wie ich meine, weil mit einer
derartigen Planung des Finanzierungsbedarfs zum einen keineswegs ver-

---

1 Niederschrift vom 2. 2. 1984, Punkt 11, Recht und Praxis der Kapitalanlage, Urteil-
  Eildienst Nr. 161/84.
2 Vgl. Senator Finanzen Berlin vom 11. 12. 1985.
3 Erlaß vom 11. 12. 1985.

mieden werden kann, daß es bei der Objektdurchführung nicht doch zu unvorhergesehenen Kostenüberschreitungen kommt, und zum anderen damit auch nicht ausgeschlossen wird, daß bei der späteren Bedienung der Fremdmittel, vor allem bei höheren als geplanten Zinsbelastungen nach Ablauf der ersten Zinsbindungsfrist oder bei Zahlungsunfähigkeit von Mitgesellschaftern „Störungen" eintreten und eine zusätzliche Haftung in Form einer Nachschußpflicht der Anleger auslösen. Ob mit dem Berliner Erlaß insoweit die im Schreiben des Bundesministers der Finanzen vom 8. 5. 1981[1] zur Außenhaftung eines Kommanditisten aufgrund höherer Hafteinlage zum Ausdruck kommende gegenteilige Auffassung (hier wird trotz formeller Außenhaftung bei einem geschlossenen Finanzierungskonzept die Unwahrscheinlichkeit der Inanspruchnahme des Kommanditisten unterstellt) als überholt zu gelten hat, ist derzeit wegen fehlender klärender Äußerungen des Bundesministers der Finanzen bzw. der Länderreferenten offen. Bei diesen Überlegungen ist allerdings zu berücksichtigen, daß die Finanzverwaltung — wie nachstehend noch näher dargelegt wird — bei der Frage der möglichen Haftungsinanspruchnahme eines Gesellschafters ausschließlich auf eine konkret am Bilanzstichtag bzw. Jahresende bestehende Außenhaftung abstellt, also in der Zukunft möglicherweise sich ergebende Haftungsrisiken für die steuerliche Beurteilung für unbeachtlich hält.

Vorsicht geboten ist des weiteren im Fall der geplanten optimalen Absicherung der Kapitalanleger in Form eines bereits beim Bauherrenmodell bekannten „Bündels" flankierender *Garantieversprechen*. Zwar können Bürgschaften bei dieser Betrachtung vernachlässigt werden, da durch sie wegen des Rückgriffsrechts des Bürgen die tatsächliche Haftung des BGB-Gesellschafters nicht gemindert oder ausgeschlossen wird. Es ist jedoch darauf zu achten, daß durch den gleichzeitigen Abschluß von beispielsweise Fertigstellungsgarantie, Fest- oder Höchstpreisgarantie, Zins- und Mietgarantien nicht die mögliche Haftungsinanspruchnahme der Gesellschafter auf einen bestimmten Höchstbetrag reduziert wird. Oder, wie im Berliner Erlaß vom 11. 12. 1985 negativ formuliert wird: ein derartiges Garantiebündel führt nur dann nicht zur Anwendbarkeit des § 15a EStG, wenn bei den Gesellschaftern trotz der Garantievereinbarungen noch *ein ins Gewicht fallendes Restrisiko* verbleibt. Bei dieser Wertung ist dabei

---

[1] Bundessteuerblatt 1981 I S. 308.

nicht jede Garantievereinbarung für sich zu sehen; vielmehr ist darauf abzustellen, ob die Gesamtheit der Verträge die tatsächlichen Folgen auslöst.

Abstand genommen werden sollte daher bei der Fondskonzeption von einer *Fest- oder Höchstpreisgarantie* für den gesamten Investitionsbedarf für die Fondsimmobilie (einschließlich der bis zur Fertigstellung des Objekts anfallenden Finanzierungskosten).

Abzuraten ist auch von einer Fest- oder Höchstpreisgarantie für die Bau- und Baunebenkosten, sofern — wie bei Fonds üblich — gleichzeitig die Entgelte für die übrigen zu erbringenden sog. Serviceleistungen (Finanzierungsvermittlung, Zinsgarantien usw.) bereits im Fondskonzept so fixiert sind, daß der geplante Investitionsbedarf von Anfang an als fester Betrag feststeht, also nicht mehr variabel ist. Bei dieser Vertragsgestaltung ist nach Meinung der Finanzverwaltung eine Haftung eines BGB-Gesellschafters über seine erbrachte Gesellschaftereinlage hinaus unwahrscheinlich.

Im Fall der Vereinbarung von Garantieverträgen sieht der Senator der Finanzen Berlin[1] nur dann ein beim Gesellschafter verbleibendes, ins Gewicht fallendes Haftungsrisiko, welches ein Eingreifen des § 15 a EStG verhindert, wenn zumindest die Kosten der Finanzierung nicht durch Garantien abgesichert werden.

Im übrigen ist festzuhalten, daß diese von der Finanzverwaltung gezogenen Schlußfolgerungen in der Literatur teilweise auf Widerstand stoßen. Es ist nämlich durchaus fraglich, ob auf längere Sicht durch die vorstehend genannten, lt. Finanzverwaltung für eine Haftungsbeschränkung der BGB-Gesellschafter sprechenden Fondskonzeptionen, tatsächlich die Haftung der Gesellschafter auf deren Einlage begrenzt wird. Bereits das Ausbleiben der Mieteingänge für einen längeren Zeitraum wegen Konkurses eines Großsortimenters und die gleichzeitig sich herausstellende Wertlosigkeit einer Mietgarantie kann zu einer Nachschußpflicht der Kapitalanleger über den Betrag ihrer Gesellschaftereinlagen hinaus führen, wenn eine Liquidierung des Fonds vermieden werden soll. Die Finanzverwaltung stellt allerdings nicht auf eine mittel- oder längerfristige Betrachtungsweise ab. Sie schließt im Fall vermuteter fehlender Haftungsinanspruchnahme der Gesellschafter über deren Gesellschaf-

---

[1]   Erlaß vom 11. 12. 1985.

tereinlagen hinaus ein Eingreifen des § 15 a EStG nur dann aus, wenn am Ende des jeweiligen Wirtschaftsjahres *konkret* erkennbar ist, daß die Gesellschafter mit einer Inanspruchnahme für die Schulden der Fondsgesellschaft zu rechnen haben, weil der Fonds selbst zahlungsunfähig ist[1].

In diesem Zusammenhang ist darauf hinzuweisen, daß die nicht abdingbare gesamtschuldnerische Haftung der BGB-Gesellschafter bei *gesetzlichen Schuldverhältnissen* (z. B. im Falle von Steuerschulden des Fonds) eine unbegrenzte Haftung der Gesellschafter mit der Folge der Nichtanwendbarkeit des § 15 a EStG ebensowenig belegen können wie die durch die Eintragung einer Globalgrundschuld auf dem Fondsgrundstück zur Absicherung der Fonds- oder Gesellschafterkredite sich ergebende faktische Nachschußpflicht der Gesellschafter, wenn Gesellschaftsvertrag und Geschäftsbesorgungsverträge oder Art und Inhalt der abgeschlossenen Garantieverträge eine auf die Gesellschaftereinlagen beschränkte Haftung der BGB-Gesellschafter vermuten lassen.

Lösungsvorschlag:

Verlagerung der Verluste in das Sondervermögen der Gesellschafter

Ist vom Initiator aus Anlegerschutzgründen und zur besseren Verkäuflichkeit der Fondsanteile bei der Konzeption eines BGB-Fonds die Verankerung einer der vorstehend aufgeführten, im Sinne des § 15 a EStG schädlichen Haftungsbegrenzungen beabsichtigt, kann ein Wirksamwerden der Verlustausgleichsbeschränkung des § 15 a EStG nur dadurch vermieden werden, daß ein Teil der zu Verlusten führenden Serviceleistungs-Verträge nicht mit der Fondsgesellschaft selbst sondern mit den einzelnen Gesellschaftern in deren Individualsphäre vereinbart und damit die im Gesamthandsbereich des Fonds anfallenden Verluste so weit reduziert werden, daß sie die Gesellschaftereinlagen voraussichtlich nicht übersteigen. § 15 a EStG greift nämlich nach Verwaltungsansicht nur im *Gesamthandsbereich* einer Personengesellschaft ein; im Individualbereich des einzelnen Gesellschafters, also in seinem sog. Sonderbetriebs- bzw. Sondervermietungsvermögen, anfallende Betriebsausgaben/Werbungskosten sind dagegen unbegrenzt sofort als Verlust abzugsfähig (siehe auch Abschn. 4.2.2.3).

---

[1]   Vgl. BdF-Schreiben vom 8. 5. 1981; Senator Finanzen Berlin vom 11. 12. 1985.

Meist wird zur Minderung der Verluste im Gesamthandsbereich des BGB-Fonds genügen, den Sektor „Fremdfinanzierung" einschließlich der damit zusammenhängenden Vermittlungs- und Garantieleistungen im Sondervermögen der Gesellschafter anzusiedeln. Kreditnehmer und Vertragspartner hinsichtlich dieser Serviceleistungen (Kreditvermittlung, Zwischenfinanzierungsbürgschaft, Ausbietungsgarantie, Zinsen usw.) ist dann also nicht die Fondsgesellschaft (also die Fondsgesellschafter zur gesamten Hand), sondern der einzelne Gesellschafter, wobei hier auch nur wieder eine Kreditaufnahme quotal entsprechend der Gesellschaftsbeteiligung erfolgt. Die von den einzelnen Gesellschaftern zu erbringenden Gesellschaftereinlagen entsprechen dann insgesamt der Höhe des Investitionsbedarfs des Fonds. Die Individualkredite der Gesellschafter werden dabei nicht schon deswegen zum Gesamthandsvermögen des Fonds — mit der Folge des Eingreifens des § 15 a EStG — gezogen, weil diese Kredite im Wege einer auf dem Fondsgrundstück lastenden Globalgrundschuld abgesichert werden; wohl aber dann, wenn die Fondsgesellschaft als Gesamthandsgemeinschaft die Mithaft für die Gesellschafterkredite übernähme.

Soweit im vorstehenden Sinne Leistungen in das „Sondervermögen" der einzelnen Gesellschafter verlagert werden, ist allerdings in Kauf zu nehmen, daß in den Leistungsentgelten enthaltene Mehrwertsteuern nicht als Vorsteuern abgezogen werden können. Umsatzsteuersubjekt ist nämlich nur die Fondsgesellschaft, nicht der einzelne Gesellschafter. Wird lediglich der Finanzierungsbereich ausgegliedert, sind diese umsatzsteuerlich nachteiligen Folgen zu vernachlässigen, da die Finanzierungsleistungen weitestgehend (strittig!) umsatzsteuerfrei sind.

4.2.2 Zulässiger Verlustausgleich

Verlustausgleichsvolumen

Bei beschränkt haftenden Fondsgesellschaftern ist die steuerliche Geltendmachung ihrer Verluste gemäß § 15 a EStG auf die Höhe ihrer positiven Kapitalkonten beschränkt.

Dieses Kapitalkonto ist bei *gewerblichen Fonds* (gleichgültig, ob KG-Fonds oder BGB-Fonds) mit dem *steuerlichen* Kapitalkonto identisch, wobei nach — allerdings in der Literatur bestrittener — Verwaltungsansicht[1] dieses auch das sog. Sonderbetriebsvermögen umfaßt (festzuhalten ist, daß auch der Bundesfinanzhof in seinem Beschluß vom 19. 5. 1987[2] die Verwaltungsmeinung für ernstlich zweifelhaft hält). Folglich erhöht ein positives Sonderbetriebsvermögen (z. B. zusätzliche Gesellschaftereinlagen, der Gesellschaft gewährte Gesellschafterdarlehen) das Kapitalkonto, ein negatives Sonderbetriebsvermögen (z. B. ein Darlehen zur Finanzierung der Gesellschaftereinlage) vermindert es. Ebenso beeinflussen dem einzelnen Gesellschafter zuzurechnende Gewinn-/Verlustanteile aus der Beteiligung das Kapitalkonto und damit das Verlustausgleichsvolumen. Sonderfall: im Sonderbetriebsvermögen anfallende Betriebsausgaben (z. B. Schuldzinsen aus der Fremdfinanzierung der Gesellschaftereinlage) sind nach Auffassung der Finanzbehörden auch bei negativem Kapitalkonto sofort unbegrenzt absetzbar.

Bei *vermögensverwaltenden KG- oder BGB-Fonds* mit steuerlichen Einkünften aus Vermietung und Verpachtung gibt es ertragsteuerlich — nachdem die Einkünfte in Form der Überschußrechnung der Einnahmen über die Werbungskosten ermittelt werden — kein Kapitalkonto eines Gesellschafters. Wegen der für diesen steuerlichen Einkunftsbereich sinngemäßen Anwendung der Vorschrift des § 15a EStG schafft die Finanzverwaltung zur Ermittlung des Ausgleichsvolumens in Anlehnung an das Kapitalkonto im gewerblichen Bereich ein *quasi-steuerliches Kapitalkonto* unter Einbeziehung eines „fiktiven" Sondervermietungsvermögens des einzelnen Gesellschafters. Es darf daher auf die vorstehenden Erläuterungen zum Kapitalkonto (= Ausgleichsvolumen) im gewerblichen Bereich verwiesen werden.

Im einzelnen wird das Verlustausgleichsvolumen des Gesellschafters eines vermögensverwaltenden Fonds im BdF-Schreiben vom 14. 9. 1981 wie folgt aufgegliedert:

---

[1]   Vgl. BdF-Schreiben vom 8. 5. 1981.
[2]   Recht und Praxis der Kapitalanlage, Urteil-Eildienst Nr. 608/87.

> *Tatsächlich* geleistete Gesellschaftereinlage
> + Überschußanteile aus der Fondsbeteiligung
> + Sonstige anteilige Vermögenszuflüsse des Fonds (z. B. steuerfreie Zuschüsse)
> + Steuerfreie Anteile an Veräußerungsgewinnen
> + Der Fondsgesellschaft gewährte Gesellschafterdarlehen
> + Der Gesellschaft zur Nutzung überlassene Vermögensgegenstände
> ./. Verluste aus der Fondsbeteiligung
> ./. Anteilige Vermögensabflüsse bei der Fondsgesellschaft
> ./. Auszahlungen an den Gesellschafter (z. B. Rückzahlung eines Gesellschafter-darlehens, Barausschüttungen, Eigenkapitalrückzahlungen)
> ./. Vom Gesellschafter selbst aufgenommene Kredite zur Finanzierung seiner Ein-lage oder der Gesellschaft gewährte Darlehen (maßgeblich ist der Stand der Fremdkredite am Jahresende)
> = Ausgleichsvolumen

Fremdfinanzierung von Einlagen und Gesellschafterdarlehen

Vom Gesellschafter selbst bei einem Kreditinstitut aufgenommene Kredite zur Refinanzierung der Gesellschaftereinlage oder eines der Fondsgesellschaft unverzinslich zur Verfügung gestellten Gesellschafterdarlehens sind seinem Sonderbetriebs- bzw. Sondervermietungsvermögen zuzurechnen. Finanziert beispielsweise ein Gesellschafter seine zu erbringende Gesellschaftereinlage in vollem Umfang durch Kredit, ist nach Verwaltungsauffassung sein steuerliches Kapitalkonto und damit sein Verlustausgleichsvolumen im Beitrittsjahr zunächst $\varnothing$ DM. Verluste aus der Fondsbeteiligung können somit im Erstjahr steuerlich nicht geltend gemacht werden; die aus der Kreditierung der Einlage in seinem Sondervermögen anfallenden Schuldzinsen sind dagegen voll im Jahr des Entstehens als Sonderbetriebsausgaben bzw. Sonderwerbungskosten steuerlich absetzbar.

Beispiel: Die von einem Kommanditisten zu erbringende Kommanditeinlage von 50000 DM wird von diesem in vollem Umfang fremdfinanziert. Aus diesem Kredit fällt für den Kommanditisten im Beitrittsjahr 1987 eine Zinsbelastung von 4000 DM an. Sein Verlustanteil aus der Fondsbeteiligung beträgt 1987 60000 DM.

	Ausgleichs-volumen DM	Ausgleichs-fähiger (= sofort abziehbarer) Verlust DM	Verrechenbarer (= vortrags-fähiger) Verlust DM

KG-Einlage 1987
abzgl. Fremdfinanzierung
   der Einlage
zzgl. Einlage 1987 privat
   gezahlte Kreditzinsen
	50 000
	
	− 50 000
	
	+ 4 000		

= Ausgleichsvolumen 1987 Verlustanteil 1987 Verlust Sondervermögen (Kreditzinsen)	+ 4 000 − 60 000 − 4 000	 4 000 4 000	56 000
= Ausgleichsvolumen zum 1. 1. 1988	∅ (− 60 000)		

Sieht die Fondskonzeption die Tilgung der fremdfinanzierten Gesellschaftereinlage über eine mit dem Darlehen verbundene *Kapitallebensversicherung* vor (siehe hierzu Abschn. 1.2.4), sollte berücksichtigt werden, daß derzeit noch nicht geklärt ist, ob steuerlich der jeweilige Rückkaufswert der Lebensversicherung zum Jahresende in die Vergleichsrechnung einbezogen werden kann und somit das Verlustausgleichsvolumen erhöht. Nachdem bei dieser Konstruktion üblicherweise vertraglich sichergestellt wird, daß die Lebensversicherung ausschließlich der Tilgung des Darlehens dient, ist wirtschaftlich sicherlich eine Einheit von Darlehen und Lebensversicherung gegeben, was die Schlußfolgerung zuließe, den jeweiligen Rückkaufswert der Lebensversicherung dem Verlustausgleichsvolumen zuzurechnen. Stellungnahmen der Finanzverwaltung zu dieser speziellen Gestaltung liegen zwar nicht vor. Bei einem vergleichbaren Sachverhalt, nämlich der vorgesehenen Tilgung eines zur Finanzierung betrieblicher Investitionen aufgenommenen Bankkredits durch eine vom Unternehmer abgeschlossene Risikolebensversicherung, sind nach Auffassung der Finanzbehörden Lebensversicherung und Versicherungsprämien jedoch nicht dem betrieblichen, sondern dem privaten Bereich des Unternehmers zuzurechnen. Die Prämien sind danach nicht Betriebsausgaben, sondern Sonderausgaben; der jeweilige Rückkaufswert der Lebensversicherung kann nicht als Betriebsvermögen behandelt werden (d. h. das Kapital kann erst mit Auszahlung der Versicherungssumme in das Betriebsvermögen eingelegt werden). Eine Ausnahme läßt die Verwaltung nur dann zu, wenn die Lebensversicherung ausschließlich zur Absicherung eines Betriebskredits aufgenommen wird, Versicherungsnehmer, Beitragsleistender und Bezugsberechtigter der Unternehmer ist, die *versicherte Person* jedoch ein nicht am Unternehmen beteiligter Dritter (z. B. Ehefrau des Unternehmers) ist. Sofern diese Grundsätze berücksichtigt werden (versicherte Person darf also nicht der Gesellschafter, sondern nur ein am Fonds nicht beteiligter Dritter sein), könnte auch der Rückkaufswert der Kapitallebensversicherung zum Verlustausgleichsvolumen gerechnet werden.

4.2.3 Erweiterung des Verlustausgleichsvolumens bei KG-Fonds

Von dem in Abschn. 4.2.1 aufgezeigten Grundsatz, daß ein beschränkt haftender Personengesellschafter steuerlich Verluste nicht über den Betrag seines positiven Kapitalkontos hinaus geltend machen darf, ist in § 15a Abs. 1 S. 2 EStG eine Ausnahme in Form eines erhöhten Verlustausgleichsvolumens vorgesehen, und zwar dann, wenn ein Gesellschafter über seine tatsächlich von ihm eingezahlte Gesellschaftereinlage hinaus den Gesellschaftsgläubigern gemäß § 171 Abs. 1 HGB bis zu dem *im Handelsregister eingetragenen* Haftungsbetrag haftet. Angesprochen ist hier der Kommanditist eines gewerblichen oder vermögensverwaltenden Fonds. Für den Gesellschafter eines BGB-Fonds — sofern er von der Regelung des § 15a EStG erfaßt sein sollte — eröffnet sich wegen des fehlenden Eintrags einer BGB-Gesellschaft im Handelsregister diese Möglichkeit des erweiterten Verlustausgleichs nicht.

Im Fall einer über die geleistete Kommanditeinlage hinaus bestehenden Außenhaftung des Kommanditisten kann dieser seine Beteiligungsverluste bis zur Höhe des Haftungsbetrags lt. Handelsregister steuerlich auch dann sofort geltend machen, wenn dadurch ein negatives Kapitalkonto entsteht oder sich dieses erhöht.

Dieser Haftungstatbestand tritt ein, wenn

● die im Handelsregister eingetragene Einlage noch nicht oder noch nicht voll geleistet ist,

- die Hafteinlage des Kommanditisten höher ist als die im Innenverhältnis lt. Gesellschaftsvertrag zu erbringende Pflichteinlage,

- die lt. Handelsregister zu leistende Hafteinlage ganz oder teilweise — beispielsweise durch Ausschüttungen und sonstige Entnahmen des Kommanditisten — wieder zurückgezahlt wird[1].

Ein derartiger Ausgleich von Verlusten über das positive Kapitalkonto hinaus hängt aber — um Mißbrauchsfälle abzuwehren — von nachstehenden Voraussetzungen ab, wobei diese im Gesetz[2] genannten Kriterien von der Finanzverwaltung in den BdF-Schreiben vom 8. 5. 1981[3] und vom 14. 9. 1981[4] näher — und zudem sehr restriktiv — ausgelegt werden:

- Nach dem Gesetzeswortlaut besteht die Möglichkeit der Erweiterung des Verlustabzugs nur dann, wenn der Kapitalanleger selbst als Kommanditist (also nicht ein Treuhandkommanditist) im Handelsregister eingetragen ist. Die Anmeldung zum Eintrag ins Handelsregister genügt noch nicht;

- Der Kommanditist muß das Bestehen einer Außenhaftung nachweisen, und zwar nach Verwaltungsansicht das Bestehen einer Haftung am jeweiligen Bilanzstichtag bzw. Jahresende (in der Literatur sehr bestritten: bzgl. des Haftungsrisikos sei vielmehr auf den gesamten Zeitraum des voraussichtlichen Bestehens des Fonds abzustellen);

- Eine Vermögensminderung aufgrund der bestehenden Haftung darf nicht durch Vertrag ausgeschlossen oder nach Art und Weise des Geschäftsbetriebs unwahrscheinlich sein.

Nach Verwaltungsmeinung ist eine Gefahr der Inanspruchnahme aus der Haftung beispielsweise nicht gegeben bei Vorliegen eines geschlossenen Finanzierungskonzepts, nach dem der Finanzbedarf des Fonds durch Eigen- und Fremdmittel gedeckt ist und damit am jeweiligen Jahresende von vornherein eine persönliche Inanspruchnahme des Kommanditisten nicht erkennbar ist. Diese Voraussetzung liegt nach dem

---

1   Vgl. § 172 Abs. 4 S. 1 HGB.
2   § 15a Abs. 1 Sätze 2 und 3 EStG.
3   Bundessteuerblatt 1981 I S. 308.
4   Bundessteuerblatt 1981 I S. 620.

BdF-Schreiben vom 8. 5. 1981 gleichermaßen nicht vor bei ratenweiser Einzahlung der Kommanditeinlage lt. Investitionsplan, wenn also die vom Fonds bis zum jeweiligen Stichtag getätigten Investitionen durch die bis dahin geleisteten Einlagen und in Anspruch genommenen Kredite lt. Finanzierungsplan gedeckt sind.

Zusammenfassend kann somit festgehalten werden, daß ein Kommanditist bei Zugrundelegung der Verwaltungsauffassung in der Praxis *kein erweitertes Verlustausgleichsvolumen* erreichen kann, solange sich der Fonds selbst nicht in konkreten wirtschaftlichen Schwierigkeiten befindet. Es ist daher abzuraten, bei der Konzeption eines KG-Fonds eine über das positive Kapitalkonto hinausgehende Verlustausgleichsmöglichkeit einzuplanen.

4.2.4 Nachteilige Wirkungen von Ausschüttungen

Der Anteil am Gewinn bzw. Überschuß eines Immobilienfonds ist das Ergebnis, das vom Fondszeichner zu versteuern ist. Dieser Anteil ist jedoch nicht mit den jährlichen Ausschüttungen an die Anleger identisch. Allerdings hat das steuerliche Jahresergebnis des Fonds Auswirkungen auf die evtl. Steuerfreiheit der Ausschüttungen: in Jahren, in denen der Fonds steuerliche Verluste erzielt, fließen den Gesellschaftern derartige Barausschüttungen ohne steuerliche Belastung zu.

Bei Kommanditisten eines gewerblichen KG-Fonds mindern Entnahmen, zu denen auch die vorerwähnten Ausschüttungen (aber auch eine Herabsetzung der Hafteinlage unter gleichzeitiger Rückzahlung des Differenzbetrags sowie Entnahmen im Bereich des Sonderbetriebsvermögens, wie z. B. Rückzahlung eines vom Gesellschafter dem Fonds gewährten Darlehens) rechnen, deren steuerliche Kapitalkonten. Hierbei ist zu beachten, daß Ausschüttungen, soweit sie zu einem negativen Kapitalkonto führen oder dieses erhöhen, nach § 15a Abs. 3 S. 1 EStG als Gewinn zu *versteuern* sind; gleichzeitig werden sie nach dem Gesetz den vortragsfähigen, mit späteren Gewinnen *verrechenbaren Verlusten* zugeordnet. Es wird also auf diese Weise ein in den Vorjahren aufgrund des damals höheren positiven Kapitalkontos (Ausgleichsvolumen) erfolgter zu hoher Verlustabzug berichtigt. Ganz offensichtlich soll mit dieser Regelung unterbunden werden, daß durch eine nachträgliche Herabsetzung zunächst hoher Pflichteinlagen (die zu einer entsprechend ho-

hen Verlustausgleichsmöglichkeit führen) der Zweck des § 15a EStG
umgangen wird.

Dieser Grundsatz gilt sinngemäß auch bei vermögensverwaltenden KG-
Fonds, auch wenn es hier den Begriff der „Entnahme" nicht gibt; es sind
in diesem Fall dann alle Vermögensabflüsse zu erfassen, die ein negatives „fiktives" Kapitalkonto zur Folge haben oder dieses erhöhen. Gleichermaßen ist diese Regelung bei BGB-Gesellschaften maßgeblich, soweit für diese aufgrund beschränkter Gesellschafterhaftung § 15a EStG
eingreift.

§ 15a Abs. 3 S. 1 EStG sieht allerdings insoweit eine Ausnahme von der
Gewinnerfassung derartiger Ausschüttungen (und sonstigen Entnahmen) vor, als durch die Ausschüttungen der Kapitalanteil unter den Betrag der geleisteten Hafteinlage absinkt und damit die Außenhaftung
des Kommanditisten gemäß §§ 171 Abs. 1, 172 Abs. 4 HGB wieder auf-
lebt (siehe hierzu auch Abschn. 2.2.6). Hierbei ist zu beachten, daß die
Finanzverwaltung in Übereinstimmung mit der herrschenden Literatur-
meinung ein derartiges Aufleben der Haftung allerdings dann verneint,
wenn eine Vermögensminderung aufgrund dieser Haftung „nach Art
und Weise des Geschäftsbetriebs" unwahrscheinlich ist. Obgleich § 15a
Abs. 3 Satz 1 nur auf Absatz 1 Satz 2 Bezug nimmt, entsteht eine
steuerlich zu beachtende Haftung im Falle des § 15a EStG nur unter den
Voraussetzungen des Absatzes 1 Satz 3, da die Sätze 2 und 3 dieses Absatzes nach Verwaltungsauffassung in ursächlich untrennbarem Zusammenhang stehen.

Entsprechend den Ausführungen in Abschnitt 4.2.1.2 kann von der fiktiven Gewinnzurechnung von Ausschüttungen also nur dann abgesehen
werden, wenn eine konkrete Haftungssituation am Jahresende (bzw.
Bilanzstichtag) erkennbar ist, die eine Inanspruchnahme des Kommanditisten aufgrund der wieder entstandenen Außenhaftung wahrscheinlich erscheinen läßt. Ein latentes Geschäftsrisiko allein, wie es jeder unternehmerischen Tätigkeit immanent ist, kann eine Gewinnzurechnung
der Ausschüttungen jedoch nicht verhindern.

Die vorstehend aufgezeigte Ausnahmeregelung der Nichtversteuerung
von Ausschüttungen kann außerdem wegen des Kriteriums „Außenhaftung" in folgenden Fällen **nicht** eingreifen:

- Entnahmen im Sonderbetriebs-/Sondervermietungsvermögen, da entsprechende Kapitalminderungen in diesem Bereich die Außenhaftung eines Kommanditisten nicht neu entstehen lassen;

- Beteiligte eines KG-Fonds, die nicht im Handelsregister eingetragen sind; dies betrifft die Fälle, in denen ein Treuhandkommanditist im Handelsregister eingetragen ist, nicht jedoch die Anleger, oder die Anleger nur Unterbeteiligte sind;

- BGB-Fonds (sofern für diesen § 15a EStG eingreift), da bei ihnen eine Außenhaftung der Gesellschafter durch Ausschüttungen (und sonstige Entnahmen) allein nicht entstehen kann.

Ausschüttungen, die in den vorerwähnten Fällen zu einem negativen Kapitalkonto führen, haben also stets im Jahr der Ausschüttung deren Erfassung als zu versteuernden Gewinn zur Folge.

Für das Ausmaß der Gewinnzurechnung aufgrund von Ausschüttungen und sonstigen Entnahmen legt § 15a Abs. 3 S. 3 EStG ein Limit fest: die Zurechnungen dürfen nicht den Betrag der im Jahr der Kapitalminderung und den zehn vorausgegangenen Jahren insgesamt entstandenen ausgleichsfähigen Verluste übersteigen.

4.3 Probleme der Gewinn- und Verlustverteilung in der Investitionsphase

So bedenkenfrei die bei geschlossenen Immobilienfonds übliche Ergebnisverteilungsabrede auch sein mag, nach der sich die Beteiligung jedes Gesellschafters am Ergebnis der Gesellschaft entsprechend dem Verhältnis seines Anteils am Gesellschaftskapital bemißt, so problematisch können die für die Investitionsphase getroffenen Sonderregelungen aus steuerlicher Sicht sein. Die Notwendigkeit einer abweichenden Ergebnisverteilung in der Investitionsphase ist durch den Umstand bedingt, daß einerseits die Plazierungsphase der Fondsanteile sich gewöhnlich über viele Monate, wenn nicht über Jahre erstreckt, und andererseits der Initiator dem Kapitalanleger bereits im Beitrittsjahr sofort absetzbare Werbungskosten/Betriebsausgaben verschaffen will. Es ist daher Vorgabe für jede Fondskonzeption, den Fondszeichnern unabhängig von deren Beitrittszeitpunkt Gewinne und Verluste in der Plazierungsphase

— in der Regel ausgedehnt auf die Investitionsphase — entsprechend den gezeichneten Kapitaleinlagen in gleicher Höhe zuzuweisen. Die Gesellschafter sollen also im Ergebnis so gestellt werden, als seien sie alle zum gleichen Zeitpunkt dem Fonds beigetreten.

Die Ergebnisverteilung ist dabei im Gesellschaftsvertrag meist in der Weise geregelt, daß

● den im Lauf des gleichen Jahres beitretenden Gesellschaftern ohne Rücksicht auf deren Beitrittszeitpunkt ein gleich hoher Anteil am Jahresergebnis des Fonds zugewiesen wird,

und sofern sich die Plazierungsphase des Fonds voraussichtlich über mehrere Jahre erstreckt,

● den in späteren Jahren dem Fonds Beitretenden für eine begrenzte Zeit (meist die Zeit der Investitionsphase) und in begrenztem Umfang höhere Ergebnisanteile (Verluste) zuzuweisen sind,

um damit eine gleichmäßige Verlustverteilung auf alle Gesellschafter entsprechend ihren gezeichneten Anteilen zu erreichen. Das Muster einer entsprechenden Formulierung im Gesellschaftsvertrag enthält Abschn. 2.2.5.

Mögen derartige Gewinn- und Verlustverteilungsvereinbarungen zivil- und handelsrechtlich unbedenklich sein, sind aus ertragsteuerlicher Sicht — wie die nachfolgenden Ausführungen in den Abschn. 4.3.1 bis 4.3.3 zeigen — gegen solche Abreden jedoch gewisse Vorbehalte angebracht.

4.3.1 Gewerbliche Fonds

Gestützt auf die Rechtsprechung des Bundesfinanzhofs wird auch seitens der Finanzverwaltung mittlerweile anerkannt, daß im Zusammenhang mit der Erhöhung des Gesellschaftskapitals — wie dies auch bei Immobilienfonds in der Plazierungsphase mit dem Beitritt der Neugesellschafter geschieht — Verluste, die *nach* dem Beitritt eines Gesellschafters entstehen, diesem im höheren Maße zugerechnet werden dürfen, wenn dadurch lt. der Ergebnisverteilungsregelung im Gesellschaftsvertrag eine gleichmäßige Verlustverteilung gewährleistet werden soll.

Dieser Grundsatz gilt jedoch nach Ansicht der Finanzbehörden unter der Einschränkung, daß einem Neugesellschafter nur Anteile an dem seit seinem Beitritt erwirtschafteten Verlust zugerechnet werden können[1]. Die Verwaltung stützt sich bei ihrem Verbot der steuerlich rückwirkenden Gewinnverteilungsabrede dabei auf das BFH-Urteil vom 7. 7. 1983[2], nach dem eine abweichende Ergebnisverteilungsabrede nur unter folgenden Einschränkungen anzuerkennen ist:

● Dem während des laufenden Geschäftsjahres einer Personengesellschaft beitretenden Gesellschafter kann nur ein Anteil an dem ab dessen Beitrittszeitpunkt erwirtschafteten Verlust als laufender Verlustanteil zugerechnet werden;

● Der vereinbarte Ergebnisverteilungsschlüssel darf nicht außerbetrieblich veranlaßt oder rechtsmißbräuchlich sein.

Die Richtigkeit der Verwaltungsauffassung wird auch durch das BFH-Urteil vom 23. 10. 1986[3] untermauert. Das Gericht stellt in diesem Urteil nochmals klar, daß ein während des Wirtschaftsjahres einem gewerblichen Immobilienfonds beitretender Gesellschafter nicht an Verlusten teilnehmen kann, die vor seinem Beitritt entstanden sind.

Wird also lt. Gewinn- und Verlustverteilungsregelung einem Neugesellschafter im Jahr des Beitritts das Jahresergebnis, genauer der vom Fonds erwirtschaftete Verlust, anteilig entsprechend seinem gezeichneten Kapitalanteil — also ohne Berücksichtigung seines Beitrittszeitpunktes — zugerechnet (in Form der Belastung seines Kapitalkontos), sind die in seinem Verlustanteil enthaltenen, vor seinem Beitritt entstandenen Verluste bei ihm als von den Altgesellschaftern übernommene Verluste zusätzlich Anschaffungskosten für seine Fondsanteile (präziser für die Anteile an den beim Fonds vorhandenen Wirtschaftsgütern, wie z. B. dem Fondsgrundstück) und in einer Ergänzungsbilanz zu aktivieren. Bei den Altgesellschaftern führt dies gleichzeitig in Höhe der vom Neugesellschafter aus der Zeit vor seinem Beitritt entstandenen, nunmehr übernommenen Verluste zu einem Veräußerungsgewinn.

---

1 Vgl. Abschnitt 138 Abs. 5 Einkommensteuerrichtlinien.
2 Der Betrieb 1983 S. 2173.
3 Betriebs-Berater 1987 S. 179.

Ausgehend von dieser von der Finanzverwaltung vertretenen Auffassung ist somit bei gewerblichen Immobilienfonds für die Verlustzurechnung der *Entstehungszeitpunkt* der einzelnen Aufwendungen von entscheidender Bedeutung. Bei voraussichtlich längerer Plazierungsphase sollte daher versucht werden, die Vertragsabschlüsse der sog. Serviceleistungsverträge erst nach vollständiger Plazierung der Fondsanteile zu tätigen. In der Praxis fällt dabei auf, daß Initiatoren häufig die Verträge zwar noch vor Beitritt aller Fondszeichner abschließen, hierbei jedoch durch Vertragsklauseln versuchen, die Verpflichtungen erst mit Vollplazierung des Fonds entstehen zu lassen. Bei diesen Vertragsklauseln handelt es sich im Regelfall allerdings um reine Fälligkeitsabreden, die den Zahlungszeitpunkt hinausschieben, aber nicht unterbinden können, daß der Verpflichtungsgrund für die Entgeltzahlung bereits vor Anlegerbeitritt in der Person der Gründungsgesellschafter entstanden ist.

Ist eine zeitliche Verlagerung der Vertragsabschlüsse nicht möglich oder vom Initiator nicht gewünscht, kann das im Fall der Übernahme von in der Sphäre der Altgesellschafter entstandener Verluste für den Neugesellschafter nachteilige Ergebnis nur durch eine differenzierte, in Abschn. 2.2.5 und 4.3.3 dargestellte Ergebnisverteilungsabrede für die Investitionsphase vermieden werden.

4.3.2 Vermögensverwaltende Fonds

Der für gewerbliche Personengesellschaften in Abschn. 4.3.1 beschriebene Grundsatz der Maßgeblichkeit des Beitrittszeitpunkts im Rahmen der Gewinn- und Verlustverteilung gilt gleichermaßen für vermögensverwaltende Immobilienfonds mit steuerlichen Einkünften aus Vermietung und Verpachtung. Das Prinzip, daß bei einem gewerblichen Fonds die bis zum Zeitpunkt des Eintritts des Neugesellschafters bei der Gesellschaft angefallenen Verluste/Gewinne diesem steuerlich nicht über die Ergebnisverteilung zugerechnet werden können, führt — angewandt auf die Einkunftsart Vermietung und Verpachtung — nach dem BFH-Beschluß vom 19. 8. 1986[1] dazu, daß Überschüsse/Verluste immer nur auf die Fondsgesellschafter verteilt werden dürfen, die im jeweiligen Zeitpunkt des Zuflusses der Einnahmen bzw. Abflusses der Werbungskosten bei der Fondsgesellschaft bereits Gesellschafter waren.

---

[1]   Der Betrieb 1986 S. 2520.

Hierbei ist zu beachten, daß — anders als im gewerblichen Bereich, wo im Fall der Bilanzierung der Entstehungszeitpunkt von Forderungen und Verbindlichkeiten für die Gewinn- und Verlustermittlung maßgeblich ist — bei der steuerlichen Einkunftsart Vermietung und Verpachtung das Zu- und Abflußprinzip gilt. Einem während des Jahres beitretenden Gesellschafter kann also das von der Fondsgesellschaft bis zu seinem Beitritt erwirtschaftete Ergebnis, das sich in Form der bis zum Beitrittszeitpunkt zugeflossenen Erträge und abgeflossenen Werbungskosten konkretisiert, nach Auffassung des Bundesfinanzhofs mit steuerlicher Wirkung *nicht* als Verlust/Überschuß zugerechnet werden. Es ist allerdings darauf hinzuweisen, daß die Finanzverwaltung bislang — im Gegensatz zu diesen Ausführungen des Bundesfinanzhofs — auch im Werbungskostenbereich die sog. Entstehungstheorie für anwendbar hält, also wie für den gewerblichen Bereich den Zeitpunkt der Entstehung der Aufwandsverpflichtung und nicht den der Zahlung für maßgebend erachtet[1]; die Verluste sind nach dieser Auffassung somit auf die Gesellschafter zu verteilen, die sie „erwirtschaftet" haben. Derzeit liegen noch keine Anzeichen vor, daß die Finanzbehörden aufgrund des vorerwähnten BFH-Beschlusses, der im vorläufigen Verfahren der Aussetzung der Vollziehung ergangen ist, ihre Auffassung revidieren, solange der Bundesfinanzhof nicht im Hauptsacheverfahren entschieden hat.

Wegen der steuerlichen Folgen der einem Neugesellschafter zugerechneten, vor seinem Beitritt angefallenen Verluste wird auf die entsprechend geltenden Ausführungen zum gewerblichen Fonds in Abschn. 4.3.1 verwiesen; im Bereich der Einkünfte aus Vermietung und Verpachtung gilt insoweit lediglich die Abweichung, daß bei den Altgesellschaftern der Betrag der als Verlustfreistellung wirkenden Verlustübernahme des Neugesellschafters steuerlich als sog. negative Werbungskosten, also als Einnahmen, anzusetzen sind. Wie bei gewerblichen Fonds können diese negativen Auswirkungen nur durch eine besondere, in Abschn. 2.2.5 und 4.3.3 dargestellte gesellschaftsvertragliche Ergebnisverteilung verhindert werden.

Im Rahmen der Gewinn- und Verlustverteilungsproblematik sei noch auf den für die Fondskonzeption nicht unwichtigen, vom Bundesfinanzhof aufgestellten Grundsatz hingewiesen, nach dem auch bei vermö-

---

1 Siehe hierzu auch Giloy, Betriebsberater 1987 S. 652.

gensverwaltenden Immobilienfonds die Ermittlung des Jahresergebnis-
ses des Fonds allein auf der Ebene der Gesellschaft zu erfolgen habe und
damit eine anteilige Zurechnung *einzelner Geschäftsvorfälle* der Gesellschaft auf die Gesellschafter nicht vorzunehmen sei[1]. Konsequenz dieser
Rechtsauffassung ist m.E., daß im Gesamthandsbereich des Fonds anfallende einzelne Aufwendungen steuerlich nicht ausschließlich einzelnen Gesellschaftern direkt zugewiesen werden dürfen. Steuerlich wir-
kungslos ist damit die bei vermögensverwaltenden Fonds keineswegs selten anzutreffende Ergebnisverteilungsregelung, nach der jedem Gesellschafter — unabhängig von dessen Beitrittszeitpunkt — vom Finanzamt
dem Fonds erstattete Vorsteuern anteilig entsprechend seinem Beteiligungsverhältnis gutzuschreiben sind, für Neugesellschafter insoweit, als
die Vorsteuererstattung vor deren Beitritt erfolgt.

4.3.3 Gesellschaftsvertragliche Sonderregelungen für die Investitionsphase

Nach den Ausführungen des Bundesfinanzhofs im Urteil vom 7. 7.
1983[2], denen sich die Finanzverwaltung vollinhaltlich angeschlossen
hat[3], ist bei gewerblichen Personengesellschaften eine Ergebnisverteilungsabrede auch steuerlich anzuerkennen, wenn diese vorsieht, daß die
Verluste der Gesellschaft für eine begrenzte Zeit nicht auf alle Gesellschafter, sondern nur auf bestimmte Gesellschafter verteilt werden *und*
sich diese Verlustverteilungsabrede auf die künftigen Gesellschaftsverlu-
ste bezieht (eine Einbeziehung bereits vor dem Beitritt eines Neugesellschafters entstandener Verluste ist also nicht zulässig). Das Gericht
nennt als Beispiel eine Vorab-Verlustzuweisung an Gesellschafter, die
aufgrund einer Kapitalerhöhung ihre Gesellschaftereinlage erhöht haben. Aus außerbetrieblichen Gründen oder rechtsmißbräuchlich veran-
laßte Gewinn- und Verlustverteilungsschlüssel wären allerdings steuerlich nicht berücksichtigungsfähig. Wenngleich diese Äußerungen nur
für den gewerblichen Bereich erfolgt sind, ist kein Grund ersichtlich,
daß sie nicht gleichermaßen für den Bereich der steuerlichen Einkunfts-

---

[1]   Vgl. BFH-Beschluß vom 19. 8. 1986, a.a.O.
[2]   Bundessteuerblatt 1984 II S. 53.
[3]   Abschnitt 138 Abs. 5 S. 2 Einkommensteuerrichtlinien.

art Vermietung und Verpachtung, also grundsätzlich auch für vermögensverwaltende Immobilienfonds, Gültigkeit haben.

Es bestehen m. E. keine Bedenken, diesen Grundsatz der zeitlich begrenzten abweichenden Verlustverteilung auch bei Fondsgestaltungen zuzulassen, bei denen das Gesellschaftskapital entsprechend dem sukzessiven Beitritt der Gesellschafter bis zur endgültig vorgesehenen Höhe aufgestockt wird[1]. Eine derartige Regelung kann sich dabei — je nach Dauer der Plazierungsphase — auf ein oder mehrere Verlustjahre erstrecken. Die abweichende Verlustverteilungsklausel sieht dabei vor, daß den sukzessive beitretenden Neugesellschaftern zu Lasten der Altgesellschafter in der Investitionsphase so lange Vorabverluste zugewiesen werden, bis alle Gesellschafter im wirtschaftlichen Ergebnis so gestellt sind, als seien sie sämtlich zum gleichen Zeitpunkt dem Fonds beigetreten (zum Muster einer Gewinn- und Verlustverteilungsregelung siehe Abschn. 2.2.5).

Zu betonen ist jedoch, daß derartige Vorab-Verlustzuweisungen für Neugesellschafter steuerlich nur dann die gewünschte Wirkung zeigen können, wenn *nach* dem Beitritt der Neugesellschafter in der Investitionsphase noch entsprechend hohe Verluste anfallen, die zur Vorabzuweisung gelangen können.

Die sog. Absetzungen für Abnutzungen (Abschreibungen) können allerdings nicht in derartige Ergebnisverteilungsabreden einbezogen werden, da Abschreibungen nur von demjenigen in Anspruch genommen werden können, der den Wertverzehr des Objekts (also der Fondsimmobilie) wirtschaftlich in Form der Anschaffungs- und Herstellungskosten trägt. Sie ist folglich den Gesellschaftern im Verhältnis ihrer Beteiligungen an den abschreibungsfähigen Objekten, also im Verhältnis ihrer Gesellschafterbeteiligungen, zuzurechnen[2].

Daß Vorsteuererstattungen durch das Finanzamt nicht uneingeschränkt den einzelnen Gesellschaftern — unabhängig von deren Beitrittszeitpunkt — bei vermögensverwaltenden Fonds direkt zugewiesen werden können, wurde bereits in Abschn. 4.3.2 ausgeführt.

---

1 So nunmehr auch BFH-Urteil vom 17. 3. 1987, Betriebs-Berater 1987 S. 1234.
2 Vgl. BFH-Urteile vom 27. 6. 1978, Bundessteuerblatt 1978 II S. 674, und vom 7. 10. 1986, Der Betrieb 1987 S. 767.

4.3.4 Die Verlustabschichtung/Abschichtungsbilanz

Die Auffassung der Finanzverwaltung, nur die ab Gesellschafterbeitritt entstehenden Verluste dem während eines Wirtschaftsjahres beitretenden Neugesellschafter anteilig oder aufgrund besonderer Ergebnisverteilungsabreden für die Investitionsphase ggf. in höherem Maß zuzurechnen, würde natürlich in ihrer praktischen Durchführung zu nicht übersehbaren abwicklungstechnischen Schwierigkeiten bei der Ermittlung der anteiligen Verluste führen. Es müßte nämlich bei unterschiedlichen Beitrittszeitpunkten der Fondszeichner jeweils eine Zwischenbilanz (Abschichtungsbilanz) bzw. bei vermögensverwaltenden Fonds ein Zwischenabschluß in Form einer Überschußrechnung erstellt werden. Um diese Ermittlungsprobleme auf ein erträgliches Maß zu reduzieren, praktiziert die Finanzverwaltung ein — ungeschriebenes — Vereinfachungsverfahren. Ausgangspunkt bildet zum einen die Möglichkeit, bei fehlenden Zwischenabschlüssen den Jahresverlust im Schätzungswege zeitanteilig aufteilen zu können. Zum anderen stellt die Verwaltung aus Vereinfachungsgründen alle innerhalb eines Zeitraums von *drei Monaten* einem Fonds beitretenden Gesellschafter hinsichtlich der Ergebnisverteilung gleich. Der Jahresverlust des Fonds ist damit bei unterschiedlichen Beitrittszeitpunkten der Fondszeichner in höchstens vier Ergebnisermittlungsabschnitte aufzugliedern. Bei Beitritt aller Fondsgesellschafter innerhalb von drei Monaten könnte also eine Verlustabschichtung entfallen.

5 Werbungskosten/Betriebsausgaben

5.1 Geltung des Bauherrenerlasses 1981

Bekanntlich ist der mittlerweile verblichene Erfolg der Bauherrenmodelle neben der Möglichkeit der Vorsteuerererstattung vornehmlich auf den einkommensteuerlichen Steuerersparniseffekt zurückzuführen. Dem Versuch der Initiatoren, aus dem Gesamtaufwand für die im Rahmen eines Bauherrenmodells zu errichtenden Eigentumswohnungen möglichst hohe Gebühren für dem Werbungskostenbereich zuzuordnende mannigfaltige Serviceleistungen auszugliedern und in Form von Vorauszahlungen auf diese Leistungen im Beitrittsjahr dem Bauherrn optimale Steuervorteile zu verschaffen, ist die Finanzverwaltung mit Verwaltungsanweisungen zur Abzugsfähigkeit derartiger Gebühren entgegengetreten; letzte und noch aktuelle Anweisung ist der sog. Bauherrenerlaß vom 13. 8. 1981[1].

Da bei den Vertragswerken geschlossener Immobilienfonds deutliche Anleihen bei Bauherrenmodell-Konzeptionen festzustellen sind, verfahren die Finanzbehörden bzgl. der steuerlichen Anerkennung der von der Fondsgesellschaft und ihren Gesellschaftern zu entrichtenden Honorare und Gebühren für die sog. Serviceleistungen — soweit dort angesprochen — ebenfalls nach den im vorerwähnten Bauherrenerlaß verankerten Grundsätzen und Wertungen (was vom Bundesfinanzhof mit Urteil vom 1. 12. 1987[2] für zutreffend erachtet wird).

Die Finanzverwaltung schränkt im Bauherrenerlaß 1981 die als Werbungskosten sofort abzugsfähigen Anteile bei bestimmten Gebühren und Honoraren auf deren *marktüblichen Werte* bzw. auf die von der Verwaltung gewonnenen Erfahrungssätze ein. (So auch die ständige Rechtsprechung des Bundesfinanzhofs, zuletzt im BFH-Urteil vom 1. 12. 1987, a.a.O.). Die diese marktüblichen Werte übersteigenden Aufwendungen wertet die Verwaltung steuerlich als Kosten für die Vermittlung und Beschaffung der Immobilie und rechnet sie deshalb anteilig dem Bereich der Anschaffungskosten des Grundstücks und den Herstellungskosten des Gebäudes zu.

---

[1] Bundessteuerblatt 1981 I S. 604.
[2] Betriebs-Berater 1988 S. 958.

Die im Bauherrenerlaß 1981 genannten Prozentsätze und Beträge sind als *Richtwerte* (ohne Mehrwertsteuer) und nicht als Höchstwerte aufzufassen, können also im Sonderfall überschritten werden. Man sollte bei der Fondskonzeption allerdings nicht einplanen, daß seitens der Finanzämter irgendeine Neigung besteht, von diesen Richtwerten abzuweichen.

5.2 Kurzübersicht über Gebühren und Honorare

In Abb. 43 werden die bei geschlossenen Immobilienfonds bislang bekannt gewordenen Gebühren für sog. Serviceleistungen hinsichtlich ihrer sofortigen Absetzbarkeit als *Betriebsausgaben bzw. Werbungskosten* stichwortartig angesprochen. Soweit die Besonderheiten einer Fondskonzeption eine abweichende Behandlung von Servicegebühren gegenüber dem Bauherrenmodell bedingen, eine differenziertere Darstellung erfordern oder Serviceleistungen nach sich ziehen, die im Bauherrenerlaß 1981 nicht angesprochen sind, wird dies in den Abschn. 5.3 bis 5.14 behandelt.

Abb. 43: Steuerliche Behandlung von Gebühren und Honoraren

Gebührenart	Steuerliche Eingruppierung	siehe Abschn.
Eigenkapital-beschaffungskosten, Vertriebsprovisionen	1. Fonds als Schuldner der Provisionen: Betriebsausgaben/ Werbungskosten 2. Vom Fondszeichner zu zahlende Provisionen: Nicht sofort als Betriebsausgaben/Werbungskosten absetzbar	5.3
Konzeptions- und Marketingkosten	Keine Betriebsausgaben/ Werbungskosten	5.4
Agio	Keine Betriebsausgaben/ Werbungskosten	5.5

Gebührenart	Steuerliche Eingruppierung	siehe Abschn.
Geschäftsführer-vergütung, Gebühren für Fondsverwaltung	1. Investitionsphase: i.d.R. Aufteilung in Anschaffungs- u. Herstellungs-kosten sowie Betriebsausgaben bzw. Werbungskosten (Anteil letzterer i.d.R. 1/4 der Vergütung, höchstens 0,5 % der Investitionskosten) 2. Vermietungsphase: i.d.R. Betriebs-ausgaben bzw. Werbungskosten	5.6
Vergütung des Treuhänders, Treuhandkommanditisten	1. Investitionsphase: i.d.R. Aufteilung in Anschaffungs- u. Herstellungs-kosten sowie Betriebsausgaben/ Werbungskosten (Anteil letzterer i.d.R. 1/4 der Vergütung, höchstens 0,5 % der Investitionskosten) 2. Vermietungsphase: i.d.R. Betriebsausgaben/Werbungskosten	5.7
Haftungsvergütung des Komplementärs	1. Gewerbliche Fonds: Vorwegvergü-tung i.S. § 15 Abs. 1 Nr. 2 EStG 2. Vermögensverw. Fonds: Vorabvergütung des Komplemen-tärs bei der Ergebnisverteilung	5.8
Beiratsvergütungen	Betriebsausgaben/Werbungskosten	5.9
Steuerberatungskosten	Betriebsausgaben/Werbungskosten (wegen Geringfügigkeit auch soweit es die Kosten der Erstellung der Fest-stellungserklärung betrifft), jedoch nicht, soweit Leistungen im Konzeptionsbereich erbracht werden	—
Kosten der Handels-bilanzerstellung	Betriebsausgaben/Werbungskosten	—

Gebührenart	Steuerliche Eingruppierung	siehe Abschn.
Gebühren für Vermittlung der Zwischen- und Endfinanzierung	Lt. Bauherrenerlaß Werbungskostenanteil: 2 % vom Nominalbetrag des jeweils *tatsächlich* vermittelten Zwischen- bzw. Endfinanzierungsdarlehens (maßgeblich ist der im Kreditvertrag festgelegte Darlehensbetrag). Mit diesem Prozentsatz sind alle im Rahmen der Vermittlung und Bearbeitung der Finanzierungen anfallenden Aufwendungen abgegolten, also auch etwaige Finanzierungsberatungsgebühren. Die sonstigen Geldbeschaffungskosten, wie z. B. Bereitstellungszinsen, Schätzgebühren der Bank, sind daneben uneingeschränkt absetzbar.	—
Konditionengarantie	Soweit Ausgleichszahlungen an Bank geleistet werden, sind diese steuerlich i.d.R. Zinsvorauszahlungen, die auf Zinsbindungszeitraum anteilig zu verteilen sind. Beim Garantiegeber verbleibende Gebühren: i.d.R. Zinsgarantiegebühren, damit Werbungskostenanteil 1 % vom Investitionsaufwand (bei gewerblichen Fonds auf Garantiezeit abzugrenzen)	5.10
Zinsgarantiegebühren	Werbungskostenanteil i.d.R. in Höhe von 1 % des Investitionsaufwands (bei gewerblichen Fonds sind Gebühren auf Garantiezeit abzugrenzen)	5.11
Bürgschaftsgebühren für die Zwischenfinanzierung	Betriebsausgaben- bzw. Werbungskostenanteil: pro Jahr — gesehen auf die tatsächliche Laufzeit des Zwischenkredits — 2 % des verbürgten und valutierten Betrages (bei gewerblichen Fonds auf Laufzeit der Bürgschaft abgrenzen) Erfordert allerdings, daß Bürgschaft Voraussetzung der Darlehenszusage der Bank ist.	—

Gebührenart	Steuerliche Eingruppierung	siehe Abschn.
Bürgschaftsgebühren für die Endfinanzierung (Ausbietungsgarantie)	Betriebsausgaben- bzw. Werbungskostenanteil: 0,5 % der in Anspruch genommenen Darlehensmittel als Einmalbetrag (also nicht pro Jahr); bei gewerblichen Fonds auf Laufzeit der Garantie abzugrenzen. Erfordert allerdings, daß die Bürgschaftserklärung Voraussetzung der Darlehenszusage der Bank ist.	—
Disagio	Betriebsausgabe bzw. Werbungskosten in der marktüblichen Höhe (bei gewerblichen Fonds abzugrenzen auf Zinsbindungsfrist) Nicht marktüblicher Teil des Disagios ist auf den Zeitraum der Zinsfestschreibung zu verteilen.	—
Plazierungs- oder Schließungsgarantie	Anteilig Grundstücksbeschaffungskosten und Gebäudeherstellungskosten	—
Höchst-, Festpreis- und Fertigstellungsgarantien	Herstellungskosten der Immobilie	—
Baubetreuungsgebühren	Betriebsausgaben- bzw. Werbungskostenanteil: 1/8 der Gebühren, höchstens 0,5 % des Investitionsaufwands	—
Mietvertragsvermittlungsgebühren	Betriebsausgaben/Werbungskosten in Höhe der ortsüblichen Maklerprovision. Bei Gewerbeobjekten i.d.R. 3 % der 10-Jahresmietsumme	5.12
Vermietungsgarantiegebühren	Betriebsausgaben/Werbungskosten 4 Monatsmieten (auch bei Gewerbeobjekten)	5.13
Ausschüttungsgarantiegebühren	Betreffen den steuerlich nicht berücksichtigungsfähigen Vermögensbereich	5.14
Verkaufsgarantiegebühren	Betreffen den steuerlich nicht berücksichtigungsfähigen Vermögensbereich. Gebühr kann Einkunftserzielungsabsicht der Gesellschafter in Frage stellen (siehe Abschn. 4.1.2)	—

5.3 Eigenkapitalbeschaffungskosten, Vertriebsprovisionen

Noch wesentlich stärker als beim Bauherrenmodell sind die Initiatoren bei geschlossenen Immobilienfonds aufgrund der starken Stückelung des Zeichnungskapitals genötigt, sich zur Plazierung der Fondsanteile Vertriebsunternehmen zu bedienen. Sofern ein Teilbetrag der für die Gesellschafteranwerbung entstehenden Vertriebsprovisionen vom Fondszeichner selbst zu entrichten ist, fließt gewöhnlich das sog. Agio als Provision direkt an den Vertrieb. Meist trifft die Provisionslast aufgrund der Vertriebsvereinbarungen jedoch ganz oder zum maßgeblichen Teil die Fondsgesellschaft; die Vertriebsaufwendungen werden dann im Investitionsplan als sog. Eigenkapitalbeschaffungskosten in Ansatz gebracht.

Die steuerliche Wertung der gezahlten Vertriebsprovisionen hängt zum einen entscheidend davon ab, wer Vertragspartner des eingeschalteten Vertriebsunternehmens und damit Zahlungsverpflichteter ist, und zum anderen, zu welchem Zeitpunkt der Provisionsanspruch entsteht bzw. die Provision bezahlt wird.

Von der Fondsgesellschaft entrichtete Vertriebsprovisionen

Für Immobilienfonds mit gewerblichen Einkünften dürfte mit dem BFH-Urteil vom 13. 10. 1983[1] geklärt sein, daß — sofern die Fondsgesellschaft selbst die Provision gegenüber dem Vertriebspartner schuldet — derartige Eigenkapitalbeschaffungskosten nicht zu aktivieren sind, diese vielmehr *sofort* als Betriebsausgaben abgesetzt werden können.

Einem während des Wirtschaftsjahres einem Fonds beitretenden Anleger kann allerdings der aus den Vertriebsaufwendungen entstehende Teil des Jahresverlusts nur dann anteilig zugerechnet werden, wenn die Provisionsverpflichtungen im oder nach dem Zeitpunkt des Gesellschafterbeitritts entstehen. Diese im BdF-Schreiben vom 15. 2. 1984[2] niedergelegte Anweisung ist durch das BFH-Urteil vom 23. 10. 1986[3] bestätigt worden. Dagegen hat der Bundesfinanzhof in diesem Urteil die im vorerwähnten BdF-Schreiben vom 15. 2. 1984 vertretene Verwaltungsmei-

---

1   Bundessteuerblatt 1984 II S. 101.
2   Bundessteuerblatt 1984 I S. 157.
3   Betriebs-Berater 1987 S. 179.

nung als unhaltbar zurückgewiesen, wonach bei Kenntnis eines Anlegers von der Verwendung seiner Gesellschaftereinlage auch zur Zahlung von Vertriebsprovisionen (wobei diese Kenntnis generell aufgrund des im Werbeprospekt aufgenommenen Investitionsplans unterstellt werden kann) die anteilige Vertriebsprovision nicht Verlust, sondern aktivierungspflichtige zusätzliche Anschaffungskosten für die Beteiligung seien. Diese Verwaltungsauffassung wurde daher auch mittlerweile ausdrücklich mit BdF-Schreiben vom 12. 2. 1988[1] aufgegeben.

In seinem Urteil vom 24. 2. 1987[2] hat der Bundesfinanzhof — wie bereits für den gewerblichen Bereich — auch für den vermögensverwaltenden Fonds mit steuerlichen Einkünften aus Vermietung und Verpachtung entschieden, daß die vom Fonds, also von der Gesamthandsgemeinschaft selbst gezahlten Provisionsaufwendungen bei einem *während des Jahres* der Gesellschaft beitretenden Fondszeichner nur dann Werbungskosten (bzw. genauer: laufender anteiliger Verlust) sind, wenn diese Kosten erst im oder nach seinem Eintrittszeitpunkt anfallen. Nachdem jedoch bei der Einkunftsart Vermietung und Verpachtung das Zu- und Abflußprinzip des § 11 EStG gilt, ist für die Zurechnung der aus den Provisionen resultierenden Verlustanteile auf die Gesellschafter nicht der Entstehungszeitpunkt der Provisionsverpflichtung maßgeblich, sondern der Zeitpunkt der *Zahlung* dieser Entgelte durch die Fondsgesellschaft[3]. Da üblicherweise die Vermittlungsprovisionen erst nach dem Beitritt eines Neugesellschafters an das Vertriebsunternehmen entrichtet werden, dürfte damit für die anteilige Zurechnung der daraus resultierenden Verluste auch auf die Neugesellschafter steuerlich bei vermögensverwaltenden Fonds kein Hindernis bestehen. Vorauszahlungen der Fondsgesellschaft an den Vertrieb in Form von Abschlagszahlungen sollten allerdings wegen des Abflußprinzips vermieden werden.

Entstehungszeitpunkt der Vertriebsprovisionen

Für die Frage der Verlustzurechnung im Fall während des Jahres beitretender Neugesellschafter kommt bei *gewerblichen* Immobilienfonds

---

[1] Bundessteuerblatt 1988 I S. 98.
[2] Der Betrieb 1987 S. 1229.
[3] Vgl. BFH-Beschluß vom 19. 8. 1986, Der Betrieb 1986 S. 2520.

dem Entstehungszeitpunkt der Provisionszahlungspflicht entscheidende Bedeutung zu. Maßgeblich hierfür ist die im Einzelfall in der jeweiligen *Vertriebsvereinbarung* getroffene Regelung. Werden in die Vereinbarung die in § 652 BGB verankerten zivilrechtlichen Maklergrundsätze übernommen, entsteht — unabhängig vom Zeitpunkt der Fälligkeit der Provisionsaufwendungen — ein Provisionsanspruch nicht schon mit Abschluß des Vertrags, sondern erst in dem Zeitpunkt, in dem aufgrund Vermittlung oder Nachweises der Kapitalanleger dem Fonds rechtswirksam und unwiderruflich beitritt. Zurechnungsprobleme bzgl. der aus den Vertriebsaufwendungen resultierenden Fondsverluste treten also bei einem in diesem Sinn ausgestalteten Vertriebsvertrag nicht auf. Bei vermögensverwaltenden Fonds ist — wie schon angemerkt — darauf zu achten, daß die Vertriebsprovisionen vom Fonds erst nach dem Beitritt des jeweiligen Fondszeichners entrichtet werden.

Angemessenheit der Provisionen

Zu achten ist darauf, daß die Finanzverwaltung, aber auch der Bundesfinanzhof[1] derartige Eigenkapitalbeschaffungskosten natürlich auch unter dem Gesichtspunkt der „Marktüblichkleit" würdigt, also diese Provisionen nur insoweit zum sofortigen Werbungskostenabzug zuläßt, als sie angemessen sind. In diesem Zusammenhang weist die Berliner Verwaltung[2] darauf hin, daß Eigenkapitalbeschaffungskosten von mehr als 25 Prozent des vermittelten Eigenkapitals in jedem Falle unangemessen seien; damit ist natürlich nicht ausgeschlossen, daß auch entsprechende Provisionen, die unter diesem genannten Wert liegen, ebenfalls unangemessen sein können.

Vom Fondszeichner direkt an den Vertrieb zu zahlende Vertriebsprovisionen

Durch die Rechtsprechung des Bundesfinanzhofs ist mittlerweile abschließend geklärt, daß die vom einzelnen Fondszeichner für die Vermittlung seines Beitritts zum Immobilienfonds unmittelbar an das Vertriebsunternehmen zu zahlenden Vertriebsprovisionen bei dem Anleger nicht zu Betriebsausgaben bzw. Werbungskosten führen, sondern antei-

---

[1]   Urteil vom 24. 2. 1987, Der Betrieb 1987 S. 1229.
[2]   Senator für Finanzen Berlin, Erlaß vom 3. 7. 1987 III B 3 — S 2170 — 1/84.

lig zu den vorbereitenden Anschaffungskosten bzw. Herstellungskosten der Fondsimmobilie rechnen[1].

5.4 Konzeptions- und Marketingkosten

In der Kostenposition „Konzeptions- und Marketingkosten" sind in der Regel die *Vor- und Gründungskosten* eines Fonds vereint. Zu nennen sind hier insbesondere die Kosten für die Erstellung der rechtlichen, steuerlichen und wirtschaftlichen Fondskonzeption sowie die Aufwendungen für die tatsächliche Vorbereitung des Modells bis zur Vermarktung; in der Vergangenheit wurden gelegentlich auch die Vermittlungsentgelte für die Anwerbung der Fondszeichner in diese Kostenposition einbezogen. Auftraggeber dieser von Dienstleistungsunternehmen zu erbringenden Konzeptionsleistungen sind i.d.R. die Fondsinitiatoren bzw. die künftigen Gründungsgesellschafter. Die Konzeptionskosten werden jedoch später der Fondsgesellschaft weiterbelastet.

Gewerbliche Immobilienfonds

Sicherlich führen die reinen Konzeptions- und Gründungskosten für einen Fonds im gewerblichen Bereich zu Betriebsausgaben und nicht zu einem aktivierungsfähigen Wirtschaftsgut. Nun ist aber festzuhalten, daß das Verpflichtungsgeschäft für derartige Konzeptionsleistungen schon begrifflich nur in der Sphäre der Gründungsgesellschafter angesiedelt sein kann. Die Kostenzahlungspflicht kann demnach nur die Gründungsgesellschafter treffen; allein der Fälligkeitszeitpunkt für die Bezahlung dieser Aufwendungen kann auf einen späteren Zeitpunkt, z.B. dem der Schließung des Fonds, verlagert werden. Da aber nach — durch die BFH-Rechtsprechung bestätigte — Verwaltungsansicht[2] der durch Konzeptionskosten entstehende Teil des Fondsverlusts steuerlich den Gesellschaftern nicht zugerechnet werden darf, die nach dem Entstehungszeitpunkt der Konzeptionsaufwendungen dem Fonds beitreten, können folglich Konzeptionskosten allein bei den Gründungsgesellschaftern, nicht aber bei den Neugesellschaftern zum anteiligen Verlustabzug führen. Soweit die Kapitalkonten der Neugesellschafter dennoch

---

[1]   Siehe zuletzt BFH-Urteil vom 23. 10. 1986, a.a.O.
[2]   Vgl. BdF-Schreiben vom 15. 2. 1984, Bundessteuerblatt 1984 I S. 157.

über die Verlustverteilung anteilig mit Konzeptionskosten belastet werden, stellen sie zusätzliche — in einer Ergänzungsbilanz zu aktivierende — Anschaffungskosten der Neugesellschafter für ihre Beteiligung dar (siehe hierzu Abschn. 4.3.1).

Vermögensverwaltende Immobilienfonds

Auch bei vermögensverwaltenden Immobilienfonds kann eine anteilige Belastung der Neugesellschafter mit Konzeptionskosten nicht zu Werbungskosten bzw. Verlusten führen. So hat der Bundesfinanzhof in seinem Beschluß vom 19. 8. 1986[1] festgehalten, daß Konzeptionskosten schon begrifflich nicht Werbungskosten darstellen könnten, sondern den Anschaffungskosten für die Fondsimmobilie zuzurechnen seien[2]. Das bedeutet, daß im Bereich der steuerlichen Einkunftsart Vermietung und Verpachtung Konzeptionskosten weder bei den Gründungs- noch bei den Neugesellschaftern als Werbungskosten absetzbar sind.

5.5 Agio

Das mit der Zeichnung von Fondsanteilen vom Kapitalanleger üblicherweise zu entrichtende Agio (meist 5 v. H. des gezeichneten Kapitals) soll im Regelfall einen Teil der für die Anwerbung der Gesellschafter entstehenden Vertriebskosten abdecken. Auch wenn die Zeichnungsscheine häufig im unklaren lassen, wer Empfänger des Agios ist, fließen diese Agiobeträge gewöhnlich direkt dem eingeschalteten Vertriebsunternehmen zu. Nachdem die Vertriebsfirmen gleichzeitig auch von der Fondsgesellschaft selbst Vertriebsgebühren fordern und damit zivilrechtlich die Gefahr der unzulässigen Doppelmaklerschaft im Raume steht, wird teilweise diese vom Anleger zu entrichtende Vertriebsprovision als Provision für die *Vermittlung des Treuhandvertrags* (im Fall der Einschaltung eines Treuhänders oder Treuhandkommanditisten) kaschiert (wobei die Umsatzsteuerpflicht einer derartigen Leistung zu beachten ist).

Festzuhalten ist, daß diese Agioverpflichtung des Gesellschafters nicht identisch ist mit den von der Fondsgesellschaft zu entrichtenden Eigenkapitalbeschaffungsprovisionen (siehe hierzu Abschnitt 5.3) und steuer-

---

[1]   Der Betrieb 1986 S. 2520.
[2]   In gleicher Weise der Bauherrenerlaß vom 13. 8. 1981, Tz. 2f.

lich auch nicht entsprechend behandelt werden kann. Die mit dem Agio abzugeltende Leistung kann schon begrifflich gegenüber dem Anleger keine „Eigenkapitalbeschaffung" darstellen; die Leistung des Vertriebsunternehmens besteht vielmehr darin, dem Anleger den Beitritt zum Fonds zu vermitteln. Hierfür entrichtete Provisionen (Agiobeträge) stellen analog der Rechtsprechung zu Bauherrengemeinschaften daher keine sofort absetzbaren Betriebsausgaben oder Werbungskosten dar. Wird das Agio als Vertriebsprovision direkt an das Vertriebsunternehmen geleistet, führt dies nach der Rechtsprechung zu vorbereitenden Anschaffungskosten bzw. Herstellungskosten für die Fondsimmobilie[1]. Aber auch wenn das Agio von der Fondsgesellschaft vereinnahmt wird, stellen die Agiobeträge für den Gesellschafter eines gewerblichen oder vermögensverwaltenden Fonds zusätzliche Anschaffungskosten für die Anteile an den einzelnen Fondswirtschaftsgütern dar[2].

5.6 Geschäftsführervergütung, Gebühren für die laufende Fondsverwaltung

Hinsichtlich der steuerlichen Behandlung von Vergütungen der Fondsgeschäftsführer bzw. des Komplementärs ist grundsätzlich zu differenzieren zwischen deren Tätigkeit in der Investitionsphase und der sich anschließenden Vermietungsphase.

Wenngleich für gewerblich tätige Personengesellschaften Abschnitt 33 Abs. 2 Einkommensteuerrichtlinien bestimmt, daß Geschäftsführungsaufwendungen als *allgemeine Verwaltungskosten* nicht aktivierungspflichtig und damit sofort als Betriebsausgaben absetzbar sind, ist es doch fraglich, ob dieser Grundsatz auch dann Geltung hat, wenn — wie bei Immobilienfonds — die Tätigkeit der Fondsgesellschaft in der Investitionsphase sich hauptsächlich auf die Anschaffung bzw. Errichtung der Fondsimmobilie beschränkt. So weist der Bundesfinanzhof im Urteil vom 22. 4. 1980[3] darauf hin, daß es bei der Herstellung nur eines ein

---

[1] Vgl. BFH-Urteil vom 13. 10. 1983, Bundessteuerblatt 1984 II S. 101; Hinweis auf Abschn. 5.3.

[2] Vgl. BFH-Beschluß vom 13. 3. 1980, Bundessteuerblatt 1980 II S. 499 für den gewerblichen Bereich, und Ländererlaß vom 10. 2. 1972, Der Betrieb 1972 S. 410, für die Einkunftsart Vermietung und Verpachtung.

[3] Der Betrieb 1980 S. 1669.

zigen Gegenstands neben dem Herstellungsbereich *keinen* Bereich der allgemeinen Verwaltung gebe. Damit müßten zwangsläufig im Zusammenhang mit der Herstellung anfallende Verwaltungskosten als Einzelkosten der Herstellung dieses einzelnen Wirtschaftsguts angesehen werden.

Bei vermögensverwaltenden Fonds richtet sich die steuerliche Wertung der Geschäftsführerkosten in der Investitionsphase nach dem Umfang seines Tätigwerdens im Anschaffungs- bzw. Herstellungskostenbereich und im Werbungskostenbereich.

Die Finanzbehörden greifen hierbei auf die vergleichbare Tätigkeit des Treuhänders beim Bauherrenmodell zurück und wenden den im Bauherrenerlaß vom 13. 8. 1981 genannten Aufteilungsmaßstab — auch bei gewerblichen Fonds — an: also Werbungskostenanteil im Regelfall ein Viertel des Geschäftsführergehalts, höchstens jedoch 0,5 v. H. der Gesamtinvestitionskosten.

In der *Vermietungsphase* werden die Geschäftsführervergütungen (auch als Gebühren für die laufende Fondsverwaltung bezeichnet) im Regelfall in vollem Umfang als Betriebsausgaben/Werbungskosten zu behandeln sein. Zu beachten ist in diesem Zusammenhang, daß die Finanzbehörden im allgemeinen einer Vorauszahlung des Geschäftsführerhonorars für mehrere Jahre die steuerliche Anerkennung versagen werden (siehe hierzu Abschn. 4.1.4)[1].

5.7 Vergütungen des Treuhänders, Treuhandkommanditisten

Der Aufgabenbereich eines bei einem geschlossenen Immobilienfonds eingeschalteten Treuhänders ist in der Praxis sehr unterschiedlich ausgestaltet. Seine Tätigkeit kann sich zum einen auf die Investitionsphase beschränken, oder — wie beim Treuhandkommanditisten — für die Dauer des Bestehens des Fonds währen. Sie kann zum anderen auf die Funktion einer Mittelverwendungskontrolle eingegrenzt sein oder sich in der Investitionsphase als eine umfassende Vertretung des Fonds nach außen darstellen.

---

[1]   Siehe auch BFH-Urteil vom 23. 9. 1986, Bundessteuerblatt 1987 II S. 219, in dem der sofortige Werbungskostenabzug der Vorauszahlung einer Treuhandgebühr für einen Zeitraum von 30 Jahren nicht anerkannt wird.

Nachdem der Treuhänder in der Investitionsphase im Regelfall sowohl im Anschaffungs- und Herstellungskostenbereich als auch im Werbungskostenbereich tätig sein wird, bietet der Bauherrenerlaß vom 13. 8. 1981 für die steuerliche Behandlung der Treuhandgebühren bei Immobilienfonds einen Anhaltspunkt; danach wären im Regelfall ein Viertel der Treuhandgebühren, höchstens jedoch 0,5 v. H. der Investitionskosten als Werbungskosten/Betriebsausgaben abzugsfähig (sofern die Treuhandgebühren bei gewerblichen Fonds eine Pauschalzahlung für eine mehrjährige Tätigkeit darstellen, hat eine Kostenabgrenzung auf die einzelnen Jahre zu erfolgen). Beschränken sich allerdings die Treuhandaufgaben auf die *reine Mittelverwendungskontrolle,* ist es m. E. gerechtfertigt, die Gebühren im vollem Umfang dem Anschaffungs- und Herstellungskostenbereich zuzuordnen[1].

In der Vermietungsphase wird sich die Tätigkeit des Treuhänders bzw. Treuhandkommanditisten ganz überwiegend im Bereich der *Bewirtschaftung* der Fondsimmobilie bewegen. Es bestehen daher im Normalfall keine Bedenken, aus Vereinfachungsgründen die entsprechenden Vergütungen voll als Betriebsausgaben/Werbungskosten zum Abzug zuzulassen.

5.8 Haftungsvergütung des Komplementärs

Der Komplementär eines KG-Fonds erhält für die Übernahme der persönlichen unbeschränkten Haftung im Außenverhältnis eine Haftungsvergütung, die ihm entweder in Form eines Einmalbetrags oder als laufendes Entgelt zufließt.

Bei *gewerblichen* Fonds greift § 15 Abs. 1 Nr. 2 EStG ein; die Haftungsvergütung kann damit steuerlich — da Gewinnanteil — nicht gewinnmindernd in Ansatz gebracht werden.

Für vermögensverwaltende KG-Fonds mit Einkünften aus Vermietung und Verpachtung ist zwischenzeitlich durch das BFH-Urteil vom 7. 4. 1987[2] geklärt, daß diese Haftungsvergütung ebenfalls im Rahmen der Einkünfteverteilung des Fonds dem Komplementär als Vorab vom Rein-

---

1 Vgl. Hessisches Finanzgericht, Beschluß vom 14. 9. 1983 II B 331/82, nicht veröffentlicht.
2 Bundessteuerblatt 1987 II S. 707.

ertrag zuzuweisen ist. Bei den Kommanditisten wirkt sich dies in der Weise aus, daß sie bei der Überschußverteilung dann entsprechend höhere Verlustanteile bzw. niedrigere Überschußanteile erhalten.

5.9 Beiratsvergütungen

Die Größe eines Immobilienfonds bzw. die Vielzahl der Fondsgesellschafter können Anlaß geben, im Gesellschaftsvertrag die Bestellung eines Beirats zu verankern (siehe hierzu auch Abschn. 2.2.3). Da es Aufgabe des Beirats ist, im Interesse der Gesellschafter die laufende Geschäftsführung des Fonds zu überwachen, stellen etwaige Vergütungen der Beiratsmitglieder — ähnlich wie Aufsichtsratsvergütungen — ohne Zweifel sofort abzugsfähige Betriebsausgaben/Werbungskosten dar.

5.10 Gebühren für Konditionengarantie

Im Bereich der Finanzierungsgarantiegebühren ist in den letzten Jahren die sog. Konditionengarantie als eine Mixtur von Zinsvorauszahlung und Zinsgarantie auch bei geschlossenen Immobilienfonds anzutreffen. Mit diesem schillernden Begriff soll die Beschaffung der Endfinanzierung zu bestimmten, meist bereits im Werbeprospekt aufgezeigten Konditionen garantiert werden, wobei die Garantie in der Regel die Kriterien Beleihungshöhe, Zinssatz, Auszahlungskurs des Darlehens und Dauer der Zinsbindung erfaßt.

In der Praxis sieht die Realisierung der Garantie — für den Fondszeichner nicht erkennbar — so aus, daß der Garantiegeber an das die Endfinanzierung durchführende Kreditinstitut aus seinem Gebührenaufkommen *Zinsausgleichszahlungen* für den Zeitraum der Zinsbindung (identisch mit dem Garantiezeitraum) zu leisten hat, und zwar in Höhe des Unterschieds zwischen dem zum Endfinanzierungszeitpunkt tatsächlich gegebenen Marktzinssatz und dem von der Bank dem Fonds bzw. den Fondsgesellschaftern eingeräumten Zinssatz, der dem vom Garantiegeber verbürgten Zinssatz entspricht. Zinsausgleichszahlungen fallen also nur an, wenn der Marktzinssatz im Zeitpunkt der Einräumung des Endfinanzierungsdarlehens über dem garantierten Zinssatz liegt.

Die Finanzbehörden werten etwaige vom Garantiegeber gegenüber dem Kreditinstitut zu leistende Zinsausgleichszahlungen als ein zusätzlich zu erbringendes Disagio. Ist allerdings der Grenzwert des marktüblichen Disagiosatzes bereits in der Darlehensvereinbarung erreicht, werden die Ausgleichszahlungen als Zinsvorauszahlungen eingestuft, die damit nach dem Bauherrenerlaß vom 13. 8. 1981 anteilig auf den Zinsbindungszeitraum des Darlehens als Werbungskosten (bzw. Betriebsausgaben) zu verteilen sind.

Soweit dem Garantiegeber noch Garantiegebührenteile verbleiben, können diese — je nach dem Inhalt der Garantievereinbarung — als Entgelt für ein Zinsgarantieversprechen zu werten sein. In diesem Fall ist es — entsprechend der Höhe des übernommenen Zinsrisikos — vertretbar, eine Einmalgebühr (für den gesamten Garantiezeitraum) bis zu 1 v.H. des Investitionsaufwands als Werbungskosten anzusetzen (vgl. zu den Zinsgarantiegebühren auch Abschn. 5.11).

5.11 Zinsgarantiegebühren

Wenn man einmal den Sonderfall Konditionengarantie (Abschn. 5.10) außer Betracht läßt, sehen die Fondskonzeptionen üblicherweise Zinsgarantien vor, die in der Praxis allerdings unterschiedlich ausgestaltet sind. Garantiert wird im Regelfall entweder, daß ein bestimmter *Zinssatz* während der Garantiezeit nicht überschritten wird und Mehrkosten wegen Übersteigens des Limits zu Lasten des Garantiegebers gehen (Zinshöchstsatzgarantie), oder die während der Garantiezeit anfallenden *Zinsen insgesamt* einen bestimmten Betrag nicht übersteigen werden und im Garantiefall der Garant die Mehrzinsen auszugleichen hat (Zinshöchstbetragsgarantie).

Je nach dem Umfang des übernommenen Zinsgarantierisikos läßt die Finanzverwaltung Garantiegebühren bis zu 1 v.H. des Investitionsvolumens zum Werbungskostenabzug zu[1]. Allerdings verneinen die Finanzbehörden beispielsweise ein Garantierisiko im Fall einer Zinshöchstsatzgarantie, wenn bei Eingehen des Garantieversprechens bereits eine Kreditzusage einer Bank mit dem garantierten Zinssatz vorliegt; ebenso, wenn der garantierte Zinssatz so erheblich über dem zum Zeitpunkt der Vereinbarung geltenden Marktzins liegt, daß mit einer Inanspruchnahme aus der Garantie während der Garantiezeit erfahrungsgemäß nicht

---

[1] Vgl. Oberfinanzdirektion Berlin vom 29. 6. 1982.

zu rechnen ist. Bei diesen Fallgestaltungen wird ein Werbungskosten- bzw. Betriebsausgabenabzug derartiger Gebühren versagt.

5.12 Mietvertragsvermittlungsgebühren

Mietvertragsvermittlungsgebühren sind entsprechend dem Bauherrenerlaß vom 13. 8. 1981 nur in Höhe der ortsüblichen Maklergebühren zum sofortigen Werbungskosten- bzw. Betriebsausgabenabzug zugelassen. Die Provisionssätze für die Mietvermittlung bei Gewerbeobjekten sind regional verschieden und sollten deswegen bei den örtlichen Maklerverbänden erfragt werden. Als Richtwert kann bei der Vermittlung langfristiger Mietverträge im Regelfall von einem Gebührensatz von 3 v. H. der Zehnjahresmietsumme zuzüglich Mehrwertsteuer ausgegangen werden.

Bei der steuerlichen Konzeption der Mietvermittlungsgebühr als Betriebsausgaben/Werbungskosten sollte allerdings auf ein Problem geachtet werden, das sich ergibt, wenn der *Grundstücksveräußerer noch vor dem Verkauf* des Grundstücks an den Fonds einen Mietvertrag (Vormietvertrag) mit dem künftigen Anmieter abgeschlossen hat. Dies wird der übliche Weg bei Immobilienfonds sein, da eine ordnungsgemäße Fondskonzeption erfordert, daß bereits in der Plazierungsphase das Grundstück gesichert und zumindest ein Vormietvertrag mit einem Mieter vereinbart ist.

In diesem Fall ist hinsichtlich etwaiger vom Fonds für die „Vermittlung des Mietvertrags" zu entrichtender Vermittlungsprovisionen der sofortige Werbungskostenabzug zu versagen (gilt gleichermaßen für Betriebsausgaben). Gemäß § 571 BGB („Kauf bricht nicht Miete") geht nämlich das Mietverhältnis kraft Gesetzes auf den Fonds über, wenn dem Mieter — beispielsweise denkbar bei Erwerb fertiggestellter Gewerbeobjekte — bereits vom Voreigentümer der Besitz am Objekt eingeräumt worden ist.

Muß das Mietobjekt erst noch errichtet werden oder ist der Mietbeginn erst nach dem Erwerb des Grundstücks durch den Fonds vorgesehen, ist also der Mieter noch nicht im Besitz der Mieträume, wäre zwar der Fonds nicht gehindert, einen Mietvertrag mit einem anderen Mietinteressenten einzugehen. Denn nach § 578 BGB tritt der Fonds bei dieser Gestaltung nur durch ausdrückliche Erklärung der Vertragsübernahme in einen vom Voreigentümer abgeschlossenen Mietvertrag ein. Würde der Fonds das Mietverhältnis nicht übernehmen, sähe sich der Voreigentümer jedoch Schadensersatzansprüchen des bisherigen Mieters ausgesetzt. Folglich wird er das Grundstück nur unter der Voraussetzung an den Fonds verkaufen, daß dieser auch in den Mietvertrag eintritt. Angesichts dieser Konstellation könnte wirtschaftlich von einer echten Mietvertragsvermittlung nicht mehr gesprochen werden; der Werbungskosten-/Betriebsausgabenabzug derartiger Vermittlungsprovisionen wäre deshalb auch in diesem Fall nicht anzuerkennen[1].

5.13 Vermietungsgarantiegebühren

Der Bauherrenerlaß vom 13. 8. 1981 läßt für den Bereich der Wohnungsvermietung bei einer fünfjährigen Mietgarantie im Regelfall Garantiegebühren in Höhe von *vier Monatsmieten* zum Werbungskostenabzug zu (bei gewerblichen Fonds ist dieser Betrag auf die Laufzeit der Mietgarantie zu verteilen). Für Gewerbeobjekte werden im Bauherrenerlaß zwar keine Aussagen getroffen; die Finanzbehörden weichen jedoch auch bei Mietgarantien für Gewerbeimmobilien von diesem Viermonatswert (zzgl. Mehrwertsteuer) nicht ab, wenn — wie bei Immobilienfonds die Regel — der Mieter von Anbeginn an feststeht, da in diesem Fall ein Erstvermietungsrisiko zu verneinen sei; selbst dann nicht, wenn es sich um eine über fünf Jahre hinausgehende, beispielsweise eine bei Gewerbeobjekten übliche Mietgarantie von 10 Jahren handelt.

Es erscheint allerdings zweifelhaft, ob mit einer Mietgarantiegebühr von vier Monatsmieten — unterstellt, daß kein Erstvermietungsrisiko vorliegt — das Nachvermietungsrisiko bei späterem Ausfall des gewerblichen Mieters bis zu einem Neuabschluß eines Folgemietvertrags zutreffend eingeschätzt wird. Das Ausfallrisiko, nämlich die Dauer des Leerstehens der Gewerberäume, kann nur im Einzelfall richtig bewertet werden und wird maßgeblich von der Lage des Objekts und der Größe der jeweiligen Gewerbeflächen abhängen.

Im übrigen muß der von Verwaltungsseite vorgebrachten Argumentation, bei der Vermietung von Gewerbeflächen an Supermarktketten und andere bekannte Sortimenter sei der Werbungskostenabzug der Garantiegebühren wegen Fehlen jeglichen Mietausfallrisikos gänzlich zu

---

[1] So auch Oberfinanzdirektion Berlin vom 29. 6. 1982.

versagen, entgegengetreten werden. Aufgrund der im Regelfall nicht unter 10 Jahren vereinbarten Garantiezeit kann m. E. auch bei Vertragsabschlüssen mit finanzstarken Mietern nicht von vornherein ausgeschlossen werden, daß während der langjährigen Garantiezeit der Garantiefall eintreten kann.

5.14 Ausschüttungsgarantiegebühren

Werden — vornehmlich aus Gründen der besseren Verkaufsfähigkeit der Fondsanteile — die für die Fondszeichner geplanten jährlichen Ausschüttungen im Wege einer sog. Ausschüttungsgarantie (gelegentlich auch als Mindestentnahmegarantie bezeichnet) eines Dritten (Initiator, Kreditinstitut usw.) abgesichert, zählen die hierfür vom Fonds zu entrichtenden Garantiegebühren nach vorherrschender Meinung nicht zu den Werbungskosten/Betriebsausgaben, da durch die Garantie künftige, der steuerlich nicht berücksichtigungsfähigen Vermögenssphäre zuzurechnende Vermögensrückzahlungen (= Ausschüttungen) gesichert werden sollen.

5.15 Absetzungen für Abnutzungen (Abschreibungen)

Bei vermögensverwaltenden Immobilienfonds dürfte als vorteilhafteste Abschreibungsart einer vom Fonds errichteten Gewerbeimmobilie in der Regel die *degressive Afa* (1.—8. Jahr: je 5 v. H.; 9.—14. Jahr: je 2,5 v. H.; 15.—50. Jahr: je 1,25 v. H.) in Betracht kommen. Bei kürzerer Nutzungsdauer des Objekts (z. B. 25 oder 33 Jahre) kann die Afa unter Zugrundelegung der voraussichtlichen Nutzungsdauer nur *linear* erfolgen. Die degressive Afa-Methode scheidet gleichfalls aus, wenn der Fonds eine bereits fertiggestellte Immobilie erwirbt (Ausnahme: Erwerb des Objekts noch im Jahr der Fertigstellung).

Für Immobilienfonds mit gewerblichen Einkünften, die Gewerbeobjekte vermarkten, kann — sofern der Baugenehmigungsantrag für das Objekt nach dem 31. 3. 1985 gestellt ist — die noch günstigere *erhöhte degressive Afa* in Anspruch genommen werden, mit der in den ersten sieben Jahren eine Afa von 55 v. H. der Herstellungskosten (1.—4. Jahr: je 10 v. H.; 5.—7. Jahr: je 5 v. H.; 8.—25. Jahr: je 2,5 v. H.) und in 25 Jahren eine Vollabschreibung der Immobilie zu erreichen ist.

Außenanlagen (z. B. Hofbefestigung, Parkplätze, Straßenzufahrten, Umzäunungen) sind vom Gebäude getrennt mit kürzerer Nutzungsdauer und damit höheren Afa-Sätzen — allerdings nur linear — abschreibbar. Dies gilt ebenfalls für Betriebsvorrichtungen (z. B. Lastenfahrstühle, Abladevorrichtungen, Alarmanlagen). Auch das vom Fonds angeschaffte Inventar und Mobiliar unterliegt einer gesonderten Abschreibung (wobei die Afa-Sätze den amtlichen Afa-Tabellen der Finanzverwaltung zu entnehmen sind).

Nicht übersehen werden sollte der Grundsatz, daß bei geschlossenen Immobilienfonds nicht nur die sog. Absetzungen für Abnutzungen (Afa), sondern auch die erhöhten Absetzungen und Sonderabschreibungen generell für alle Gesellschafter nur einheitlich (mit einheitlichem Abschreibungssatz) erfolgen können[1]; dies gilt nach Auffassung der Finanzverwaltung auch für degressive Abschreibungen. Bedeutung kann dieser Grundsatz bei lt. Gesellschaftsvertrag abweichender Verlustverteilung im Fall des sukzessiven Beitritts der Fondszeichner in der Investitionsphase erlangen, wenn der Fonds eine bereits fertiggestellte Immobilie erwirbt; die Abschreibungen sind deshalb nicht in eine derartige Verlustverteilung einbeziehbar (siehe hierzu die Ausführungen in Abschn. 4.3.3).

Bei langjähriger Vermietung von Gewerbeimmobilien können sich Probleme hinsichtlich der *Abschreibungsbefugnis* ergeben. Abschreibungsberechtigter ist steuerlich derjenige, der den durch die Abnutzung des Wirtschaftsguts ausgelösten Wertverzehr wirtschaftlich zu tragen hat. Im Regelfall besteht dabei Identität zwischen wirtschaftlichem und zivilrechtlichem Eigentum. Abschreibungsberechtigt ist allerdings allein der *wirtschaftliche Eigentümer,* wenn wirtschaftliches und bürgerlich-rechtliches Eigentum an einem Gegenstand auseinanderfallen. Dieser Grundsatz erlangt nach der Rechtsprechung Bedeutung, wenn die unkündbare (von außerordentlichen Kündigungen abgesehen) Mietzeit für das Mietobjekt genauso lang oder länger ist als dessen betriebsgewöhnliche Nutzungsdauer und damit das Wirtschaftsgut bei Beendigung des Mietverhältnisses wirtschaftlich oder technisch verbraucht sein wird[2]. Denkbar ist dies bei der gleichzeitigen Vermietung von Inventar (z. B. Hotelein-

---

[1] § 7a Abs. 7 EStG, Abschnitt 45 Abs. 8 Einkommensteuerrichtlinien.
[2] Vgl. BFH-Urteil vom 2. 6. 1978, Bundessteuerblatt 1978 II S. 507.

richtung), das in der Regel eine nur zehnjährige Nutzungsdauer hat, im
Rahmen eines 15- oder 20jährigen unkündbaren Grundstücksmietver-
trags. Bei dieser Vertragsgestaltung steht die Abschreibungsberechti-
gung bzgl. des Inventars dem Mieter und nicht dem Fonds zu; die auf
das Inventar entfallenden Mietentgelte sind in diesem Fall in Wirklich-
keit als Mietkaufraten zu werten.

6 Sonstige Steueraspekte

6.1 Grunderwerbsteuerfragen

Erwerb von Fondsanteilen

Der Beitritt eines Kapitalanlegers zu einem geschlossenen Immobilienfonds (gleichgültig, ob es sich um einen KG-Fonds oder BGB-Fonds handelt) löst nach allgemeiner Ansicht *keinen* grunderwerbsteuerpflichtigen Vorgang aus (Ausnahmefall: Bruchteilsfonds); auch dann nicht, wenn sich im Beitrittszeitpunkt bereits Grundstücke im Fondsvermögen befinden.

Gleichermaßen läßt eine Veräußerung der Gesellschaftsanteile und deren anschließender Erwerb durch einen Dritten *keine* Grunderwerbsteuerpflicht entstehen — von nachstehendem Sonderfall abgesehen, der bei der Konzeption zu vermeiden ist. Erwerben nämlich die Gründungsgesellschafter für die Fondsgesellschaft ein Grundstück und scheiden sie sodann planungsgemäß unter Übertragung ihrer Gesellschaftsanteile auf die dem Fonds beitretenden Fondszeichner aus der Gesellschaft aus, werten die Finanzbehörden diesen vollständigen Gesellschafteraustausch als verdeckte Grundstücksveräußerung und damit als grunderwerbsteuerpflichtigen Vorgang[1]. Zur Vermeidung dieser nachteiligen steuerlichen Folge muß einer der Gründungsgesellschafter mit einem Zwerganteil (z.B. 5 v.H. des Gesellschaftskapitals) in der Gesellschaft verbleiben. Die vorstehenden Ausführungen gelten entsprechend für die Variante, daß einer der Gründungsgesellschafter — beispielsweise im Fall des „Sale-and-lease-back" — das Grundstück in den Fonds einbringt; auch dann muß der einbringende Gesellschafter — um keine Grunderwerbsteuer auszulösen — am Fonds zumindest geringfügig auf Dauer beteiligt bleiben.

Grundstückserwerb durch den Fonds

Der Erwerb eines Grundstücks durch den Fonds ist grunderwerbsteuerpflichtig; es sind hier keine Besonderheiten zu sonstigen Grundstückserwerben festzustellen. Ist ein fiduziarischer Treuhänder beim Fonds ein-

---

[1]   Vgl. auch BFH-Urteil vom 19. 3. 1980, Bundessteuerblatt 1980 II S. 598.

geschaltet (der also im eigenen Namen, wenn auch für Rechnung des Fonds tätig wird) oder ein sog. Grundbuchtreuhänder, ist zu beachten, daß die Einräumung der Treuhänderstellung neben dem Grundstückskauf einen *weiteren* grunderwerbsteuerpflichtigen Vorgang auslöst.

Bemessungsgrundlage für die Grunderwerbsteuer

Das vom Bauherrenmodell her bekannte Problem, von welcher Bemessungsgrundlage die Grunderwerbsteuer zu berechnen ist, findet sich auch bei Grundstückserwerben im Rahmen von geschlossenen Immobilienfonds. Hierbei ist festzuhalten, daß die Finanzverwaltung wegen der ähnlichen Konzeption die vom Bundesfinanzhof zur grunderwerbsteuerlichen Behandlung von Bauherrengemeinschaften aufgestellten Grundsätze[1] auch auf Immobilienfonds überträgt. Danach liegt trotz getrennter Verträge über Grundstückserwerb und Gebäudeerstellung grunderwerbsteuerlich ein auf den Erwerb eines fertigen Gewerbeobjekts durch den Fonds gerichtetes *Gesamtvertragswerk* vor, mit der Folge, daß die Entgelte für alle auf den Erwerb der fertigen Immobilie (des bebauten Grundstücks) gerichteten Leistungen in die grunderwerbsteuerliche Bemessungsgrundlage einzubeziehen sind. Von der Grunderwerbsteuer freigestellt bleiben damit in der Regel nur die Entgelte für Serviceleistungen, die in den Finanzierungs-, Vermietungs- und Steuerberatungsbereich fallen (z. B. Finanzierungsvermittlungs-, Finanzierungsgarantiegebühren, Mietvertragsvermittlungs-, Mietgarantiegebühren, Steuerberatungskosten) sowie Notar- und Grundbuchkosten[2].

6.2 Umsatzsteuer

Bei geschlossenen Immobilienfonds gilt die Personengesellschaft *selbst* als Unternehmer im Sinn des Umsatzsteuergesetzes. Dies trifft auch auf BGB-Fonds zu, die zivilrechtlich keine eigene Rechtspersönlichkeit haben, sondern durch ihre Gesellschafter in gesamthänderischer Verbundenheit handeln. Der einzelne Gesellschafter ist also insoweit nicht Unternehmer, kann folglich auch keine in seinem Sonderbetriebs- bzw. Sondervermietungsvermögen anfallenden Vorsteuerbeträge geltend machen (siehe auch Abschn. 4.2.1.2).

---

[1]   Vgl. BFH-Beschluß vom 18. 9. 1985, Der Betrieb 1985 S. 2435.
[2]   Vgl. BFH-Beschluß vom 18. 9. 1985, a.a.O.

Die *Grundstücksvermietung* ist umsatzsteuerfrei[1]. Für Immobilienfonds, die Gewerbeimmobilien (genauer: nicht Wohnzwecken und nicht hoheitlichen Zwecken dienende Objekte) wie z. B. Läden, Büros, an Unternehmer vermieten (der Zwischenschaltung eines sog. gewerblichen Zwischenvermieters bedarf es dann nicht), besteht jedoch die Möglichkeit, durch *Mehrwertsteueroption* bei gleichzeitiger Pflicht zur Umsatzversteuerung der Mieten den Vorsteuerabzug aus den Baukosten und sonstigen Aufwendungen des Fonds in Anspruch zu nehmen und auf diese Weise einen Liquiditäts- und Finanzierungsvorteil zu erreichen.

Die *Emission, Vermittlung und Veräußerung* von Fondsanteilen ist umsatzsteuerfrei[2]. Es bedarf daher auch bezüglich dieser Leistungen der Mehrwertsteueroption, wenn die in den sog. Gründungskosten enthaltenen Umsatzsteuern als Vorsteuern abgezogen werden sollen.

6.3 Vermögen-, Erbschaft- und Schenkungsteuer

Vermögens- und erbschaftsteuerlich ist die Beteiligung an einem geschlossenen Immobilienfonds wie jede andere Beteiligung an einer Personengesellschaft zu behandeln. Der Steuerpflicht unterliegen nicht der Fonds selbst, sondern seine Gesellschafter bzw., bei Zwischenschaltung eines Treuhandkommanditisten, die Treugeber, denen das Fondsvermögen im Wege eines gesonderten Feststellungsverfahrens entsprechend ihrem Zeichnungskapital zuzurechnen ist. Der Grundbesitz ist dabei mit dem 1,4fachen des Grundstückseinheitswerts, sonstiges positives Vermögen (z. B. Geldkonten) und die Gesellschaftsverbindlichkeiten (einschließlich der positiven und negativen Vermögenswerte im Sonderbetriebsvermögen der Gesellschafter) mit dem Nenn- bzw. Nominalwert anzusetzen. Bei der gewöhnlich hohen Fremdfinanzierung wird sich in der Anfangsphase folglich ein negativer Einheitswertanteil bzw. Erbschaftsteuerwert für die Gesellschafter ergeben.

Aus *schenkungsteuerlicher* Sicht ist die Beurteilung für den Beschenkten bei weitem nicht so vorteilhaft, soweit es sich um die Schenkung von Anteilen an einem vermögensverwaltenden Immobilienfonds handelt.

---

[1] § 4 Nr. 12a UStG.
[2] § 4 Nr. 8f UStG.

Bei gemischten Schenkungen, d. h. wenn im Rahmen der Schenkung des Gesellschaftsanteils neben dem positiven Anteil an der Fondsimmobilie auch die damit zusammenhängenden Schulden (Darlehen) übernommen werden, ist nämlich nicht der Anteil am Einheitswert der Fondsimmobilie anzusetzen, sondern der *Anteil am Verkehrswert* des Objekts, was zu einem positiven schenkungsteuerpflichtigen Wert führen kann[1]. Im Fall der Schenkung von Anteilen an gewerblichen Immobilienfonds ist die Wertermittlung dagegen wie bei der Vermögensteuer vorzunehmen, also Ansatz des Grundstücksanteils mit dem anteiligen Einheitswert, sofern der Beschenkte im Rahmen der Schenkung nicht auch *andere Verbindlichkeiten* als Betriebsschulden des Fonds übernimmt.

6.4 Steuerliche Verfahrensfragen

6.4.1 Gesonderte Feststellung der Einkünfte

Der steuerliche Verfahrensablauf hinsichtlich der jährlichen Feststellung der Einkünfte des Fonds und der daraus sich ergebenden Anteile der Gesellschafter (bzw. Treugeber) ist mit dem vom Bauherrenmodell her bekannten Verfahren weitgehend identisch. Zu beachtender Unterschied: das gesonderte Feststellungsverfahren richtet sich nach § 180 Abs. 1 Nr. 2a Abgabenordnung; folglich sind auch Sonderbetriebsausgaben bzw. Sonderwerbungskosten der Fondszeichner (z. B. Verluste aus dem Sondervermögen, wie Schuldzinsen bei Fremdfinanzierung der Gesellschaftereinlage, Reisespesen für Gesellschafterversammlung usw.) zwingend in das Feststellungsverfahren einzubeziehen, können also nicht erst in der persönlichen Steuererklärung des Gesellschafters bei seinem Wohnsitzfinanzamt geltend gemacht werden.

Für das Feststellungsverfahren bei vermögensverwaltenden Fonds zuständig ist das „Betriebsfinanzamt", von dessen Bezirk die Verwaltung der Fondseinkünfte ausgeht; maßgeblich ist also der Sitz der Gesellschaft bzw. der Ort der Geschäftsleitung des Fonds. Bei gewerblichen Fonds ist auf den Ort der Geschäftsleitung abzustellen[2].

---

[1] Vgl. Nordrhein-Westfalen, Schreiben vom 25. 2. 1985, Betriebs-Berater 1985 S. 717.
[2] Vgl. § 18 Abs. 1 Abgabenordnung.

Im übrigen richtet sich das im Feststellungsverfahren einzuhaltende Prozedere (dem Finanzamt vorzulegende Unterlagen, Einschaltung der Betriebsprüfung usw.) wie beim Bauherrenmodell nach dem sog. Verfahrenserlaß vom 14. 5. 1982[1].

6.4.2 Herabsetzung der Einkommensteuer-Vorauszahlungen

Die anteiligen Fondsverluste *in der Investitionsphase* können von den Fondszeichnern zwar im Rahmen ihrer jährlichen Einkommensteuererklärung, nicht jedoch im Wege des Antrags auf Herabsetzung der Einkommensteuer-Vorauszahlungen geltend gemacht werden. Gemäß § 37 Abs. 3 S. 5 EStG dürfen unter anderem Verluste aus einem geschlossenen Immobilienfonds im Einkommensteuer-Vorauszahlungsverfahren erst ab dem Kalenderjahr berücksichtigt werden, das nach der Anschaffung oder Fertigstellung des Fondsgebäudes beginnt. Abzustellen ist dabei auf den Anschaffungs- bzw. Herstellungszeitpunkt, wie er sich für den einzelnen Gesellschafter darstellt.

> **Beispiel:** Gesellschafterbeitritt 1986; Fertigstellung der Fondsimmobilie Oktober 1987; erstmalige steuerliche Geltendmachung der anteiligen Fondsverluste im Einkommensteuer-Vorauszahlungsverfahren: 1988.

> **Beispiel:** Fertigstellung der Fondsimmobilie 1987. Ein Gesellschafter tritt erst 1988 dem Fonds bei. Erstmaliger steuerlicher Ansatz der anteiligen Fondsverluste beim Neugesellschafter im Einkommensteuer-Vorauszahlungsverfahren: erst 1989, da er seinen Anteil an der Fondsimmobilie erst mit seinem Beitritt im Jahr 1988 „anschafft".

Dies gilt auch für Verlustanteile aus gewerblichen Immobilienfonds. Die in § 37 Abs. 3 EStG vorgesehenen Ausnahmeregelungen, die eine frühzeitigere Geltendmachung derartiger Fondsverluste bei Inanspruchnah-

---

[1] Bundessteuerblatt 1982 I S. 150.

me bestimmter erhöhter Abschreibungen zulassen, greifen bei Gewerbeobjekten nicht ein.

6.4.3 Eintragung von Fondsverlusten auf der Lohnsteuerkarte

Die Möglichkeiten, vor der jährlichen Einkommensteuerveranlagung
Verluste aus Vermietung und Verpachtung steuerlich unterzubringen,
gestalten sich für Lohnsteuerzahler noch ungünstiger als bei Einkom-
mensteuerpflichtigen. Vermietungsverluste dürfen auf der Lohnsteuerkarte nämlich nur dann eingetragen werden[1], wenn erhöhte Absetzungen gemäß § 7b EStG (soweit ab 1987 noch anwendbar) oder nach
§ 14a Berlinförderungsgesetz (sozialer Wohnungsbau Berlin) oder § 15
Berlinförderungsgesetz (vergleichbare § 7b-Regelung für Berlin) geltend
gemacht werden. Liegt diese Voraussetzung vor, können nicht nur die
Verluste aus dem abschreibungsbegünstigten Objekt, sondern auch *alle
weitere Vermietungsverluste* aus anderen Immobilien — mit Ausnahme jener Verluste aus noch nicht fertiggestellten Objekten entsprechend
§ 37 Abs. 3 EStG (siehe Abschn. 6.4.2) — auf der Lohnsteuerkarte eingetragen werden.

Der Verlusteintrag auf der Lohnsteuerkarte kann allerdings nach — in
der Literatur — bestrittener — Verwaltungsansicht frühestens im Jahr
der tatsächlichen Fertigstellung (Gegenmeinung: im Jahr der voraussichtlichen Fertigstellung) des erhöht abschreibungsbegünstigten Objekts erfolgen[2]. Ausnahme: nachdem die erhöhten Abschreibungen des
§ 14a Berlinförderungsgesetz bereits vor Anschaffung bzw. Fertigstellung auch auf Anzahlungen und Teilherstellungskosten vorgenommen
werden dürfen, kann bei tatsächlicher Inanspruchnahme dieser Abschreibungen auf Anzahlungen bzw. Teilherstellungskosten der Verlusteintrag auf der Lohnsteuerkarte zeitlich entsprechend vorgezogen werden.

Der altbekannte legale Trick, um Lohnsteuerzahlern zum Eintrag von
Vermietungsverlusten auf der Lohnsteuerkarte zu verhelfen, hat somit
weiterhin Gültigkeit: Entweder zeichnet der Anleger direkt eine Mini-
Beteiligung an einem sog. § 14a-Berlin-Fonds (Objekt des öffentlich ge-

---

[1]   § 39a Abs. 1 Nr. 6 EStG.
[2]   Vgl. Abschnitt 79 Abs. 2 Lohnsteuerrichtlinien.

förderten sozialen Wohnungsbaus) oder die Fondsgesellschaft selbst nimmt eine derartige Beteiligung in ihr Fondsvermögen. Damit kann der Anleger seine gesamten Fondsverluste auf die Dauer der erhöhten Abschreibungen von 12 Jahren gemäß § 14a Berlinförderungsgesetz auf der Lohnsteuerkarte eintragen lassen[1]. Aber um es nochmals klarzustellen: *nicht eintragungsfähig* bleiben Fondsverluste — außerhalb des § 14a-Berlin-Fonds — bis zum Jahr der Anschaffung bzw. Fertigstellung der Fondsimmobilie entsprechend § 37 Abs. 3 EStG.

---

[1] Vgl. Senator Finanzen Berlin vom 30. 10. 1985, Der Betrieb 1986 S. 150.

Teil D

Rentabilität und Fungibilität

von Winfried Schwatlo (Abschnitt 1)
und Jost Hieronymus (Abschnitt 2)

1 Rentabilität

1.1 Renditebegriff

Jeder Investor, der sich eine Kapitalanlage kauft, verfolgt neben dem Standard-Ziel Sicherheit auch das Ziel, einen möglichst hohen *Gesamterfolg* bei der Investition zu erreichen. Die Rendite wird in den Angeboten stets herausgestellt, jedoch sehr unterschiedlich dargestellt und ermittelt. Bei einer Lebensversicherung z. B. wird der Kapitalbildungsprozeß angesprochen. Ähnliches gilt für Wertpapiere, Festgelder usw.

Bei Immobilien stellt sich das Problem, daß Berechnungen nur dann eine Aussage über den relativen Erfolg einer Investition zulassen würden, wenn bei vergleichbaren Angeboten nach exakt der gleichen Methode und unter vergleichbaren Voraussetzungen analysiert würde. Das aber ist in der Praxis kaum möglich.

Unter *Rendite* wird der jährliche Gesamtertrag des eingesetzten Kapitals verstanden, ausgedrückt in Prozent des investierten Kapitals.

Bei gewerblichen Immobilienangeboten ist es üblich, die erste Jahresmiete ins Verhältnis zum getätigten Gesamtaufwand zu setzen. Bei reinen Gewerbeimmobilien kann dabei die Mehrwertsteuer außer acht gelassen und die Nettomiete ins Verhältnis zum Nettogesamtaufwand gesetzt werden. Hier spricht man allgemein von der *Nettorendite*, manchmal auch von der Bruttoobjektverzinsung.

Gelegentlich wird die genannte Rechengröße auch als Bruttorendite und das Verhältnis der Mieteinnahmen abzüglich eventueller Verwaltungskosten, Grundsteuern, Gebäudehaftpflichtversicherungen, etc. zum getätigten Gesamtaufwand als Nettorendite bezeichnet. Eine einheitliche Sprachregelung gibt es bis heute nicht.

Professionelle Immobilieneinkäufer wie etwa Versicherungen, Pensionskassen und offene Fonds, verwenden hausintern eigene Renditebegriffe, die auf individuellen Berechnungsmethoden basieren. Je nach Immobilientyp werden jährliche Abschläge für Instandhaltungen getätigt oder die Relation Grundstücksanteil zu Herstellungskosten berücksichtigt.

Den Renditebegriff einheitlich festzulegen, ist daher nicht möglich. Ein gewissenhafter Anbieter spricht von Rendite nur, wenn er exakt beschreibt, welche Komponenten er zueinander ins Verhältnis setzt. Es ist folglich notwendig, die die Rendite beeinflussenden Faktoren zusammenzustellen.

1.2 Generelle Rendite-Einflußfaktoren

Einnahmen

Aus der Vermietung der Gewerbeimmobilie fließt die Miete. Die Gesamteinnahmen setzen sich dabei aus einer oder häufig verschiedenen Mieteinnahmen zusammen. Während bei einem einzigen Mieter die Einnahmen aus dem Gebäude in der Regel klar feststehen, werden die Mieten bei komplexeren Immobilien, wie etwa Einkaufszentren, aus einer Vielzahl von abgeschlossenen Mietverträgen resultieren. Die Gemeinschaftsflächen sind in der Regel unvermietet bzw. für gezielte Einzelaktionen einsetzbar, so daß auch hieraus Einnahmen resultieren können. Je höher die Einnahmen, je effizienter also die Nutzung, desto höher wird die Bemessungsgrundlage für die zu berechnende Rentabilität. Ferner können sich aus der Vermietung von Werbeflächen, Schaukästen, Schaufenstern oder beweglichen Verkaufsständen auf den Außenflächen des Objekts zusätzliche Mieteinnahmen ergeben.

Weitere Einnahmen können schließlich aus der Vermietung von Pkw-Stellplätzen resultieren. Soweit eine Instandhaltungsrücklage bzw. Liquiditätsreserve für das Objekt gebildet, jedoch nicht benötigt wird, kann die Anlage dieser Mittel zu Zinserträgen führen. Dies gilt auch, sofern Mieterkautionen gestellt werden, deren Verzinsung nach dem Vertrag dem Vermieter zusteht.

Mietanpassungen

Gewerbliche Mietverträge werden in der Regel indexiert, d. h. an einen bestimmten Kostenindex, z. B. den Lebenshaltungskostenindex eines Vier-Personen-Haushalts mit mittlerem Einkommen und allein verdienendem Haushaltsvorstand oder einen anderen Index, der nach Möglichkeit vom Statistischen Bundesamt regelmäßig erfaßt wird, gekoppelt. Bei mindestens 10 Jahre unkündbaren Mietverträgen sind Anpassungen zwischen 50 und 100 % der Indexsteigerung üblich. Die laufende Erhöhung der Mieteinnahmen bei Inflation steigert die Rentabilität bei einer Zeitraum-Betrachtung.

Üblich sind auch Umsatzmieten oder die Kombination aus einer festen Miete und einem umsatzabhängigen Bestandteil. Siehe hierzu im einzelnen Teil E, Abschn. 2.2.

Ausgaben

Ausgaben, die bei einer Gewerbeimmobilie grundsätzlich anfallen, sind im wesentlichen die Betriebskosten (Bewirtschaftungskosten) und eventuell spezielle Grundstückskosten wie Erbbauzinsen. Letztere sind vielfach ebenfalls indexiert.

Die laufenden *Betriebskosten* resultieren aus der zu zahlenden Grundsteuer, öffentlichen Abgaben für Reinigung und Müllabfuhr, Verbrauchsabgaben für Strom und Wasser sowie Wartungskosten. Diese Kosten stehen den Erträgen gegenüber. Sie sind in der Regel nicht beeinflußbare Kosten, die die tatsächliche Rendite schmälern, und sollten zur Vorbereitung der Investitionsentscheidung möglichst genau zusammengestellt werden.

Weitere feste Ausgabenkomponenten sind Entgelte für Verwaltung, eventuelle Nutzungsrechte von Nachbarn und Erbbauzinsen. Neben diesen Fixkosten müssen auch die Instandhaltungskosten kalkulatorisch angesetzt werden. Sie fallen weder regelmäßig an, noch sind sie der Höhe nach exakt vorhersehbar.

Es ist üblich, zumindest Teile dieser Ausgaben bei gewerblichen Mietverträgen auf die Mieter abzuwälzen. Die Übernahme derartiger Mietnebenkosten durch den Mieter geht hin bis zum sogenannten „tiple net Mietvertrag", bei dem der Mieter sämtliche genannten Ausgaben — mit Ausnahme des Erbbauzinses — übernimmt, also auch sämtliche Instandhaltungsrücklagen und Instandsetzungskosten für das Mietobjekt.

1.3 Rendite-Einflußfaktoren bei Publikumsangeboten

Steuerersparnisse

Das wirtschaftliche Ergebnis weicht in der Regel vom steuerlichen Ergebnis ab. Das *steuerliche Ergebnis* erhöht sich um die Fremdmitteltilgung, wird aber zugleich durch die Gebäudeabschreibung wieder verringert. Übersteigen die Abschreibungen das Liquiditätsergebnis einschließlich der Tilgung, so bleiben mögliche Ausschüttungen nicht nur steuerfrei, sondern es ergibt sich insgesamt ein steuerlicher Verlust. Diese negativen Einkünfte aus Vermietung und Verpachtung kann der Anleger mit anderen positiven Einkünften verrechnen.

Die Verlustzuweisungen in der Investitionsphase sind für den Investor häufig von großer Bedeutung für seine Entscheidung zwischen verschiedenen ähnlichen Angeboten. So können bestimmte Werbungskosten im Jahr der Entstehung mit anderen Einkünften verrechnet werden, solange sich bei einer Anlegergemeinschaft in der Form eines geschlossenen Immobilien-Fonds kein negatives Ausgleichsvolumen bildet. Mit Werbungskosten gemeint sind die Gebühren für die bei Publikumsangeboten üblichen Dienstleistungen wie beispielsweise Steuerberatungskosten, Vermittlung von Zwischen- und Endfinanzierung, Baubetreuung und Ausbietungsgarantie. Die Teile der Werbungskosten, die von der Finanzverwaltung aufgrund von Verwaltungserlassen sowie einer inzwischen recht klaren Rechtsprechung nicht anerkannt werden, werden den nicht sofort abzugsfähigen Anschaffungs- bzw. Herstellungskosten zugeordnet. Verwiesen wird hier auf Teil C Abschn. 4 und 5.

Steuereffekte beeinflussen die Rendite auf das tatsächlich eingesetzte Kapital erheblich. Sie sind abhängig von der Gestaltung des Erwerbsvorgangs des Objekts, der Höhe der Bauzeitenzinsen im Falle des Neubaus, der Art und Höhe der Abschreibungen und der gewählten Finanzierungsform — insbesondere von der Höhe eines eventuell vereinbarten Damnums, und lassen auf die Güte der Gewerbeimmobilie selbst keine Rückschlüsse zu.

Agio

Bei Beteiligungsangeboten hat der Investor in der Regel ein sogenanntes Agio zu entrichten. Dieser Betrag wird oft auch als Gebühr für Werbung und Vertrieb dargestellt. Er stellt häufig nur einen Teil der Vergütungen für die Vertriebspartner dar. Je nach Höhe des Agios wird die Rendite mehr oder weniger geschmälert. Schließlich erhöht eine solche Außenprovision den tatsächlichen Investitionsbetrag.

Anteilsfinanzierung

Die Rendite nach Steuern stellt sich jeweils anders dar, wenn der Kauf oder die Beteiligung voll aus Eigenmitteln, teilweise aus Eigen- und aus Fremdmitteln oder nur aus Fremdmitteln finanziert wird.

Mitunter kommt es zu einer Hebelwirkung der Eigenkapitalverzinsung, indem die Rendite der Eigenmittel steigt, solange die Kosten der zur Finanzierung eingesetzten Fremdmittel unter den Kosten der Investitionsfinanzierung liegen. Die Gesamtkapitalrendite ist in diesem Fall höher als der zu zahlende Zins für das Fremdkapital. Die Grenze dieses sogenannten Leverage-Effektes ist erreicht, wenn der Kostenzuwachs der Fremdmittelfinanzierung dem Erlöszuwachs des Investitionsvorhabens entspricht (Grenzkosten = Grenzerlös)[1].

Dieser Hebeleffekt entsteht bei geschlossenen Immobilienfonds, weil die Abschreibungen auf das gesamte Objekt bezogen werden und nicht nur auf das eingesetzte Eigenkapital. Dies hatte in der Vergangenheit zur Folge, daß die Verlustzuweisungen bezogen auf das Eigenkapital oft mit 200 bis 300 % angegeben werden durften und so indirekt Renditeerwartungen geweckt wurden, die tatsächlich nicht berechtigt waren. Seit die Verlustzuweisungen bei begrenzter Haftung auf die Höhe des nicht negativen Ausgleichvolumens begrenzt wurden, sind derartige Konstruktionen nicht mehr möglich.

Andererseits ist die persönliche Rendite nicht nur von der Höhe des eingesetzten Eigenkapitals, sondern auch von der Art der Finanzierung abhängig. Neben der üblichen Annuitätentilgung hat sich die Kreditfinanzierung mit Tilgungsaussetzung über eine Kapitallebensversicherung als alternative Finanzierungsvariante durchgesetzt. Die zur Tilgung vorgesehenen Mittel werden hierbei in eine Lebensversicherung eingezahlt. Auf diese Art und Weise wird der Zinsanteil der Finanzierung konstant gehalten, und nach Ablauf bzw. Fälligkeit der Lebensversicherung wird der Kreditbetrag auf einmal getilgt.

Dieses Modell ist bei anhaltend hoher Steuerprogression von großem steuerlichem Vorteil, weil unter Umständen die Höhe der Zinsen für das Fremdkapital und die AfA zusammen bewirken, daß die erzielten Mieteinnahmen bis zum Ablauf der Finanzierung steuerfrei bleiben.

---

[1]   Vgl. Bölter, Analyse der Rentabilität geschlossener Immobilienfonds, Frankfurt 1986.

Fonds-Kosten

Neben den modellbedingten zusätzlichen Erwerbskosten bei Beteiligungsangeboten für besondere Dienstleistungen wie z. B. Zusammenführen der Anleger (Vertrieb), Treuhänder und Steuerberatung entstehen auch in der Vermietungsphase bei Publikumsgesellschaften Zusatzkosten, die der Einzelinvestor nicht kennt. Der Umfang bewegt sich zwischen dem absolut Notwendigen (gemeinsame Geschäftsführung, d. h. Objektverwaltung sowie laufende steuerliche Abwicklung des Fonds) und der vielfach weitreichenden Phantasie von Initiatoren, sofern diese auch während der Vermietung in das Objekt eingebunden bleiben — z. B. als geschäftsführender Gesellschafter, Komplementär der KG, Verwalter etc. Hier empfiehlt sich neben dem unerläßlichen sorgfältigen Studieren des Angebotsprospektes auch die gründliche Lektüre des Vertragswerks, in dem sich oftmals viele zusätzliche Kostenfaktoren wie Haftungsvergütung für den Komplementär, Verwaltungsgebühren, Neuvermietungsgebühren etc. verbergen können.

1.4 Fazit

Die vielen Einflußfaktoren, die die persönliche Rentabilität einer Investition beeinflussen, sind so komplex, daß auf den Renditeausweis bei Immobilieninvestitionen grundsätzlich verzichtet werden sollte. Wegen der verschiedenen Substanzwerte der Gebäude, differenzierter Mietentwicklungen aufgrund der zugrundeliegenden Mietverträge, der Art der Werbungskosten-Gestaltung usw. sind selbst ähnliche Angebote von Wettbewerbern nicht exakt vergleichbar. Dies unterscheidet den Sachwert vom Geldwert.

Der *Investor* sollte zunächst sämtliche Einnahmen und sämtliche Ausgaben gegenüberstellen. So schafft er sich eine grundsätzliche Entscheidungshilfe und einen ersten Überblick von dem, was auf ihn zukommt. Im Schritt zwei sollte er prüfen, ob es für ihn persönlich sinnvoll ist, mehr oder weniger Eigenkapital einzusetzen und wie die Art der Fremdfinanzierung gestaltet werden sollte. Der weniger erfahrene Investor sollte auf neuwertige und langfristig vermietete Immobilien zurückgreifen, um das schwer kalkulierbare Risiko von Instandhaltungsausgaben zu minimieren und eine dauerhafte Kalkulationsgrundlage zu haben.

2 Fungibilität von Fondsanteilen

2.1 Allgemeines

Gegenüber der vollen Fungibilität, d.h. jederzeitigen Verkäuflichkeit von Anteilen an offenen Immobilienfonds, haben Anteile an geschlossenen Immobilienfonds — allen bisherigen Bemühungen um einen entsprechenden Markt zum Trotz — nach wie vor eine *stark eingeschränkte* Fungibilität. Wer in diesen Anlagetyp investiert, sollte sich daher von vornherein darüber bewußt sein, daß es sich um ein langfristig zu sehendes Engagement handelt.

Dies entspricht im übrigen dem Charakter des Investitionsobjekts, nämlich dem generell schwachen Liquiditätsgrad von Immobilien. Die Rechtsordnung gestattet zwar grundsätzlich die freie, rein marktabhängige Verwertbarkeit von Immobilien. Wegen der Größe des Kapitaleinsatzes, den hohen Nebenkosten des Eigentümerwechsels und den strengen Formvorschriften des Grundstücksverkehrs ist der Liquiditätsgrad jedoch eingeschränkt.

Wer in Immobilien anlegt, wird daher von vornherein nicht die jederzeitige Verfügbarkeit seines Einsatzes, sondern dessen *Rentabilität* und *Sicherheit* im Auge haben. In diesem Zusammenhang ist festzustellen, daß keine Anlageform sämtliche Anlagemotive (Rentabilität, Sicherheit und Fungibilität) in gleicher Weise überlegen abdecken kann, es gäbe sonst auch keinen Wettbewerb unter den verschiedenen Anlageangeboten.

Es kann lediglich festgestellt werden, daß für bestimmte Stufen eines gesunden Vermögensaufbaus bestimmte Anlageziele im Vordergrund stehen und daher auch bestimmte Anlageformen besonders geeignet sind.

Der Vermögensaufbau beginnt i.d.R. mit einem Sockel, der die Zahlungsfähigkeit in Krisenfällen sichern soll. Dieser Notgroschen muß selbstverständlich rasch verfügbar sein, so daß es bei der Geldanlage in dieser Phase des Vermögensaufbaus zunächst auf die Liquidierbarkeit, also das schnelle „Flüssig machen können", ankommt.

Ist diese Basis geschaffen, soll das Geld mitarbeiten. In dieser folgenden Phase des Vermögensaufbaus soll das Vermögen seinen Wert behalten und sich nach Möglichkeit mehren. Seine notwendigen Grenzen erreicht dieser Teil der Vermögenspyramide dort, wo das Volumen zur Sicherung des eigenen Lebensstandards im Alter sowie der Nachkommen ausreicht. In dieser Stufe stehen also Rentabilität und Sicherheit im Vordergrund; es bedarf keiner ausdrücklichen Erwähnung, daß die Immobilie als Anlageform in dieses Vermögenssegment gehört.

Die Spitze der Pyramide, also das darüber hinausgehende Vermögen, mag dann spekulativen Zwecken dienen.

Fehlinvestitionen, die gerade in jüngerer Zeit in Immobilien getätigt wurden, beruhen vielfach darauf, daß der Investor bei seiner Entscheidung Argumenten oder Motiven gefolgt ist, die in der unteren Stufe (Liquiditätssockel) sowie der Spitze (Spekulationsstufe) des Vermögensaufbaus angesiedelt waren und nicht dort, wo die Immobilie hingehört. Wer in erster Linie auf Liquiditätsüberschüsse in der Investitionsphase (Steuerrückflüsse höher als Eigenkapitaleinsatz) gesetzt hat sowie auf einen hohen Wertzuwachs (rein spekulatives Moment), wurde leicht ein Opfer des gewandelten Markts im wohnwirtschaftlichen Bereich.

Diese Ausführungen sollen deutlich machen, daß es auch bei einer nur anteilmäßigen Investition in eine Gewerbeimmobilie nicht in erster Linie auf den Gesichtspunkt der Fungibilität ankommen darf. Der Anleger sollte — wie bereits erwähnt — wissen, daß er seinen Fonds-Anteil unter Umständen langfristig halten muß.

Verschiedene Teilnehmer des freien Kapitalmarkts bemühen sich daher seit längerer Zeit, einen Zweitmarkt für derartige Anteile zu entwickeln. Waren es bisher im wesentlichen die großen Vertriebsorganisationen und Initiatoren geschlossener Immobilienfonds, welche — allerdings stets auf das eigene Haus beschränkt — Second-hand-Märkte entwickelt haben, so hat sich nun erstmals unter der Federführung des Kapitalanlage-Magazins „Cash" eine „Trägergesellschaft Anteilmarkt für den Handel von Fondsanteilen mbH (TAM)" etabliert, die eine Börse für gebrauchte Fonds-Anteile schaffen will.

Das Projekt ist unter Mitwirkung vieler qualifizierter Marktteilnehmer Ende April 87 gestartet worden; über die Effektivität dieser Börse kann daher heute noch keine Aussage getroffen werden. Ihr ist, vor allem im Anlegerinteresse, rascher Erfolg zu wünschen.

In der Praxis wurden von verschiedenen Anbietern unterschiedlich ausgestaltete Rechte eingeräumt, den Fondsanteil an den Initiator oder einen Dritten zurückzugeben. Derartige Andienungsrechte waren und sind steuerschädlich; die Finanzverwaltung nimmt in einem solchen Fall an, daß es an der Unternehmereigenschaft fehlt, der völlige Wegfall aller Verluste ist die Folge. Eine derartige Rücknahmeverpflichtung oder -Garantie scheidet daher als Möglichkeit, die Fungibilität von Fondsanteilen zu erhöhen, in der Regel aus.

Tatsächlich wird die Fungibilität im wesentlichen davon abhängen, inwieweit weiterhin die sogenannten „ersten Adressen", nämlich Banken und Versicherungen, geschlossene Immobilienfonds auflegen oder anbieten und damit diese Produktlinie des freien Kapitalmarkts im breiten Bewußtsein als seriöse Anlageform mit durchsetzen.

Die Veräußerbarkeit des Fondsanteils wird dadurch positiv beeinflußt, daß *keine Grunderwerbsteuer* bei der Übertragung anfällt, auch wenn es sich um einen Fonds handelt, der ausschließlich Grundbesitz vermietet und verwaltet. Die Übertragung von Gesellschaftsanteilen derartiger Besitzgesellschaften — sei es KG oder GdbR — ist zumindest dann kein grunderwerbsteuerpflichtiger Vorgang, wenn nicht sämtliche Anteile der Gesellschaft übertragen werden.

Stößt die Fungibilität — wie oben dargestellt — unter Umständen auf tatsächliche Grenzen, nämlich das Fehlen eines funktionierenden Zweitmarkts, so ist sie in der Regel durch das jeweilige Vertragswerk des Fonds rein *formalrechtlich* sichergestellt. Hierbei sind verschiedene Wege möglich, sich vom Gesellschaftsanteil zu lösen:

- Die Übertragung des Geschäftsanteils an einen Dritten,
- die Kündigung des Gesellschaftsanteils und
- die Liquidation der Gesellschaft, in der Regel nach Verwertung des Immobilienvermögens.

2.2 Möglichkeiten der Übertragung

2.2.1 Übertragung des Geschäftsanteils an einen Dritten

Der Verkauf wird in der Regel durch Abschluß eines Abtretungsvertrags zwischen dem bisherigen Gesellschafter und dem erwerbenden Dritten erfolgen. Voraussetzung bei BGB-Gesellschaft wie bei KG ist, daß die übrigen Gesellschafter der Übertragung zustimmen. Es wird daher meist bereits im Gesellschaftsvertrag die Zulässigkeit einer derartigen Übertragung vereinbart sein.

Sind Übertragung an Dritte und freie Vererbbarkeit des Gesellschaftsanteils *nicht* vorgesehen, so ist die Fungibilität bereits aus rechtlichen Gründen stark eingeschränkt. Mitunter findet sich hier die Regelung, daß die Übertragung der Zustimmung des geschäftsführenden Gesellschafters oder des Komplementärs bei der KG oder eines sonstigen Gremiums bedarf, wobei die Zustimmung nur aus wichtigem Grund verweigert werden kann.

Wird der Gesellschaftsanteil übertragen, so hat dies für den Altgesellschafter den Vorteil, daß der Übernehmer im Wege der Sonderrechtsnachfolge in seine Rechte und Pflichten eintritt, also auch seine Haftung aus der Beteiligung (beispielsweise wegen Rückzahlung der Einlage) übernimmt.

Würde stattdessen der Altgesellschafter zunächst aus der Gesellschaft ausscheiden und der neue Gesellschafter anschließend eintreten, so könnte beispielsweise der Kommanditist von Gläubigern der Gesellschaft bis zum Ablauf von 5 Jahren insoweit für Gesellschaftsschulden in Anspruch genommen werden, als er eine Abfindung erhalten hat.

Wird ein Kommanditanteil bei einem KG-Fonds mit *Treuhandkommanditist* übertragen, so gehen lediglich die Rechte und Pflichten aus dem Treuhandvertrag über. Da es sich dabei um einen zweiseitigen Vertrag handelt, ist stets die Zustimmung des Treuhandkommanditisten erforderlich. Es sollte vertraglich vorgesehen sein, daß diese Zustimmung nach Erbringung der Einlage des Treugebers nur aus wichtigem Grund verweigert werden darf.

Da es sich bei der Übertragung rechtlich nicht um den Verkauf von Grundstücksanteilen, sondern von Gesellschaftsanteilen handelt, ist der Vorgang formfrei, d. h. die Übertragung kann privatrechtlich erfolgen, sie bedarf keiner Beurkundung.

Die Übertragung ist grundsätzlich grunderwerbsteuerfrei (siehe oben). Der Kaufpreis richtet sich nach den Marktgegebenheiten und wird insbesondere davon abhängen, welche aktuelle Verzinsung die Beteiligung

ausweist, wie sich der Wert der Immobilie entwickelt hat, wie das Ver-
mietungsrisiko inzwischen einzuschätzen ist und welche Steuereffekte
bei dem seinerzeitigen Eintritt erzielt wurden, da diese bei Zweiterwerb
in der Regel nicht mehr wiederholbar sind. Bei KG-Fonds spielt zusätzlich hinein, in welcher Höhe inzwischen eine etwaige Innenfinanzierung
des Fonds (Darlehen der KG) entschuldet wurde.

Bei aller Individualität eines jeden Fonds wird generell gelten können,
daß die Beteiligung dann leicht und gut verkäuflich sein wird, wenn die
dahinterstehende Immobilie gut und nachweislich erfolgreich ist. Ist dies
der Fall, so sind erfahrungsgemäß Mitgesellschafter vielfach bereit, ihre
Beteiligung zu erhöhen und den Anteil — ggf. mit einem Kursabschlag
— zu übernehmen. Auch das gilt allerdings nur dann, wenn die Rendite
marktgerecht ist. Ein mit beispielsweise 7 % rentierender Fondsanteil
wird in einer Hochzinsphase, in der in Geldwerten wesentlich höhere
Ausschüttungen zu erzielen sind, einen schlechten Markt haben.

2.2.2 Kündigung der Gesellschaft

In der Regel wird der Gesellschaftsvertrag dafür Sorge tragen, daß die
Gesellschaft nicht jederzeit durch einen der Gesellschafter mit Wirkung
für alle aufgelöst werden kann. Es wird daher zumindest vereinbart sein,
daß die Kündigung eines Gesellschafters nicht die Auflösung der Gesellschaft zur Folge hat, sondern daß diese dann unter den übrigen Gesellschaftern fortgesetzt werden soll.

Darüber hinaus kann jedoch auch das *Kündigungsrecht* des Kommanditisten oder Gesellschafters bürgerlichen Rechts vertraglich ausgeschlossen oder eingeschränkt sein. Dies gilt jedoch nur, wenn die Gesellschaft
— zumindest zunächst — auf bestimmte Zeit eingegangen wurde. Bei
Vorliegen eines wichtigen Grundes bleibt jedoch die Kündigung stets
möglich[1].

Üblich in Fonds-Verträgen ist eine Regelung, nach der der einzelne Gesellschafter erstmals kündigen kann, wenn die Gesellschaft über eine
längere Zeit bestanden hat und der langfristige Anlagezweck der Gesellschaft weitgehend erreicht ist. So findet sich bei Immobilienfonds, die

---

[1]   § 723 BGB.

langfristig vermietete Gewerbeimmobilien zum Gegenstand haben, häufig eine 10-Jahresfrist.

Auch nach Ablauf einer solchen Frist sollten der Fonds bzw. die am Verbleib interessierten Gesellschafter wirtschaftlich davor geschützt sein, daß kündigende Gesellschafter den Fortbestand gefährden oder zerstören können. Die Gesellschaftsverträge sehen daher üblicherweise vor, daß der Auseinandersetzungsanspruch des kündigenden Gesellschafters über einen längeren Zeitraum hinweg gestreckt ausgezahlt werden kann. Ob eine Regelung rechtswirksam ist, die vorsieht, daß die Auszahlung der Liquiditätslage des Fonds entsprechend erfolgen kann bzw. muß, scheint fraglich.

In jedem Fall sollte die Art und Weise der Ermittlung des Auseinandersetzungsguthabens sowie seiner Auszahlung so geregelt sein, daß ein gesunder Ausgleich der Interessen des kündigenden Gesellschafters einerseits und des Fonds andererseits erreicht wird. Dieser Ausgleich scheint nicht gewährleistet, wenn dem ausscheidenden Gesellschafter beispielsweise die Kosten der Erstellung eines dafür vorgesehenen Sachverständigengutachtens zum Wert der Immobilie einseitig auferlegt werden.

2.2.3 Verkauf des Gesellschaftsvermögens

Je nach Gesellschaftsvertrag — in der Regel mit einfacher Mehrheit — können die Gesellschafter den Verkauf des Fonds-Objekts und damit des Gesellschaftsvermögens beschließen. Dies wird sich in einer hierfür günstigen Marktsituation anbieten; die Geschichte der geschlossenen Immobilienfonds kennt bereits heute viele solcher Beispiele, sogar Objekte, die von einem Fonds an den nächsten veräußert wurden.

Diese Art der Fungibilität ist gegenüber der Verkäuflichkeit jeder anderen Immobilie nur eingeschränkt durch den möglicherweise schwierigeren Willensbildungsprozeß in der Gesellschaft, ansonsten stellt die Fondskonzeption keinerlei Hemmnis dar. Klar ist jedoch, daß es sich dabei nicht um eine eigentliche Anteilsfungibilität handelt, sondern nur um eine Fungibilität sämtlicher Anteile auf einen Schlag.

Erfolgt die Veräußerung nach Ablauf der Spekulationsfrist von 2 Jahren, so ist der Veräußerungsgewinn — ebenso wie bei der Veräußerung des einzelnen Fondsanteils — einkommensteuerfrei.

Die Gesellschaft — GdbR wie KG — ist anschließend nach den allgemeinen Vorschriften zu liquidieren. Der Liquidationserlös ist entsprechend den Regelungen des Gesellschaftsvertrags — in der Regel entsprechend den jeweiligen Anteilen an der Gesellschaft — zu verteilen. Anlegerunfreundliche Gesellschaftsverträge könnten hierbei Privilegien des geschäftsführenden Gesellschafters oder Komplementärs aus dem Initiatorenlager vorsehen; es ist daher stets die gründliche Prüfung insbesondere des Gesellschaftsvertrags vor dem Beitritt zum Fonds geboten.

Teil E

Der gewerbliche Mietvertrag

von Jost Hieronymus

1 Allgemeines

1.1 Die Bedeutung des gewerblichen Mietvertrags

Die Investition in Gewerbeimmobilien verfolgt die bereits genannten Anlageziele der *Rentabilität* und *Sachwertsicherheit*. Die Zielerreichung ist angesichts der üblichen Langfristigkeit der Mietverträge daher im wesentlichen von der rechtlichen Ausgestaltung des Mietverhältnisses bis ins Detail abhängig.

Hierbei spielen die Gestaltung des Mietzinses sowie die Nebenkosten eine vorrangige Rolle, kosten- bzw. ertragsrelevante Faktoren finden sich jedoch auch in den verschiedensten weiteren Bestandteilen des Mietvertrags.

Investoren sollten daher jede — oftmals begründete — Scheu vor dem „juristischen Teil" des Geschäfts ablegen und diesem größte Aufmerksamkeit schenken. Denn bei Verhandlung und Festlegung des Mietvertrags entscheiden sich die wirtschaftlichen Daten der Zukunft ebenso wie bei der Durchführung der Baumaßnahme selbst.

Jede Investition unterliegt dem unberechenbaren Faktor der Zeit; der Investor wird bemüht sein, zukünftige Entwicklungen weitmöglichst zu antizipieren, in unserem Fall beispielsweise durch entsprechende Wahl des Standorts, des Gebäudetyps, der Architektur und des Mieters. Darüber hinaus kann lediglich durch die Gestaltung des Mietvertrags ein Kanal für zukünftige Entwicklungen gelegt werden. Diese Chance sollte nicht vergeben werden.

Dies gilt um so mehr, als der private Investor in der Regel um einen langfristigen Mietvertrag mit einer guten Adresse der Wirtschaft bemüht sein wird, er es also mit einem Vertragspartner zu tun hat, der nicht nur bonitätsstark ist, sondern zugleich verhandlungsstark und erfahren. Es bedarf daher besonderer Gründlichkeit und der eventuellen Zuhilfenahme von Fachleuten, um bei der grundsätzlichen Vertragsfreiheit im Bereich der Gewerbemietverträge einen gesunden Interessenausgleich sicherzustellen.

Die nachfolgende Darstellung berücksichtigt in erster Linie die Interessen des Investors — also des Vermieters — und will diesem eine allgemeine Übersicht sowie konkrete Empfehlungen anhand geben.

Selbstverständlich müssen von diesem „Maximalkatalog" in der Regel um so mehr Abstriche gemacht werden, je attraktiver der Mieter ist.

1.2 Definition und Abgrenzung

Der Begriff der Geschäftsraummiete kommt im Gesetz lediglich in § 565 Abs. 1 Nr. 2 BGB vor. Darüber hinaus gibt es keine gesonderte gesetzliche Regelung gewerblicher Mietverhältnisse. Dies ist angesichts des nachfolgend zu besprechenden Regelungsbedarfs um so überraschender, als der Geschäftsraummiete bis 1972 ein eigenes Gesetz vergönnt war, das Geschäftsraummietengesetz vom 25. 6. 1962. Von diesem kündet heute lediglich die noch weithin gebräuchliche Definition des Geschäftsraums als einem Raum, der nach seiner baulichen Anlage und Ausstattung auf die Dauer anderen als Wohnzwecken — insbesondere gewerblichen oder beruflichen Zwecken — zu dienen bestimmt ist und auch tatsächlich dient.

Bei dieser wie bei allen anderen Definitionen geht es also letztlich um die *Abgrenzung zur Wohnraummiete.* Hierbei stellt die Rechtsprechung auf den Zweck ab, den der Mieter mit der Anmietung des Mietobjekts vertragsgemäß verfolgt.

Zu fragen ist also nach dem von den Parteien vereinbarten vertragsmäßigen Gebrauch, welcher sich wiederum entscheidend nach der subjektiven, aber erkennbaren Zweckverfolgung des Mieters richtet. Liegt also z. B. der nach dem Vertrag vorgesehene Gebrauch des Mieters nicht im Wohnen, sondern im Weitervermieten, so ist Geschäftsraummiete anzunehmen. In diesem Sinn wurden von der Rechtsprechung weiterhin Anmietungen zum Betrieb einer Pension oder eines Studentenwohnheims als Geschäftsraum-Mietverhältnisse bewertet.

Raum für eine Interpretation ist selbstverständlich nur gegeben, wenn der Mietvertrag selbst nicht deutlich den vertragsgemäßen Gebrauchszweck benennt. Es ist daher insbesondere im Interesse des Vermieters gewerblicher Räume darauf zu achten, daß der gewerbliche Nutzungszweck hinreichend deutlich im Vertrag zum Ausdruck kommt.

Dies gilt vor allem bei sogenannten Mischmietverhältnissen, bei Mietverträgen also, mit denen neben Geschäftsräumen auch Wohnraum vermietet wird, dieser jedoch nicht im Vordergrund stehen soll. Auch hier richtet sich nämlich die Beurteilung des Vertrags und damit die Frage, ob Wohnraummietrecht insgesamt Anwendung findet, nach dem Vertragszweck, so wie er sich aus dem Parteiwillen ergibt.

Dabei geben objektive Kriterien wie beispielsweise die Mietzins- oder Flächenanteile, die auf die jeweilige Nutzungsart entfallen, lediglich Hinweise zur Feststellung des Parteiwillens. Maßgebend ist stets der wahre Vertragszweck, der ggf. durch die objektiven Anteile ermittelt werden kann, sofern der erklärte Vertragszweck offensichtlich nur vorgetäuscht ist.

Müssen nach dieser Vorgehensweise Wohn- und Geschäftsräume des Vertrags als gleichwertig angesehen werden, gehen Literatur und Rechtsprechung übereinstimmend davon aus, daß dann die Wohnraummiete aufgrund ihres Schutzbedürfnisses Vorrang habe. Die Schutzvorschriften für Wohnraum finden selbstverständlich stets dann Anwendung, wenn im einheitlichen Vertrag die Nutzungsart Wohnen überwiegt.

Für den Vermieter empfiehlt es sich daher, in allen Fällen der nicht offensichtlich untergeordneten Mitvermietung von Wohnräumen deutlich zu machen, daß die Vermietung der Gewerbeflächen für die Parteien im Vordergrund steht. In anderen Fällen sollte geprüft werden, ob die Objektvermietung nicht in einen Wohnraum- und einen Geschäftsraum-Mietvertrag aufgeteilt werden kann.

Die *Bedeutung der Abgrenzung* der Geschäftsraummiete liegt eindeutig auf seiten des Vermieters. Sie besteht vor allem darin, daß im gewerblichen Mietrecht zwar die allgemeinen Vorschriften zur Miete gelten, nicht jedoch die sogenannten *sozialen Schutzvorschriften* für den Wohnraummieter. Hierzu zählt in erster Linie der gesamte Bereich des Kündigungsschutzes, ferner die Vielzahl sonstiger Schutzvorschriften, die zu Gunsten des Wohnraummieters vom Gesetz zwingend vorgeschrieben sind, während sie im Bereich der gewerblichen Vermietung von den Parteien abgeändert werden können bzw. keine Anwendung finden. Hierzu zählen beispielsweise die Gewährung gerichtlicher Räumungsfristen, das Verbot der Kündigung zum Zweck der Mieterhöhung sowie die Einschränkungen für Mieterhöhungen.

Selbst angesichts der Entwicklung der Mietsituation in Stadtzentren, wo Mieterschutz für kleine und mittlere Gewerbetreibende wünschenswert erscheinen kann, geht der Gesetzgeber vom Grundsatz der Kräftegleichheit der Vertragspartner aus und gewährt ihnen weitestgehende Dispositionsfreiheit. So setzt er beispielsweise der Vereinbarung von außerordentlichen Kündigungsgründen lediglich die allgemeinen Grenzen des Vertragsrechts wie beispielsweise das Verbot der Sittenwidrigkeit. Der Mietzins kann frei vereinbart werden bis zu den Grenzen der besonderen Wuchervorschriften[1].

Außerdem finden sich *besondere Regelungen* für die Geschäftsraummiete, welche sich neben der einzig ausdrücklichen Regelung (§ 565 BGB) aus allgemeinen Grundsätzen ergeben. So ergibt sich beispielsweise aus dem gewerblichen Mietvertrag eine Konkurrenzschutzpflicht des Vermieters auch dann, wenn im Vertrag keine ausdrückliche Konkurrenzklausel vereinbart wurde. Dieser von der Rechtsprechung aufgestellte Grundsatz gilt für Einzelhandelsgeschäfte, dort allerdings nur im Rahmen ihrer Hauptartikel, sowie für andere Geschäftszweige, wenn durch die Vermietung an einen Wettbewerber der Gebrauchszweck erheblich gestört würde (siehe im einzelnen unter Abschn. 2.5 Konkurrenzschutz).

Ein weiterer von der Rechtsprechung entwickelter Grundsatz ist, daß die *Außenwände* des vermieteten Gebäudeteils regelmäßig als mitvermietet gelten, so daß dort ohne besondere Erlaubnis des Vermieters die Anbringung von Reklame, Namensschildern etc. möglich ist.

Die Abgrenzung der Geschäftsraummiete von der Wohnraummiete ist also, wie wir sehen, ebenso bedeutungsvoll wie mitunter schwierig. Leichter fällt dagegen die Unterscheidung zu den *benachbarten* Vertragstypen:

Der Unterschied zur *Leihe* liegt darin, daß es sich dort um eine unentgeltliche Gebrauchsüberlassung handelt, wobei davon auszugehen ist, daß auch ein nur geringfügiges Entgelt die Miete nicht zur Leihe macht. Entscheidend sind stets die Tatsachen, nicht der Name, den die Parteien ihrem Vertrag gegeben haben. Wurde also Leihe vereinbart und ein Entgelt verhandelt, so finden die Vorschriften des Mietrechts Anwendung.

---

[1] § 302a Abs. 1 Nr. 3 StGB, § 4 WiStG.

Immobilien-Leasing wird generell als eine spezielle Finanzierungsvariante betrachtet. Nach der vertraglichen Ausgestaltung und rechtlichen Systematik handelt es sich jedoch nach herrschender Meinung um eine spezielle Form des Mietvertrags, bei dem in der Regel die Objektkosten und Risiken während der Vertragslaufzeit weitestgehend beim Mieter liegen und diesem nach Ablauf der Mietzeit ein Ankaufsrecht am Objekt zusteht. Werden bei der Vertragsgestaltung gewisse Voraussetzungen, welche der Immobilienleasingerlaß vom 21. 3. 1972 aufstellt, erfüllt und liegt auch kein sogenanntes Spezialleasing (dieses Objekt kann so nur von diesem Mieter genutzt werden) vor, so wird der Vertrag auch steuerlich als Mietvertrag behandelt. Andernfalls wird das Objekt gemäß der Rechtsprechung zum Mietkauf steuerlich und wirtschaftlich dem Leasingnehmer zugerechnet.

Verwahrung gemäß § 688 BGB liegt dann vor, wenn zu den üblichen Obhutspflichten des Mieters zusätzliche Pflege- bzw. Obhutspflichten vereinbart worden sind.

Pacht und Miete unterscheiden sich dadurch, daß bei der Pacht zusätzlich zum Gebrauch des Mietobjekts der Fruchtgenuß gewährt wird. Die Unterscheidung kann dann schwierig sein, wenn Räume mit besonders für den Betrieb des Mieters geeigneten Einrichtungen vermietet werden. Sind diese Einrichtungen und Ausstattungen zur unmittelbaren Erzielung wirtschaftlicher Früchte durch den Mieter erforderlich, so nimmt die Rechtsprechung ein Pachtverhältnis an. Hierbei kommt es nicht darauf an, ob die Einrichtungen dem Inhaber der Räume oder einem Dritten gehören.

Werden neben Räumen und betriebserforderlichen Einrichtungen noch zusätzliche Bestandteile eines Betriebs wie Know-how, Firma oder Kundenstamm übertragen, so kann es sich statt um Raumpacht um Unternehmenspacht handeln.

Dingliche Rechte können dem Begünstigten mitunter ähnliche wirtschaftliche Rechte einräumen, wie sie dem Mieter zustehen. Sie bedürfen zu ihrer Wirksamkeit der Eintragung im Grundbuch, gelten dann jedoch nicht nur gegenüber dem Eigentümer des Grundstücks, sondern gegenüber jedem Dritten. Hierbei kann es sich im gewerblichen Bereich lediglich um das Recht des Nießbrauchs gemäß § 1030 BGB handeln, das Wohnrecht gemäß § 1093 scheidet von der Nutzungsart her aus.

1.3 Vertragsform

Grundsätzlich ist auch der mündlich abgeschlossene Mietvertrag über Geschäftsräume gültig. Nach § 566 BGB bedürfen jedoch Verträge, die den Vermieter *länger als 1 Jahr* binden, der *Schriftform*. Zweck dieser Regelung ist es, einem späteren Erwerber des Grundstücks die Möglichkeit zu geben, sich über seine Rechte und Pflichten, in die er gemäß § 571 BGB eintritt, vollständig zu unterrichten.

Wird die Schriftform bei einem Mietvertrag über 1 Jahr nicht beachtet, so ist der Vertrag jedoch nicht unwirksam, sondern gilt vielmehr als für unbestimmte Zeit abgeschlossen und kann nicht vor Ablauf des ersten Jahres gekündigt werden. Bei der Berechnung dieser Frist wird vorwiegend auf den Zeitpunkt der Überlassung der Mietsache abgestellt. Der Mietvertrag endet daher mit Ablauf des Kalendervierteljahres, in das der Ablauf des ersten Mietjahres fällt.

Die Form erfordert, daß der Vertragsinhalt in einer Urkunde niedergelegt wird und von den Parteien eigenhändig und handschriftlich mit dem bürgerlichen Namen oder der Firma unterschrieben wird. Hierbei muß ein Bevollmächtigter unter Hinweis auf sein Vertretungsverhältnis unterschreiben. Es genügt, wenn jede Partei über eine von der anderen Partei unterschriebene Urkunde verfügt. Wird auf weitere nicht unterzeichnete Urkunden Bezug genommen, so müssen diese mit der Haupturkunde fest verbunden sein.

Die Schriftform für den langfristigen Geschäftsraum-Mietvertrag gilt selbstverständlich auch für Nachträge und Zusätze, da auch diese den Neuerwerber des Grundstücks binden.

Bei vertraglichen Vereinbarungen, die neben den mietvertraglichen Elementen auch weitere Vertragstypen enthalten, bedürfen nur die mietvertraglichen Vereinbarungen der Schriftform. Aus dem genannten Schutzzweck der Schriftform (Sicherung des späteren Grundstückserwerbers) ergibt sich ferner, daß ein *Vormietvertrag* keiner Form bedarf, da dieser den Erwerber nicht verpflichten kann. Die Einräumung eines Vormietrechts jedoch bedarf der Schriftform. Wird durch Vertrag ein Mietverhältnis aufgehoben, so wird dadurch der spätere Erwerber nicht belastet, der Vertrag ist daher nicht formbedürftig, auch wenn damit ein längerfristiger Mietvertrag aufgehoben wird.

Die Schriftformregelung gilt auch für Untermiet- und Unterpachtverträge. Bei Leasingverträgen oder sonstigen Mietverträgen, bei denen im Mietvertrag dem Mieter ein Vorkaufs- oder Ankaufsrecht an der Mietsache eingeräumt wird, ist der Mietvertrag nach § 313 BGB zu beurkunden.

Die Formvorschrift umfaßt den Vertrag in seinem vollen Umfang, d. h., daß sämtliche Abreden schriftlich festzulegen sind. Ausnahmen läßt die Rechtsprechung hier nur insoweit zu, als es sich um unwesentliche Vertragsinhalte handelt, insbesondere solche Nebenabreden, die einen späteren Grundstückserwerber in keiner Weise berühren würden.

Bei Verlängerung eines Vertrags oder späteren Änderungen oder Ergänzungen sollte entweder der Ursprungsvertrag beigeheftet oder aber ausdrücklich auf diesen Bezug genommen werden und zum Ausdruck kommen, daß der Hauptvertrag unverändert fortbestehen soll.

Die Berufung auf einen Formmangel soll nicht als Vorwand dienen können, um sich von einem langfristig bindenden Vertrag zu lösen, die Rechtsprechung läßt daher die Möglichkeit zu, eine derartige Berufung als rechtsmißbräuchlich abzulehnen.

Dort, wo die Schriftform nicht kraft Gesetzes gilt, sondern kraft freier Vereinbarungen der Parteien, wird ihr in der Regel deklaratorische Bedeutung beigemessen, d. h. daß bei einem Formverstoß nicht von der Nichtigkeit des Vertrags ausgegangen wird, da die Form in erster Linie der Beweissicherung der Parteien gelten soll.

In derartigen Mietverträgen findet sich, soweit es sich um Formularmietverträge handelt, regelmäßig die Klausel, daß nachträgliche Änderungen und Ergänzungen des Vertrags nur bei schriftlicher Vereinbarung gelten sollen. Demgegenüber stellt die Rechtsprechung dort, wo das Recht der Allgemeinen Geschäftsbedingungen gilt, fest, daß individuelle Abreden auch dann Vorrang vor dieser Klausel haben, wenn sie nur mündlich getroffen wurden. Derjenige, der sich auf eine solche mündliche Abrede beruft, trägt jedoch hierfür die Beweislast.

Diese Fallgestaltung führt zu dem generellen Thema der *Verwendung Allgemeiner Geschäftsbedingungen (AGB)* im gewerblichen Mietrecht: Im Bereich der Geschäftsraummiete werden vorwiegend Formularmietverträge verwendet. Hierbei handelt es sich nicht wie im Wohnmietbereich ausschließlich um vorformulierte Vertragsbedingungen der Vermieter, sondern in erheblichem Umfang, insbesondere bei den Handelsflächen, um Standardmietverträge, die vom Mieter vorgegeben werden.

Ist einer der Vertragspartner Verwender solcher Allgemeiner Geschäftsbedingungen und hat er diese gestellt, so gilt für den Kontrahenten der *Schutz des AGB-Gesetzes.* Dieser ist bei Verträgen unter Kaufleuten jedoch eingeschränkt, wobei es gleichgültig ist, ob es sich um Voll- oder Minderkaufleute handelt, solange das Geschäft zum Betrieb ihres Handelsgewerbes gehört. Das dürfte bei Anmietung von Grundstücken und Geschäftsräumen regelmäßig der Fall sein, da es sich hier üblicherweise um ein zum Betrieb des Gewerbes erforderliches Hilfsgeschäft handelt.

Geltung hat auch unter Kaufleuten beispielsweise die Unklarheitenregelung, wonach eine Auslegung zweifelhafter Klauseln zu Lasten des Verwenders zu erfolgen hat, sowie die Regeln, daß Individualabreden vorgehen, überraschende Klauseln unwirksam sind und eine allgemeine Bedingung den Vertragspartner des Verwenders nicht unangemessen benachteiligen darf.

Ist festgestellt, daß Allgemeine Geschäftsbedingungen gestellt wurden, so hat der Verwender, um die Inhaltskontrolle zu vermeiden, den Nachweis zu führen, daß es sich entweder um eine Einzelfallvereinbarung handelt oder daß der gesamte Vertrag ausgehandelt wurde. Enthält der Vertrag eine Klausel, wonach die hier festgelegten Punkte im einzelnen ausgehandelt wurden, so ist diese für sich noch kein ausreichender Beweis für ein tatsächlich erfolgtes Aushandeln. Der Verwender von AGB hat die Voraussetzungen des Aushandelns eindeutig nachzuweisen; er ist daher gut beraten, wenn er bei Vertragsschluß einen entsprechenden Vermerk anfertigt und sich zusätzlich bestätigen läßt. Empfohlen werden kann auch ein individueller Ausdruck des verhandelten Vertrags mit Paraphierung jeder einzelnen Ziffer durch beide Parteien.

1.4 Vertragsschluß

Die für den Vertragsschluß notwendigen Willenserklärungen von Angebot und Annahme können im Fall des Mietvertrags auch durch schlüssiges Verhalten ersetzt werden; ein Mietvertrag kann also auch aufgrund sozialtypischen Verhaltens zustande kommen. Voraussetzung ist jedoch, daß sich die Parteien über die wesentlichen Vertragselemente geeinigt haben. Ob hierzu auch die Dauer des Mietvertrags zählt, ist umstritten. Einige Autoren gehen bei fehlender Regelung davon aus, daß das Mietverhältnis dann zunächst auf unbestimmte Dauer zustande gekommen sei.

In jedem Fall muß über all jene Punkte Einigung erzielt worden sein, die von den Parteien für regelungsbedürftig gehalten wurden. Ein Vertrag kommt nämlich nach § 154 Abs. 1 Satz 1 BGB solange nicht zustande, als die Parteien sich nicht über all jene Punkte geeinigt haben, die nach dem Willen auch nur einer Partei geregelt werden sollten.

Ist eine Regelung nicht getroffen, der Mietvertrag jedoch wirksam, so gelten die allgemeinen Grundsätze für die Vertragsauslegung. Danach gilt überall dort, wo eine vertragliche Regelung fehlt, aber das Gesetz eine Regelung vorsieht, diese als beabsichtigt. Eine durch Auslegung zu schließende Vertragslücke setzt voraus, daß der Vertrag in sich bzw. in einer Einzelklausel ergänzungsbedürftig ist. Diese Ergänzung muß sich dann als zwingende selbstverständliche Folge aus dem ganzen Zusammenhang des Vereinbarten ergeben, so daß ohne sie das Ergebnis in offenkundigem Widerspruch mit dem tatsächlich Vereinbarten stehen würde.

Die *Mietvertragsparteien* sind überlegt zu wählen und unmißverständlich zu benennen. Nur so kann sichergestellt werden, daß die gewünschten Personen oder Gesellschaften für die Erfüllung ihrer vertraglichen Verpflichtungen haften, etwaige Rechtsnachfolgen geklärt sind und feststeht, wer zur Abgabe und Entgegennahme von Erklärungen berechtigt ist.

Führt ein Kaufmann eine Firma, so ist er verpflichtet, diese im Handelsverkehr zu verwenden, und muß daher den Mietvertrag unter der Firma abschließen. Eine Veräußerung der Firma führt wegen der Personenbezogenheit des Mietvertrags jedoch nicht zu einem Wechsel des Vertragspartners. Nur mit Einwilligung des Vermieters kann der Erwerber der Firma neuer Mietvertragspartner werden.

Sind juristische Personen oder Personengesellschaften wie oHG und KG Partei, so ist — ggf. durch Einsicht in das Handelsregister — sicherzustellen, daß die handelnden Personen vertretungsbefugt sind.

Auch der nicht rechtsfähige Verein kann Mietvertragspartner werden; Partei werden dann die Mitglieder in ihrer Gesamtheit. Sie können Forderungen nur gemeinschaftlich geltend machen und haften im Rahmen ihrer Satzung (in der Regel beschränkt auf ihren Anteil am Vereinsvermögen) gesamtschuldnerisch.

Mehrere Personen auf der *Vermieterseite* können entweder eine Bruchteilsgemeinschaft oder eine Gesamthandsgemeinschaft bilden. Sie schließen dann den Mietvertrag gemeinschaftlich ab und verwalten ihn gemeinschaftlich, wobei es sich empfiehlt, einen Vertreter der Gemeinschaft zu bestellen.

Da die Mietzinsforderung unteilbar ist, kann weder das einzelne Mitglied der Gemeinschaft seine anteilige Mietzinsforderung geltend machen, noch kann der Mieter den Mietzins mit Forderungen aufrechnen, die ihm nur gegen ein Mitglied der Gemeinschaft zustehen. Für alle Pflichten aus dem Mietvertrag haften die Vermieter als Gesamtschuldner.

Personenmehrheiten auf der *Mieterseite* müssen den Mietvertrag gemeinschaftlich abschließen, können auch nur gemeinschaftlich kündigen und haften gesamtschuldnerisch für alle Verbindlichkeiten aus dem Mietvertrag. Das Mietverhältnis kann nur einheitlich gegenüber allen Mietern gekündigt werden, rechtsgeschäftliche Erklärungen müssen im Normalfall allen Mitgliedern der GdbR zugehen. Es empfiehlt sich daher, eine Klausel in den Vertrag aufzunehmen, wonach sich die Mieter untereinander oder einen Bestimmten bevollmächtigen, Erklärungen, die gegen sie alle wirken, im Namen aller Mieter und mit Wirkung für und gegen alle abzugeben und entgegenzunehmen. Eine solche Klausel ist im Interesse der Verkehrssicherheit und Vereinfachung des Rechtsverkehrs bei Gewerberaum-Mietverträgen bedenkenlos. Sie ist selbstverständlich analog bei Personenmehrheit auf der Vermieterseite sinnvoll.

1.5 Mietvorvertrag und Vormietvertrag

Gewerbeimmobilien, die fremdvermietet werden sollen und als Anlageobjekte dienen, werden vom Investor häufig in der Weise entwickelt, daß die Ertragsseite grundsätzlich sichergestellt wird, bevor das betreffende Grundstück erworben wird.

Insbesondere im Handelsbereich, wo ein Standort vielfach auf einen konkreten Bedarf hin entwickelt und nach den Plänen des zukünftigen Mieters bebaut wird, finden wir daher neben Mietverträgen, die unter dem *Vorbehalt* des Grundstückserwerbs, des Baurechts oder ähnlichem stehen, auch *Vorverträge,* die das Mietverhältnis im Prinzip festschreiben, ohne daß bereits sämtliche Einzelheiten geregelt werden.

Schwierig kann im Einzelfall die Abgrenzung sein, ob es sich dabei bereits um einen Vorvertrag mit Bindungswirkung für die Parteien handelt oder ob lediglich Vertragsverhandlungen vorliegen, die noch keine rechtsgeschäftliche Bindung verursacht haben.

Grundsätzlich ist davon auszugehen, daß ein *Vorvertrag* nur dann angenommen werden kann, wenn besondere Umstände darauf schließen lassen, daß die Parteien sich ausnahmsweise schon binden wollten, bevor alle Vertragspunkte abschließend geregelt waren und die entsprechenden Erklärungen — ggf. in bestimmter Form — vorliegen. Fehlgeschlagene Vertragsverhandlungen sollen demgegenüber gerade keine Pflichten auslösen.

Ein Mietvorvertrag ist demnach dann anzunehmen, wenn sich die Parteien darüber einig geworden sind, daß sie sich im Rahmen eines Mietverhältnisses binden wollen, wobei umstritten ist, wie weit der Vertragsinhalt hier bereits im einzelnen festgelegt worden sein muß. Der Vorvertrag ist nicht formbedürftig gemäß § 566 BGB.

Da aus dem Vorvertrag jede Partei gegen die andere auf Abgabe der zum Abschluß des Hauptvertrags erforderlichen Willenserklärungen klagen kann, bedeutet dies im Ergebnis, daß jede Partei aufgrund des formlosen Vorvertrags einen Anspruch auf Abschluß des formgerechten, also schriftlichen Hauptvertrags hat.

Der Vorvertrag begründet also noch keine unmittelbaren Leistungspflichten wie z. B. die Pflicht zur Überlassung der Mietsache.

Erfüllt eine Partei ihre Pflicht zum Abschluß des Hauptvertrags nicht, so kann der Vertragspartner entweder Schadenersatzansprüche wegen Nichterfüllung des Mietvorvertrags geltend machen oder aber auch den Abschluß des Hauptvertrags gerichtlich durchsetzen. Der Kläger muß hierzu ein konkretes Hauptvertragsangebot vorlegen, das den vollständigen Wortlaut des erstrebten Mietvertrags enthält und dessen Annahme durch das Urteil ersetzt werden kann. Hierfür ist allerdings Voraussetzung, daß die Einigung der Parteien im Vorvertrag bereits weitgehend erfolgte, daß also kein wesentlicher Verhandlungsspielraum mehr vorbehalten war. Dies wird aber bei Vorverträgen zumeist der Fall sein, da ohne das Bedürfnis späterer Ausfüllung des Vertragsinhalts entweder von vornherein ein Hauptvertrag verhandelt wird oder aber gemeint ist, selbst wenn die Parteien ihn als Vorvertrag bezeichnet haben.

Ein Mietvorvertrag kann im übrigen auch nur die einseitige Verpflichtung einer Partei begründen, mit dem Vertragspartner einen Mietvertrag abzuschließen.

Diese einseitige oder die beiderseitigen Verpflichtungen aus dem Vorvertrag sind mit dem Abschluß des Hauptvertrags erfüllt. Erweist sich der Mietvertrag jedoch als unwirksam (z. B. bei erfolgreicher Anfechtung), so lebt der Vorvertrag wieder auf, d. h. er teilt nicht die Unwirksamkeit des Hauptvertrags. Die Parteien bleiben daher weiterhin verpflichtet, ihr zum Abschluß des Hauptvertrags geeignetes Angebot abzugeben, ein entsprechendes Angebot der Gegenseite anzunehmen und ernsthaft an der Aushandlung der Vertragsbedingungen mitzuwirken.

Im Hinblick auf die genannten Abgrenzungsschwierigkeiten (gescheiterte Vertragsverhandlungen oder Hauptvertrag) empfiehlt es sich, den Vorvertrag nicht nur ausdrücklich als solchen zu bezeichnen, sondern zugleich die Begründung für diesen vorgezogenen Vertragsschritt in die Präambel aufzunehmen. Dies können, wie bereits angeführt, strategische Gründe sein oder der Wunsch, ein Verhandlungszwischenergebnis abzusichern, beispielsweise um den Vertragspartner vor störenden Parallelaktivitäten einer Konkurrenz zu schützen.

Mitunter hat der Mieter von vornherein das Interesse, unter Umständen weitere Räume im Mietobjekt zu einem späteren Zeitpunkt hinzuzumieten. Dies kann selbstverständlich auch bei einem Dritten zutreffen, der noch nicht Mieter ist.

Für solche Fälle kann ein *Vormietrecht* vereinbart werden, welches dem Begünstigten die Möglichkeit einräumt, in einen vom Vermieter mit einem Dritten abgeschlossenen Mietvertrag einzutreten.

Auf dieses Recht sind, da es im allgemeinen Mietrecht nicht geregelt ist, die Bestimmungen über das Vorkaufsrecht[1] entsprechend anzuwenden.

---

[1] §§ 1104ff. BGB.

Es ist strittig, ob der Vormietvertrag formfrei zustande kommt oder ob das Vormietrecht der Schriftform des § 566 BGB bedarf. Es empfiehlt sich daher in jedem Fall eine schriftliche Vereinbarung. Die Ausübung des Vormietrechts ist nach einhelliger Meinung formfrei.

Voraussetzung für den Vormietfall ist, daß der Vermieter einen vollständigen Mietvertrag mit einem Dritten abgeschlossen hat. Hierüber, nicht bereits über Vertragsverhandlungen, hat er den Vormietberechtigten zu unterrichten. Dieser hat nun innerhalb einer bestimmten Frist die Möglichkeit, das Vormietrecht auszuüben. Wurde vertraglich keine Frist vereinbart, so beträgt sie nach § 510 Abs. 2 BGB bei Immobilien zwei Monate. Sie beginnt mit dem Zugang der Mitteilung und der vollständigen Unterrichtung über den abgeschlossenen Mietvertrag.

Weiß der Dritte vom Vormietrecht nichts, so hat er vor Inbesitznahme der Mietsache Schadenersatzansprüche wegen Nichterfüllung gegen den Vermieter, nach Inbesitznahme bleibt ihm der Gebrauch der Sache erhalten, der Vormietberechtigte kann dann lediglich Schadenersatzansprüche gegen den Vermieter geltend machen.

Im Rahmen der Vertragsfreiheit sind neben den Vormiet- und Vorpachtverträgen, die dem gesetzlichen Vorkaufsrecht nachgebildet sind, auch noch *andere freie Gestaltungen* möglich wie Rechte, die nicht den Vertragsabschluß mit einem Dritten, sondern lediglich Vertragsverhandlungen voraussetzen oder Rechte, die einen anderen als einen Miet- oder Pachtvertrag mit einem Dritten zur Voraussetzung haben.

Das sogenannte „Anmietrecht" verpflichtet den Vermieter grundsätzlich, die Mietsache zuerst dem Mieter anzubieten. Da es dem Vermieter jedoch völlige Freiheit in der Gestaltung seines Angebots läßt, findet es in der Praxis wenig Verwendung.

1.6 Vorvertragliche Pflichten und Haftungen

Führen die Vertragsverhandlungen nicht zum Vertragsabschluß, so können sich dennoch Schadenersatzansprüche aus der vorvertraglichen Beziehung der Parteien ergeben. An solche Schadenersatzansprüche aus *Verschulden vor Vertragsabschluß* stellt die Rechtsprechung jedoch hohe Anforderungen, um die grundsätzliche Abschlußfreiheit nicht zu gefährden. Sie gewährt einen Schadenersatzanspruch nur dann, wenn der Verhandlungspartner bereits schuldhaft das Vertrauen erweckt hat, daß der beabsichtigte Vertrag mit Sicherheit zustande kommen wird. Schadenersatzpflichtig kann sich schließlich auch derjenige machen, der zunächst ernstlich zum Vertragsabschluß bereit war, dann aber ohne jeden triftigen Grund den Abschluß verweigert.

Ein schadenersatzpflichtiges Verschulden wird in den meisten Fällen in der Verletzung von Aufklärungspflichten bestehen, also darin, daß ein Vertragsteil den anderen nicht über solche Eigenschaften oder Umstände unterrichtet, die für ihn erkennbar von besonderer Bedeutung sein können. Hierbei kann es sich beispielsweise um den Konkurrenzschutz berührende Informationen handeln. Die Rechtsprechung kennt jedoch nicht nur die Aufklärungs-, sondern auch die Erkundigungspflicht, wonach der Mieter alle Informationsmöglichkeiten ausnutzen muß, insbesondere von sich aus die entsprechenden Punkte bei den Vertragsverhandlungen ansprechen muß.

Mängel, die in der Mietsache bestehen und auf die der Vermieter nicht hingewiesen hat, können wegen der besonderen Regeln über die Gewährleistung nicht im Rahmen der vorvertraglichen Haftung berücksichtigt werden.

Liegt ein Verschuldensfall vor, so besteht kein Anspruch auf Vertragserfüllung, sondern es ist lediglich das *negative Interesse* zu ersetzen. Der Mietinteressent kann also nur verlangen, so gestellt zu werden, als ob keine Verhandlungen stattgefunden hätten.

Wird die Mietsache dem Mieter bereits vor Vertragsabschluß überlassen, so entsteht hierdurch kein eigenes Vertragsverhältnis, jedoch treffen den Mieter dieselben Obhuts- und Fürsorgepflichten, wie sie ihm nach Vertragsabschluß obliegen würden.

Unterdrückt der Vertragspartner Informationen oder täuscht er über Umstände, die für die Entscheidung des anderen von wesentlicher Bedeutung sein können und deren Mitteilung der andere nach der Verkehrsauffassung erwarten durfte, so besteht neben dem genannten Schadenersatzanspruch bei arglistigem Verhalten die Möglichkeit der Anfechtung des Vertrags binnen Jahresfrist.

2 Vertragsinhalt

2.1 Beschreibung des Mietgegenstands

Die exakte Beschreibung des Mietgegenstands kann eine Vielzahl von Problemen und Streitigkeiten von vornherein ausräumen. Sie ist wichtig zur Entscheidung darüber, ob tatsächlich die geschuldete Mietsache überlassen worden ist — nämlich in einem zu dem vertragsgemäßen Gebrauch geeigneten Zustand — und in welchem Zustand sie vom Vermieter zu erhalten ist.

Die Definition des Mietgegenstands entscheidet ferner darüber, ob der Mieter von den Mieträumen einen vertragswidrigen Gebrauch macht, in welchem Umfang er unter Umständen anteilige Betriebskosten zu tragen hat, ob und in welchem Umfang er zur Mitbenutzung von Gemeinschaftsflächen berechtigt ist, wer das Risiko öffentlich-rechtlicher Hindernisse für die vorgesehene Nutzung der gemieteten Räume trägt, vor allem aber darüber, in welchem Rahmen sich die Konkurrenzschutzverpflichtung des Vermieters bewegt.

Der Mietgegenstand ist zunächst *gegenständlich* so umfassend wie möglich zu beschreiben. Hierzu gehört die Beschreibung von Lage und Größe der Mietflächen. Bei Handelsobjekten wird vielfach der Planung des Mieters entsprechend gebaut; Grundrisse und Ladenfunktionspläne sowie Flächenberechnungen und Bau- und Leistungsbeschreibungen werden dann in der Regel als Anlage Bestandteil des Mietvertrags. Dabei wird eine Regelung für den Fall getroffen sein, daß im Laufe der Baumaßnahme Änderungen erfolgen und die abschließend festgestellten Flächen über- oder unterschritten werden. Wurde eine solche Regelung nicht vereinbart, so kann der Mieter bei einer Unterschreitung der vereinbarten Mietfläche den Mietzins mindern; ist die Mietfläche dagegen größer als zugesichert, so ist er nicht zu einer höheren Mietzahlung verpflichtet.

Es ist ferner ausdrücklich festzulegen, welche *Betriebsvorrichtungen* bzw. welches Zubehör zur Mietsache gehört; ist nichts Gegenteiliges vereinbart, so erstreckt sich die Überlassungspflicht des Vermieters auf das gesamte Zubehör. Flächen oder Objekte, die außerhalb der Mieträume liegen und dem Mieter mitüberlassen werden, sollten ebenfalls im Vertrag einzeln aufgeführt werden. Hierbei ist zu denken an Abstell- und Lagerflächen, Ladezonen, sonstige Hofflächen, vor allem aber Pkw-Stellplätze bzw. Garagenplätze (ggf. beschrieben nach Anzahl, Größe und Art).

Die Berechtigung des Mieters, Zugangswege, Durchfahrten, Flure, Treppen, Fahrstühle etc. zu benutzen, soweit dies zur Nutzung der Miet-räume erforderlich ist, bedarf als Bestandteil der Überlassungspflicht keiner ausdrücklichen Erwähnung. Das gilt auch für die werbliche Nutzung der Außenwände des vermieteten Gebäudes bzw. der entsprechenden Außenflächen. Auch ist der Mieter berechtigt, ggf. im Treppenhaus ein Hinweisschild anzubringen. Diese Berechtigung des Mieters kann jedoch im Mietvertrag ausdrücklich ausgeschlossen sein oder aber im Interesse einer einheitlichen Gestaltung des Mietobjekts von der Zustimmung des Vermieters abhängig gemacht werden.

Bei der Anbringung von Werbeschriften sollte der Vermieter darauf achten, daß der Mieter verpflichtet wird, auf seine Kosten alle dafür erforderlichen öffentlich-rechtlichen Genehmigungen zu beschaffen und behördlichen Auflagen zu erfüllen.

Die Rechtsprechung geht schließlich davon aus, daß der Vermieter grundsätzlich das Anbringen von Warenautomaten an der Außenfront von Geschäftsräumen zu dulden hat.

Neben die gegenständliche Beschreibung der Mietsache sollte eine weitere Definition bezüglich ihrer *Nutzung* treten. Diese kann je nach Objekttyp und Interessenlage bis hin zur Festlegung des Angebotssortiments bei einer Handelsfläche gehen. Diese Nutzungsfestlegung ist insbesondere für den Umfang der Gebrauchsgewährungspflicht sowie des Konkurrenzschutzes von Bedeutung. Es wird daher im Interesse des Vermieters liegen, den Zweck so eng wie möglich zu fassen und zu regeln, daß das Mietobjekt nur zu dem genannten vertraglichen Zweck genutzt werden darf und daß Änderungen dieses Zwecks der vorherigen Zustimmung des Vermieters bedürfen.

Diese Zustimmung kann bei Erweiterung oder gar Umstellung des Gewerbebetriebs auf andere Geschäftszweige unter Umständen nach Treu und Glauben dann zu erteilen sein, wenn der Mieter ein berechtigtes Interesse hat, ohne daß diesem ein solches Interesse des Vermieters entgegensteht.

Ist ein konkreter Geschäftszweck genannt, so hat der Mieter Anspruch nicht nur auf einen entsprechenden einwandfreien Zustand, sondern darüber hinaus auch darauf, daß der Aufnahme des vorgesehenen Betriebs keine *öffentlich-rechtlichen Hindernisse* entgegenstehen, die sich auf die Räumlichkeiten beziehen. Auch während des Mietvertrags hat dann der Vermieter für die vertragsgemäße Gebrauchsfähigkeit insoweit einzustehen.

Der Vermieter muß auch dafür sorgen, daß die Mieträume ihre Eignung zum vereinbarten Zweck behalten und entsprechende Beeinträchtigungen wesentlicher Art abwehren. Dies gilt insbesondere für Störungen durch andere Mieter desselben Objekts oder durch Dritte.

Derartige Störungen tatsächlicher oder öffentlich-rechtlicher Art stellen einen Mangel der Mietsache dar.

Die Brauchbarkeit kann ferner beispielsweise dadurch eingeschränkt sein, daß die Mieträume nicht angemessen beheizt werden können. Als unangemessen sieht die Rechtsprechung hier auch eine Unwirtschaftlichkeit der Heizungsanlage an. Der Vermieter ist also verpflichtet, eine dem Nutzungszweck angepaßte wirtschaftlich arbeitende Heizungsanlage bereitzustellen.

Zur vereinbarten Nutzung gehört selbstverständlich auch die Möglichkeit der ausreichenden Versorgung mit Licht, Wasser und elektrischem Strom.

Der vorausschauende Vermieter wird nach alledem insbesondere bei langfristigen Mietverträgen Wert darauf legen, daß etwaige Veränderungen des Vermietungskonzepts oder der Bebauung nicht an einer frühzeitigen Festlegung der Mitbenutzung von Gemeinschaftsflächen scheitern können und daß der Mieter die Verpflichtung übernimmt, sämtliche behördlichen Auflagen und Bestimmungen zu erfüllen, soweit sie sich auf den in den Mieträumen ausgeübten Betrieb beziehen.

2.2 Der Mietzins

Im Gegensatz zur Wohnraummiete haben die Parteien bei der Festsetzung der Geschäftsraummiete freie Hand. Es gibt keine Mietpreisbindungen; Höhe und Art der Miete sind völlig in das Belieben der Vertragspartner gestellt.

Eine *Schranke* für die *Vertragsfreiheit* liegt lediglich in § 138 Abs. 2 BGB. Liegt danach ein wucherischer Mietzins vor, so ist der Mietvertrag dennoch wirksam, an die Stelle der Wuchermiete tritt die angemessene Miete.

Der Mietzins wird in der Regel in Geld beziffert festgelegt sein; er kann jedoch auch anders als in Geld entrichtet werden oder auch unbestimmt sein. Es ist dann von einem angemessenen Mietzins auszugehen, über dessen Höhe im Streitfall das Gericht entscheidet.

Da nach der Rechtsprechung ein im Geschäftsverkehr genannter Preis immer der Bruttopreis ist, also die *Mehrwertsteuer* enthält, sofern deren zusätzliche Berechnung nicht ausdrücklich vorbehalten wurde, ist darauf zu achten, daß die Umsatzsteuer gesondert berechnet wird. Dies gilt selbstverständlich nur, wenn der Vermieter zur MWSt optiert, also die Vermietungsumsätze freiwillig der Umsatzsteuer unterwirft. Dies kann bei nicht oder nur beschränkt umsatzsteuerabzugsfähigen Mietern wie Banken, Versicherungen oder Behörden unerwünscht sein.

Wurde der gesonderte Ausweis der Umsatzsteuer im Mietvertrag vergessen, so kann der Vermieter diese nachträglich auch nicht mehr mit dem Argument verlangen, daß sie für den Mieter einen durchlaufenden Posten darstellt.

Nebenkosten

Es ist ferner darauf zu achten, daß nach herrschender Meinung der Mietzins alle Zahlungspflichten des Mieters umfaßt, sofern nicht zusätzliche Kosten ausdrücklich von ihm zu tragen sind.

So hat nach der Rechtsprechung der Mieter Nebenkosten, jedenfalls soweit sie die Gebrauchsgewährung und Unterhaltung der Mieträume oder Lasten der Mietsache betreffen, nur zu tragen, wenn und soweit dies im Mietvertrag ausdrücklich und eindeutig vereinbart worden ist. Entsprechende Vereinbarungen sind eng auszulegen. Es gibt keinen anerkannten Begriff der Nebenkosten.

Der vorsichtige Vermieter wird daher möglichst exakt jede einzelne Position benennen, auf Beispiele und Sammelbegriffe verzichten und die Vollständigkeit sorgfältig anhand von Checklisten, wie beispielsweise der Zweiten Berechnungsverordnung, sowie Auskünften von Architekt und professioneller Immobilienverwaltung überprüfen.

Eine Einschränkung wie im Wohnraummietrecht, wo die Nebenkosten durch die Zweite Berechnungsverordnung *begrenzt* werden, gibt es bei der Geschäftsraummiete *nicht*. Es ist daher möglich, die Nebenkosten bis zu 100 %, also einschließlich der üblichen eigentümerspezifischen Kosten, auf den Mieter umzulegen (so z. B. in der Regel bei Immobilien-Leasing-Verträgen).

Im einzelnen ist zu denken an Grundsteuer (einschließlich späterer Erhöhungen), sämtliche Versicherungen, Kosten der Objektverwaltung, ggf. WEG-spezifische Kosten bei Teileigentum, Wartungs-, Betriebs-, Reinigungs- und Bedienungskosten, kommunale Gebühren, Beleuchtung von Treppenhaus und Außenanlagen, Betrieb und Wartung von Aufzugsanlagen, Rolltreppen, Telefonzentrale, Informationszentrale, Kosten der Klimaanlage, der Beschilderung, der Überwachung, einmalige Anliegerbeiträge und Anschlußkosten sowie laufende öffentliche Abgaben und Gebühren, Hausmeister-, Schornsteinfegergebühren.

Darüber hinaus empfiehlt sich eine allgemeine Klausel, wonach der Mieter alle die Kosten zu tragen hat, die unmittelbar durch seinen Betrieb verursacht worden sind.

Die gründliche und ausführliche Regelung dieses in der Praxis besonders streitintensiven Bereichs sollte auch die Art und Weise der Abrechnung der Nebenkosten und ihre Überprüfung sowie die Fälligkeit einbeziehen.

Um eine Vorfinanzierung zu vermeiden, wird der Vermieter an der Vereinbarung von *Vorauszahlungen* interessiert sein, die Möglichkeit ihrer Anhebung bei steigenden Betriebskosten sollte von vornherein gegeben sein. Letzteres gilt ganz besonders auch für den Fall, daß eine Nebenkostenpauschale vereinbart wird.

Auch bei Geschäftsräumen gilt die Verordnung über *Heizkostenabrechnung*[1]; sie hat Vorrang gegenüber allen mietvertraglichen Regelungen. Dort, wo das Objekt es zuläßt, wird der Vermieter jedoch dafür sorgen, daß der Verbrauch von Energie und Wasser möglichst unmittelbar beim Mieter erfaßt und von diesem beglichen wird.

---

[1]   Verordnung über die verbrauchsabhängige Abrechnung der Heiz- und Warmwasserkosten i.d.F. vom 5. 4. 1984, BGBl I S. 592.

Ansprüche des Vermieters auf Nachzahlung von Nebenkosten sowie Ansprüche des Mieters auf Rückerstattung von Vorauszahlungen werden erst fällig bei ordnungsgemäßer Abrechnung. Hierzu ist der Vermieter verpflichtet, sobald ihm die entsprechenden Informationen vorliegen. Verletzt er diese Verpflichtung, so kann der Mieter seine Vorauszahlungen teilweise zurückbehalten.

Die Abrechnung muß eine geordnete Zusammenstellung der Gesamtkosten mit Angabe und Erläuterung der zugrundegelegten Verteilerschlüssel sowie die Berechnung des jeweiligen Anteils in der Weise enthalten, daß der Mieter sie bei durchschnittlichem Verständnisvermögen gedanklich und rechnerisch nachvollziehen kann. Der Anspruch des Vermieters auf Nachzahlung von Nebenkosten verjährt in vier Jahren, jedoch besteht die Gefahr der Verwirkung, welche die Rechtsprechung bei Wohnraummietverhältnissen bereits nach einem Jahr Verspätung annimmt.

Wertsicherung

Wie alle Geldschulden unterliegt auch der Mietzins dem *Nominalwertprinzip,* d. h. es ist auch bei langfristigen Mietverträgen stets der im Vertrag genannte Mietzins zu zahlen.

Diese Konsequenz wirkt sich für den Vermieter wie für jeden Gläubiger der Geldschuld in einem ähnlichen Dauerschuldverhältnis dann nachteilig aus, wenn der Geldwert im Lauf des Vertragszeitraums sinkt. Angesichts der inflationären Entwicklung der Deutschen Mark seit der Währungsreform mit durchschnittlichen jährlichen Inflationsraten über 4 % wird der vorausschauende Vermieter daher der Wertsicherung seiner Miete größte Aufmerksamkeit widmen. Ihm stehen hierfür verschiedene Wege zur Verfügung.

Zum einen kann er feste Zeitpunkte für feste Erhöhungen des Mietzinses vereinbaren, eine *Staffelmiete* also, die unabhängig von der tatsächlichen Entwicklung des Geldwerts greift.

Zum anderen besteht die Möglichkeit, die Entwicklung des Mietzinses an die Entwicklung eines bestimmten, in der Regel für den Geldwert aussagefähigen *Indikators* zu knüpfen. Hier ist zu unterscheiden zwischen Leistungsvorbehalten und Spannungsklauseln einerseits und nach § 3 Währungsgesetz genehmigungsbedürftigen Gleitklauseln andererseits.

Spannungsklauseln waren ursprünglich für Unterhaltsrenten und Pensionsansprüche entwickelt, haben aber längst in das gewerbliche Mietrecht Eingang gefunden. Sie zeichnen sich dadurch aus, daß eine *gleichartige* oder zumindest *vergleichbare* Leistung als Wertmesser für die Entwicklung des Mietzinses zugrunde gelegt wird. Dies ist etwa dann der Fall, wenn der Indikator die regionale Vergleichsmiete ist oder aber beim gewerblichen Zwischenmieter die seinerseits erzielten Mieterträge.

Da die Spannungsklausel nicht genehmigungsbedürftig ist und damit nicht den Voraussetzungen des § 3 Währungsgesetz unterliegt, kann sie auch einseitig auf die Möglichkeit der Erhöhung des Mietzinses beschränkt sein, eine Ermäßigung also ausschließen.

Auch *Leistungsvorbehalte* sind genehmigungsfrei. Man versteht darunter Vereinbarungen, wonach die Anpassung der Geldschuld nicht automatisch der Entwicklung des Indikators folgt, sondern nach der entsprechenden Veränderung die Anpassung des Mietzinses erst durch einen zusätzlichen Akt wie Vereinbarung der Parteien oder Entscheidung durch Schiedsgutachter erfolgt. In beiden Fällen ist Billigkeitserwägungen Raum zu geben. Wo ein solcher Ermessensspielraum nicht vorliegt, handelt es sich in der Regel um eine automatikähnliche und damit genehmigungspflichtige Gleitklausel.

Auch der Leistungsvorbehalt kann von den Parteien auf den Fall der Mieterhöhung beschränkt werden. Die Neufestsetzung der Miete kann entweder dem Vermieter vorbehalten sein (dieses Leistungsbestimmungsrecht muß im Rahmen der Billigkeit ausgeübt werden) oder beiden Vertragspartnern, die verpflichtet sind, Verhandlungen hierüber aufzunehmen, sobald sich die gewählte Bezugsgröße entsprechend verändert hat, oder aber dem bereits genannten Schiedsgutachter.

Eine sogenannte *Gleitklausel* liegt dann vor, wenn eine bestimmte Änderung des vereinbarten Indikators unmittelbar und automatisch eine Änderung des Mietzinses auslösen soll, ohne daß hierfür eine zusätzliche Aktivität der Vertragsparteien erforderlich ist. Eine derartige Wertsicherung widerspricht dem genannten Nennwertprinzip und unterliegt der Beschränkung durch § 3 Währungsgesetz, dessen gesetzgeberischer Zweck in der Währungssicherung zu sehen ist. Die Vorschrift wird von der Deutschen Bundesbank daher nach wie vor als inflationshinderndes

Instrument gesehen. Dieser Effekt dürfte in seiner praktischen Bedeutung jedoch umstritten sein angesichts der bereits erwähnten Möglichkeiten nicht genehmigungspflichtiger Wertsicherungen sowie der Tatsache, daß es sich hier lediglich um ein Genehmigungsverfahren handelt, also nur solche Klauseln überprüft werden, die von den Verwendern selbst vorgelegt werden.

Die Genehmigung erfolgt grundsätzlich nur dann, wenn

- der Mietvertrag mindestens — ggf. inklusive dem Mieter eingeräumter Verlängerungsoptionen — über 10 Jahre läuft,
- die Anpassung zugunsten beider Parteien vorgesehen ist und
- die Art und Weise der Anpassung eindeutig vereinbart ist.

Hierzu gehört zunächst die Festlegung des *Indikators*. Es handelt sich dabei in der Praxis zumeist um einen vom Statistischen Bundesamt regelmäßig fortgeschriebenen und veröffentlichten Index, in der Mehrzahl der Fälle (z. B. 1970 bei 80 % der Genehmigungsanträge) um den Lebenshaltungskostenindex. Hier gibt es verschiedene Berechnungsgrundlagen und damit verschiedene Indices, wie etwa den aller privaten Haushalte, aller Haushalte von Renten- und Sozialhilfeempfängern, der Einzelhandelspreise oder der Vier-Personen-Arbeitnehmer-Haushalte mit mittlerem Einkommen. Wichtig ist, daß der gewählte Index laufend und leicht nachvollziehbar ist und der allgemeinen wirtschaftlichen Entwicklung weitgehend entspricht, um den Schutz vor schleichendem oder galoppierendem Kaufkraftverlust zu gewährleisten. Die langfristige Fortschreibung des gewählten Index sollte sichergestellt sein; es wird daher die Wahl des jüngsten Basisjahres empfohlen.

Ist der Index gewählt, so ist als nächstes der *Zeitpunkt* der Anpassung zu regeln. In der Praxis finden sich Regelungen, wonach die Anpassung dann erfolgen soll, wenn sich der gewählte Index um eine bestimmte Anzahl Punkte oder Prozente geändert hat. Liegt der Index in Punkten ausgedrückt über 100, so bedeutet beispielsweise eine 10-Punkte-Regelung eine höhere Anpassungsdynamik als eine 10 %-Regelung.

Es ist schließlich zu vereinbaren, in welchem Umfang die automatische Anpassung der Miete erfolgen soll. Ist hierüber keine ausdrückliche Regelung getroffen, so wird von einer 100 %igen Anpassung ausgegangen. Diese ist zumindest im organisierten Einzelhandel heute die Ausnahme.

Üblich dagegen sind Anpassungen in Höhe von 50 % bis 75 % der jeweiligen Erhöhung.

Gleitklauseln weisen zur Sicherheit häufig ausdrücklich darauf hin, daß die Anpassung erneut und jedesmal dann wieder erfolgt, wenn die entsprechenden Voraussetzungen wiederum gegeben sind.

Im Interesse des Mieters wird für eine gewisse Anlaufphase seines Betriebs häufig eine zusätzliche Vereinbarung von „Freijahren" in die Wertsicherungsklausel aufgenommen. Dabei können die Parteien entweder vereinbaren, daß eine Anpassung frühestens nach X Jahren erfolgen kann, auch wenn die Voraussetzungen einer Anpassung bereits zuvor gegeben wären, oder aber, daß für die Beurteilung der Indexentwicklung der Indexstand zugrunde gelegt werden soll, wie er sich in X Jahren darstellt, daß also erst in X Jahren gewissermaßen die „Indexuhr zu ticken beginnt".

Zugunsten des Mieters findet sich ferner gelegentlich ein Kündigungsrecht für den Fall, daß die Anpassungen insgesamt eine bestimmte Erhöhung der Ursprungsmiete übersteigen. Üblicherweise wird der Vermieter nach dem Vertrag dann jedoch berechtigt sein, durch Nichtvornahme der Anpassung die Miete unter dem vereinbarten Grenzwert zu halten.

Angesichts dieser Differenziertheit einer genehmigungsfähigen Wertsicherung findet man in der Praxis nicht nur die vielfältigsten, sondern auch häufig unklare oder unvollständige Vereinbarungen.

Im Zeichen einer vermutlich auch zukünftig inflationären Entwicklung kommt der Wertsicherung jedoch für die Vermieterseite eine solch große langfristige Bedeutung zu, daß sie besondere Sorgfalt verdient.

Bei *Mischmietverhältnissen* ist davon auszugehen, daß der Mieterschutzzweck des Miethöheregelungs-Gesetzes greift, sofern nicht die gewerbliche Vermietung eindeutig überwiegt. Im Geltungsbereich des Miethöheregelungs-Gesetzes ist eine Genehmigung nach § 3 Währungsgesetz ausgeschlossen.

Ist eine Gleitklausel *nicht genehmigungsfähig,* so muß dies nicht zur Unwirksamkeit des gesamten Vertrags führen. Die Klausel ist im Wege der ersetzenden Vertragsauslegung dann in der Regel als Leistungsvorbehalt zu bewerten. Mit dieser Auffassung sowie mit der Ausdehnung des genehmigungsfreien Verhandlungsspielraums will die Rechtsprechung verhindern, daß die Genehmigungsbedürftigkeit der Wertsicherungsklausel mißbraucht wird, um die zugrundeliegende Übereinkunft oder gar den ganzen Vertrag einseitig auszuhebeln.

Andererseits stellt sich die Rechtsprechung auch dort, wo eine Wertsicherung nicht vereinbart wurde, schützend vor den ursprünglichen Willen der Parteien und den Grundsatz, daß Verträge so zu halten sind, wie sie abgeschlossen wurden. Sie sieht einen zur Mietanpassung berechtigenden *Wegfall der Geschäftsgrundlage* nur in Ausnahmefällen, wenn nämlich durch einen außergewöhnlichen Kaufkraftschwund der vereinbarte Mietzins auch nicht mehr annähernd eine Gegenleistung für die Überlassung der Mietsache darstellt.

Soll sich die Miete an den Kosten der Mietsache orientieren, also beispielsweise an den Grundstückskosten zuzüglich Baukosten, so kann vereinbart werden, daß sich der Mietzins entsprechend ändern soll, wenn die endgültig abgerechneten Investitionskosten von den zunächst zugrunde gelegten Plankosten abweichen. Eine solche als *„Kostenelementeklausel"*, *„Preisgleitklausel"* oder *„Preisvorbehalt"* bezeichnete Abrede stellt in der Regel eine nicht genehmigungspflichtige Vereinbarung dar.

Umsatzmiete

Eine Variante zur wertgesicherten Fixmiete, die hierzulande noch eine Seltenheit, in den USA dagegen bei Geschäftsraummietverträgen die Regel darstellt, ist die Umsatzmiete. Ist diese allein oder als zusätzliche Komponente (sogenannte Fix-/Umsatzmiete) vereinbart, so ist exakt festzuhalten, welche Umsätze zur Berechnung heranzuziehen sind, wie diese rechnerisch bereinigt werden sollen (z. B. von Skonti und Rabatten), wann und wie die Umsätze dem Vermieter zu melden sind und wie sie von diesem überprüft werden können (selbstverständlich ist der Vermieter bei Einsichtsrecht in die Bücher zur Verschwiegenheit zu verpflichten). Auch die Frage von Vorauszahlungen ist zu klären, sofern zu erwarten ist, daß die Umsatzklausel greift.

Sonstige Mietleistungen

Neben Miete und Nebenkosten sind als weitere Leistungen des Mieters *Mietvorauszahlungen, Mieterdarlehen* (z. B. stets bei Immobilien-Leasing-Verträgen im sogenannten „Volltilgungsmodell") und *verlorene Baukostenzuschüsse* verbreitet. Den Parteien sind hierbei, wie bei der Vereinbarung anderer Sach- und Dienstleistungen, keine besonderen gesetzlichen Schranken gesetzt.

Bei der Festlegung sollte jedoch berücksichtigt werden, daß in der Person der Parteien Wechsel eintreten können und ggf. eine Regelung getroffen werden sollte, ob, wann und wie derartige Leistungen dann zurückzuzahlen oder anzurechnen sind.

Mietzahlung

Neben der Berechnung der Miete ist die Art und Weise der Mietzahlung zu regeln. Nach der gesetzlichen Regelung ist der Mietzins am Ende der Vertragszeit zu entrichten; dieser Grundsatz wird bei langfristigen Verträgen in der Regel abbedungen und die Zahlung des Mietzinses im voraus vereinbart. Die Fälligkeitstermine sind vertraglich festzulegen.

Da es sich bei dem Mietzins um eine Schickschuld handelt, hat der Mieter das Geld zu dem vereinbarten Termin auf seine Kosten und Gefahr zu übermitteln. Die Kosten der bargeldlosen Zahlung hat der Mieter zu tragen. Er hat dafür zu sorgen, daß der Betrag zum Fälligkeitstermin dem Vermieterkonto gutgeschrieben wird, hat dabei jedoch außergewöhnliche Verzögerungen im Überweisungsverfahren nicht zu vertreten. Angesichts einzelner Stimmen, die nicht den Zeitpunkt des Eingangs beim Vermieter für maßgebend halten, empfiehlt es sich für den Vermieter, im Vertrag ausdrücklich hierauf abzustellen.

Zur Sicherung der gesetzlichen Kündigungsmöglichkeiten wegen verzögerter Zahlungen des Mietzinses kann zugunsten des Vermieters eine Bestimmung in den Vertrag aufgenommen werden, wonach ihm das Recht zustehen soll, zu bestimmen, auf welchen geschuldeten Betrag die Zahlung angerechnet werden soll. Wegen der Schwierigkeit des Nachweises eines konkreten Verzugschadens ist für den Vermieter ferner die Vereinbarung einer festen Vertragsstrafe oder Schadenspauschale bei verspäteter Zahlung vorteilhaft. Diese Vereinbarung muß sich im Rahmen des realistischen Schadensverlaufs bewegen und dem Mieter den Nachweis eines wesentlich geringeren oder überhaupt nicht entstandenen Schadens belassen.

Nach dem Gesetz ist der Mieter berechtigt, gegen den Mietzins aufzu-rechnen, diesen zu mindern oder zurückzubehalten, wenn die entspre-chenden Voraussetzungen erfüllt sind. Diese Rechte können im Mietver-trag rechtswirksam eingeschränkt oder ausgeschlossen werden. Unzu-lässig in Formularverträgen sind allerdings Vereinbarungen, wonach sich das *Aufrechnungsverbot* auch auf unbestrittene oder rechtskräftig festgestellte Forderungen erstreckt und ein Zurückbehaltungsrecht auch für den Fall ausgeschlossen wird, daß es auf demselben Vertragsverhält-nis beruht.

Der Mietzinsanspruch verjährt in vier Jahren, bei der gewerblichen Ver-mietung beweglicher Sachen in zwei Jahren. Die Frist läuft vom Beginn des auf den Eintritt der Fälligkeit folgenden Jahres an.

Kaution

Die Kaution ist für die gewerbliche Vermietung gesetzlich nicht geregelt. Ihr Zweck ist es, den Vermieter für die Erfüllung der Mieterpflichten insbesondere im Fall der Insolvenz des Mieters abzusichern. Sie deckt daher sämtliche Verpflichtungen des Mieters, also neben dem Mietzins auch beispielsweise Nebenkosten und Ersatz eines Mietausfalls bei vor-zeitiger Vertragsauflösung.

Die Kaution kann auf verschiedene Art gestellt werden; die Parteien sind bei der Gestaltung frei. Üblicherweise erhält der Vermieter die Kau-tion zu seiner freien Verfügung. Im gewerblichen Bereich ist er nicht verpflichtet, sie von seinem Vermögen gesondert zu verwalten; er kann sie sogar für eigene Zwecke einsetzen. Verschlechtern sich jedoch die Vermögensverhältnisse des Vermieters derart, daß der Mieter befürch-ten muß, seine Kaution zu verlieren, so kann er vom Vermieter Sicher-heit für die Rückzahlung seines Anspruchs verlangen.

Die im Wohnraum-Mietrecht inzwischen geregelte Verpflichtung des Vermieters, die Kaution auch ohne besondere Vereinbarung zu *verzin-sen,* wird wegen der heute weitgehend so gestalteten Verkehrssitte wohl auch auf den gewerblichen Mietvertrag übertragen werden müssen. Der Vermieter ist allerdings lediglich zu einer Anlage verpflichtet, die ihm den jederzeitigen Rückgriff auf die Kaution gestattet.

Bei Wechsel des Vermieters durch Verkauf des Grundstücks kann der Mieter verlangen, daß der Vermieter die Kaution an den Erwerber herausgibt.

Mit dem Ende des Mietverhältnisses tritt die aufschiebende Bedingung des Rückzahlungsanspruchs des Mieters ein. Der Rückzahlungsanspruch wird jedoch erst *fällig,* wenn die Abrechnung etwaiger Restansprüche des Vermieters erfolgt ist. Hierzu ist ihm eine angemessene Frist zuzubilligen.

In der Praxis der Mietverträge mit sogenannten ersten Adressen, so z. B. im Bereich der Mietverträge mit großen Einzelhandelsketten, werden Kautionen kaum angetroffen. Dort, wo es sich um rechtlich selbständige Tochterunternehmen handelt, wird stattdessen vielfach die Bonität der Dachorganisation bzw. Konzern-Mutter in den Mietvertrag eingebracht. Dies kann beispielsweise geschehen durch Mitunterzeichnung des Mietvertrags, Mieteintrittsverpflichtung, Bürgschaft oder Patronatserklärung.

2.3 Mietzeit

Die *Dauer* der Mietzeit kann bestimmt oder unbestimmt sein.

Ist die *Vertragsdauer bestimmt,* so endet der Mietvertrag nach der vereinbarten Laufzeit, ohne daß es weiterer Erklärungen bedarf. Die Parteien können jedoch auch anderes vereinbaren. Zu beachten ist, daß sich das Mietverhältnis nach § 568 BGB auf unbestimmte Zeit *verlängert,* wenn der Mieter nach Ablauf der Vertragszeit dennoch den Mietgebrauch fortsetzt. Es handelt sich hierbei um eine gefährliche Fiktion des Gesetzes, das einen vertragslosen Zustand verhindern will und von einer Vertragsverlängerung ausgeht, wenn es der Vermieter versäumt, der Fortsetzung des Mietverhältnisses durch den Mieter zu widersprechen. Dieser Widerspruch kann auch in einer Räumungsklage liegen und muß spätestens binnen 14 Tagen ab Erlangung der Kenntnis des fortgesetzten Gebrauchs erfolgen.

Die Erklärung des Widerspruchs im Sinne des § 568 BGB kann auch konkludent erfolgen, so beispielsweise in der Gewährung einer Räumungsfrist gesehen werden. Auch kann die Erklärung bereits vor Ende der Mietzeit durch den Vermieter erfolgen.

Im Fall der Kündigung durch den Vermieter sollte der Widerspruch gegen die Fortsetzung des Mietgebrauchs in der Kündigung bereits ausdrücklich aufgeführt werden.

Da § 568 BGB auch in allen anderen Fällen der Beendigung des Mietvertrags, so z. B. bei einvernehmlicher vorheriger Auflösung, Anwendung findet, empfiehlt es sich für den Vermieter, die Vorschrift im gewerblichen Mietvertrag abzubedingen.

Die *Laufzeit* des Mietvertrags kann frei bestimmt werden, jedoch ist eine längere Laufzeit als 30 Jahre rechtlich unbeachtlich. Das Gesetz sieht zwingend vor, daß ein Mietvertrag, der über eine längere Zeit abgeschlossen ist, nach 30 Jahren von jeder Partei unter Einhaltung der gesetzlichen Kündigungsfrist gekündigt werden kann.

Auf *unbestimmte Zeit* abgeschlossene Verträge enden in der Regel durch Kündigung. Hierfür sind die Fristen des § 565 Abs. 1 BGB maßgeblich, wonach sich die Kündigungsfrist nach der Mietbemessung bestimmt. Bei der üblichen monatlichen Mietzahlung beträgt die Kündigungsfrist drei Monate zum Quartalsende.

Mietbeginn ist üblicherweise bei Übergabe des Mietobjekts. Bei zuvor noch an Dritte vermieteten Flächen kann der Vermieter für den Fall eine Haftung ausschließen, daß der Vormieter die Räume nicht rechtzeitig frei macht. Gleiches gilt bei Neubauobjekten für den Fall, daß sich der Zeitpunkt der Bezugsfertigkeit verschiebt.

Bei Handelsflächen wird eine solche Regelung kaum durchsetzbar sein, da der Mieter mit Ware, Personal und ggf. Werbung frühzeitig disponieren muß. In derartigen Mietverträgen findet sich daher vielfach eine Vertragsstrafe zugunsten des Mieters oder aber ein Rücktrittsrecht zuzüglich zu den etwaigen allgemeinen Schadensersatzansprüchen. Es sollte daher möglichst genau festgelegt werden, welcher Zustand (z. B. schwerwiegende Mängel an den Mieträumen, nicht fertiggestellte Außenanlagen mit Parkplätzen und Zufahrten etc.) die Bezugsfertigkeit ausschließt. Der Mieter wird auf einer Regelung bestehen, nach der ihm der Übergabetermin rechtzeitig zuvor mitgeteilt werden muß oder mit ihm abzustimmen ist.

Mieter von Handelsflächen sind in der Regel berechtigt, schon vor dem Übergabezeitpunkt eigene Arbeiten an der Mietsache vorzunehmen. Es handelt sich dabei zumeist um den Einbau von Ladeneinrichtungen, welche je nach Mietvertrag auch einen umfangreichen Anteil der Technik beinhalten können.

Option

Wird ein Mietvertrag für eine bestimmte Dauer abgeschlossen, so kann vorgesehen werden, daß der Mieter bei Ablauf der Mietzeit berechtigt sein soll, eine *Verlängerung* des Mietverhältnisses durch einseitige Erklärung gegenüber dem Vermieter herbeizuführen. Dieses Gestaltungsrecht des Mieters wird als Optionsrecht bezeichnet.

In der Praxis finden sich häufig mehrfache Verlängerungsoptionsrechte, also beispielsweise dreimalig um jeweils 5 Jahre. Zu beachten ist, daß auch solche Optionszeiträume die oben genannte Wirkung der 30-Jahresfrist nicht ausschließen können.

Die von den Parteien vereinbarte Höchstdauer der vertraglichen Bindung einschließlich der Optionszeiten kann nicht dadurch überschritten werden, daß das Mietverhältnis unwidersprochen fortgesetzt wird, ohne daß eine Option ausgeübt wurde. Derartige zusätzliche Mietzeiten werden also auf die Optionszeiten angerechnet.

Bei der Abfassung der Option hat der Vermieter zu berücksichtigen, daß bei ihrer Ausübung grundsätzlich der Vertrag in seiner ursprünglichen Fassung und in vollem Umfang weiter gilt. Es kann sich daher empfehlen, für den Zeitpunkt der Optionsausübung eine Abänderungsregelung zu treffen, beispielsweise vorzusehen, daß dann die Miete neu festzulegen ist.

Die Verpflichtung des Mieters, die Ausübung der Option bis spätestens zum Ende der gewöhnlichen Mietlaufzeit zu erklären, wird den Interessen des Vermieters unter Umständen nicht gerecht; er sollte für diesen Fall eine ausreichende *Erklärungsfrist* in die Optionsklausel aufnehmen.

Vom Optionsrecht zu unterscheiden ist eine mietvertragliche *Verlängerungsklausel*. Diese sieht vor, daß bei Ablauf der vereinbarten Mietzeit das Mietverhältnis auf bestimmte oder unbestimmte Zeit fortgesetzt wird, wenn weder der Mieter noch der Vermieter zuvor einer Verlängerung widersprochen haben.

Ersatzmieter

Im Gegensatz zur Wohnraummiete ist der Vermieter von Geschäftsräumen nicht ohne weiteres verpflichtet, einen Ersatzmieter zu akzeptieren und den Mieter aus seinem Mietvertrag ganz oder teilweise zu entlassen.

Eine solche Verpflichtung kann sich ausnahmsweise nur aus dem Grundsatz von Treu und Glauben wegen der konkreten Interessenlage ergeben. So nach der Rechtsprechung z. B. dann, wenn der Mieter ein erhebliches berechtigtes Interesse an einem vorzeitigen Auszug hat, wenn gegen den vorgeschlagenen Ersatzmieter keine vernünftigen Ablehnungsgründe bestehen und wenn der Ersatzmieter bereit ist, vorbehaltlos in den bestehenden Mietvertrag einzutreten. Dies setzt selbstverständlich eine vergleichbare Bonität des neuen Mieters voraus.

Vermieter, die diese — nicht unumstrittene — Übertragung wohnmietrechtlicher Grundsätze auf den gewerblichen Mietvertrag vermeiden wollen, sind gut beraten, eine Substitution im Mietvertrag ausdrücklich auszuschließen.

Im übrigen besteht die Möglichkeit der Substitution nur dann, wenn dem Mieter ausdrücklich das Recht eingeräumt ist, einen Dritten mit der Folge zu benennen, daß dieser in die Rechte und Pflichten aus dem Mietvertrag eintreten soll. Eine solche Vereinbarung bedarf aber nach herrschender Meinung stets der Schriftform.

Beendigung des Mietverhältnisses

Das Mietverhältnis endet grundsätzlich durch Ablauf oder Kündigung (bei unbestimmter Vertragsdauer), wobei an die ordentliche Kündigung von Geschäftsräumen keinerlei gesetzliche Anforderungen gestellt sind. Dies gilt sowohl in formeller Hinsicht als auch im Hinblick auf den gesamten inhaltlichen Kündigungsschutz des Wohnmietrechts.

Neben der „normalen" Beendigung kann das Mietverhältnis durch *Aufhebungsvertrag* (nicht formbedürftig) sowie durch *außerordentliche Kündigung* beendet werden.

Da die Parteien im gewerblichen Mietvertrag bei der Festlegung außerordentlicher *Kündigungsgründe* frei sind, empfiehlt es sich, an dieser Stelle sämtliche elementaren Interessen einzubringen. So können außerordentliche Kündigungsgründe beispielsweise die Nichteinhaltung öffentlich-rechtlicher und behördlicher Auflagen sein, was gerade bei Gaststätten und Lebensmittelbetrieben von Bedeutung sein kann, oder etwa die Verletzung der Betriebspflicht, sofern vereinbart. Der Mieter könnte zur außerordentlichen Kündigung berechtigt werden, wenn der Vermieter gegen den vereinbarten Konkurrenzschutz verstößt oder aber grundstücksseitige Voraussetzungen zu schaffen versäumt oder nicht zu schaffen vermag, welche zum Betrieb der Mietsache erforderlich sind.

Zu den vertraglich vereinbarten Gründen für eine außerordentliche fristlose Kündigung treten in jedem Fall die Entziehung oder Nichtgewährung des vertragsgemäßen Gebrauchs sowie ein gesundheitsgefährdender Zustand der Mieträume (§§ 542, 544 BGB), der vertragswidrige Gebrauch der Mietsache (§ 553 BGB), der Zahlungsverzug des Mieters (§ 554 BGB) sowie erhebliche Vertragsverletzungen (§ 554a BGB).

Neben diesen außerordentlichen Kündigungsgründen gewährt das Gesetz in bestimmten Fällen *Sonderkündigungsrechte,* so z. B. bei Tod des Mieters, bei Weigerung des Mieters, vertretbare Maßnahmen zur baulichen Verbesserung des Objekts und zur Energieeinsparung zu dulden, bei Verweigerung der Erlaubnis zur Untervermietung (ohne daß in der Person des vorgesehenen Untermieters vertretbare Gründe vorliegen), bei Erlöschen des Nießbrauchs, des Erbbaurechts oder bei Eintritt der Nacherbfolge sowie im Falle des Konkurses, Vergleichs und der Zwangsversteigerung.

In allen diesen Fällen beträgt die gesetzliche Kündigungsfrist 3 Monate.

Schließlich gewährt die Rechtsprechung ein außerordentliches Kündigungsrecht nach Treu und Glauben. Eine Kündigung ist danach gerechtfertigt, wenn einem der Partner die Fortsetzung des Vertrags nicht mehr zugemutet werden kann. Dies wird beispielsweise dort, wo ein Vertrauensverhältnis zur Vertragserfüllung erforderlich ist, bei nachhaltiger Zerrüttung des Vertrauens angenommen.

2.4 Rechte und Pflichten des Mieters

Auskunft

Bereits vor Abschluß des Mietvertrags kann der *Mieter* verpflichtet sein, Auskünfte zu erteilen (siehe Abschn. 1.6). Falsche Auskünfte, soweit sie für den Vertragsabschluß des Vermieters entscheidend waren, können zur Anfechtung des Mietvertrags wegen arglistiger Täuschung führen.

Grundsätzlich besteht keine Offenbarungspflicht des Mieters, insbesondere nicht über persönliche Daten. Die Vertrags-Abschlußfreiheit gestattet es jedoch dem Vermieter, sein Interesse an solventen Mietern mit gezielten Fragen durchzusetzen. Dabei werden die Grenzen des Fragerechts und der damit verbundenen Verpflichtung des Mieters, die an ihn gerichteten Fragen wahrheitsgemäß zu beantworten, nur durch das allgemeine Persönlichkeitsrecht gebildet. Das Mietrecht kennt keine darüber hinausgehende Begrenzung.

Bei *Geschäftsraum*-Mietverhältnissen kann daher von einem weitestgehend unbeschränkten Fragerecht ausgegangen werden. Dies gilt sowohl vor Vertragsschluß als auch während der Laufzeit des Vertrags. So kann sich der Vermieter beispielsweise das Recht vorbehalten, jährlich Einblick in die Bilanzen seines Mieters zu nehmen. Eine solche Auskunftspflicht ist insbesondere dann angebracht, wenn dem Vermieter gestattet sein soll, bei wesentlicher Verschlechterung der wirtschaftlichen Verhältnisse des Mieters außerordentlich zu kündigen.

Ist eine Umsatzmiete vereinbart, so ist der Mieter zur Erteilung entsprechender Auskünfte verpflichtet.

Hat der Mieter Anlaß, an seiner Fähigkeit zur Erfüllung des Vertrags zu zweifeln, so ist er verpflichtet, vor Vertragsabschluß auf die bestehenden wirtschaftlichen Schwierigkeiten von sich aus hinzuweisen.

Abnahme

Der Mieter hat grundsätzlich keine der Überlassungspflicht des Vermieters entsprechende Abnahmepflicht. Es empfiehlt sich daher, diese zusätzlich zu vereinbaren, wenn der Vermieter ein Interesse daran hat, daß die Abnahme zum vorgesehenen Zeitpunkt tatsächlich erfolgt. Für den Fall der Zuwiderhandlung sollte eine Vertragsstrafe vorgesehen sein.

Ohne eine derartige Regelung kommt der Mieter lediglich in Annahmeverzug mit der daraus folgenden Haftungsbeschränkung des Vermieters sowie der Verpflichtung zum Ersatz eines durch den Verzug verursachten Schadens.

Vertragsgemäßer Gebrauch

Während der Laufzeit des Vertrags ist der Mieter verpflichtet, die Mietsache sorgfältig und pfleglich zu behandeln. Aus dieser allgemeinen Ob-
huts- und Sorgfaltspflicht ergibt sich auch die Verpflichtung, Mängel,
die sich im Lauf der Mietzeit zeigen, unverzüglich dem Vermieter anzu-
zeigen. Gleiches gilt, wenn sich ein Dritter ein Recht an der Mietsache
anmaßt.

Bei schuldhafter Verletzung seiner Rügepflicht ist der Mieter zum Ersatz
des daraus entstehenden Schadens verpflichtet.

Die Sorgfalts- und Fürsorgepflicht endet nicht schon mit der Auflösung
des Vertrags, sondern erst mit der Rückgabe der Mietsache. Sie erstreckt
sich im übrigen auch auf die Sachen und Gebäudeteile, die der Mieter
und seine Erfüllungsgehilfen und Besucher mitbenutzen oder mit denen
sie in Berührung kommen.

Zur Einschränkung des vertragsgemäßen Gebrauchs durch Festsetzung
der Nutzungsart siehe Abschn. 2.1.

Versicherungen

Im Rahmen der Vertragsfreiheit kann der Mieter verpflichtet werden,
das Mietobjekt zu versichern. Auch gegen eine derartige formularmäßi-
ge Verpflichtung bestehen keine Bedenken. Hierbei ist jedoch der ge-
naue Umfang der Wagnisse, der versichert werden soll, zu beschreiben.
Wenn der Mieter vertragswidrig den Abschluß unterläßt, haftet er in
dem Umfang, in dem die Versicherung gehaftet hätte, auch wenn es sich
um Schäden handelt, die er nicht verursacht und nicht zu vertreten hat.
Trotz dieser Haftung sollte der Vermieter Wert darauf legen, daß die
entsprechenden Versicherungen tatsächlich abgeschlossen werden. Zur
Kontrolle kann er im Mietvertrag vereinbaren, daß der Mieter ihm diesen Nachweis zu führen hat.

Betrieb und Offenhaltung

Aus der Pflicht zur Mietzahlung resultiert nicht bereits automatisch
auch die Verpflichtung des Mieters, die Mietsache zu nutzen, d.h. seinen Betrieb dort aufrecht zu erhalten. Dies gilt selbst für den Fall, daß
ein umsatzabhängiger Mietzins oder Mietzinsanteil vereinbart ist.

Ist jedoch eine Umsatzmiete vereinbart, so ist grundsätzlich der Betrag als geschuldet anzusehen, der als Miete in Betracht käme, wenn der Mieter die Räume weiterhin zu dem im Vertrag vorgesehenen Zweck benutzt hätte. Dies gilt, da für eine Benachteiligung des Vermieters dann kein Grund besteht, wenn der Mieter aus freien Stücken das Mietobjekt aufgegeben hat oder ungenutzt läßt und ein neben dem Umsatzanteil vereinbarter Festmietanteil nur dazu dient, den Mieteingang nach unten abzusichern.

Es ist daher insbesondere in solchen Fällen, aber auch dort, wo der Vermieter ein allgemeines Interesse daran hat, daß das Mietobjekt nicht ungenutzt leersteht, darauf zu achten, daß der Mieter ausdrücklich zum *Betrieb* der Mietsache und zur *Offenhaltung* verpflichtet wird. Die Geschäftszeiten sind zumindest im Rahmen einer Kernzeit festzulegen, und die Verpflichtung sollte sich tunlichst auf die vollständige Nutzung der Mietfläche erstrecken. Für den Fall des Verstoßes kann eine Vertragsstrafe festgelegt sein, es kann zusätzlich ein außerordentliches Kündigungsrecht für den Vermieter aus diesem Grund vereinbart werden.

Die Betriebspflicht gilt nach der Rechtsprechung auch dann fort, wenn der Mieter durch die Führung des Betriebs laufende Verluste erleidet; selbst starke Verluste seien noch mit seinem unternehmerischen Risiko vereinbar.

Bauliche Veränderungen

Der Mietvertrag sollte unbedingt regeln, welche Voraussetzungen für den Mieter wie für den Vermieter gelten sollen, um Einbauten oder bauliche Veränderungen an der Mietsache vorzunehmen. Soweit dem Mieter derartige Rechte ohne Zustimmung des Vermieters zustehen sollen, wird der Vermieter Wert darauf legen, daß der Mieter verpflichtet wird, hierfür erforderliche Genehmigungen einzuholen und für die Rechtmäßigkeit der Maßnahmen zu haften.

Ferner ist zu regeln, was mit den Einbauten bzw. baulichen Veränderungen bei Rückgabe der Mietsache zu geschehen hat. Nach der gesetzlichen Regelung ist der Mieter bei Vertragsende grundsätzlich verpflichtet, das Mietobjekt in dem Zustand zurückzugeben, in dem es sich bei Vertragsbeginn befand. Für Umbauten gilt nichts anderes.

Dieser grundsätzliche Wiederherstellungsanspruch des Vermieters kann jedoch dann verlorengehen, wenn er nach Beendigung des Mietverhältnisses die Räume seinerseits zu anderen als den ursprünglichen Zwecken umbauen will.

Andererseits kann es durchaus im Interesse des Vermieters sein, werterhöhende bauliche Maßnahmen des Vermieters für sein Eigentum zu erhalten. Es empfiehlt sich, für solche Fälle ein Wahlrecht des Vermieters vorzusehen, wonach er berechtigt sein soll, zu entscheiden, ob der ursprüngliche Zustand wieder hergestellt werden muß oder aber die erfolgten Einbauten und baulichen Veränderungen bestehen bleiben müssen. In letzterem Fall ist dem Mieter eine angemessene Entschädigung zu gewähren.

Das gesetzliche Wegnahmerecht des Mieters bei berechtigtem Interesse kann insoweit abbedungen werden. Dabei wird selbst der entschädigungslose Ausschluß des Wegnahmerechts nicht als unangemessen angesehen. Dies gilt sogar für den Fall der Einbeziehung einer vorzeitigen vom Mieter zu vertretenden Vertragsauflösung oder Kündigung des Mieters.

Baumaßnahmen des Vermieters hat der Mieter gemäß § 541a BGB zu dulden, sofern sie zur Erhaltung der Mieträume oder des Gebäudes erforderlich sind. Gleiches gilt für Maßnahmen zur Verbesserung der Mieträume und zur Einsparung von Heizenergie.

Derartige Maßnahmen haben selbstverständlich unter Rücksichtnahme auf den Mieter zu erfolgen, müssen also rechtzeitig angekündigt werden. Ein Kündigungsrecht des Mieters aus den genannten Gründen sollte ausdrücklich ausgeschlossen werden, gleiches gilt für Schadensersatzansprüche und die Möglichkeit der Mietminderung. Soweit durch die Baumaßnahmen die Mieträume beschädigt worden sind, muß der Vermieter sie wieder instandsetzen, auch wenn der Mieter vertraglich Schönheitsreparaturen übernommen hat. Einsparungen für Schönheitsreparaturen sind nach Treu und Glauben auszugleichen.

Kommt der Mieter seiner Duldungspflicht nicht nach, so kann sich der Vermieter nicht gegen seinen Willen Zutritt zur Mietsache verschaffen. Er muß ihn vielmehr auf Duldung verklagen oder im Wege einer einstweiligen Verfügung die Duldung ersetzen.

Rückgabe der Mietsache

Die Rückgabe der Mietsache hat durch Einräumung des unmittelbaren Besitzes zu erfolgen. Hierzu gehört, daß der Mieter Grundstück und Räume vollständig zu räumen hat. Dies gilt auch bezüglich Dritter, denen er die Mietsache überlassen hatte, sowie für sämtliche Sachen. Der Mieter hat ferner sämtliche, auch zusätzlich angeschaffte Schlüssel zurückzugeben. Sind diese beiden Voraussetzungen erfüllt, so ist die Rückgabe erfolgt.

Die Rückgabe hat, wie bereits festgestellt, in dem Zustand zu erfolgen, in dem sich die Mietsache bei Überlassung befand. Ist der Zustand verändert oder verschlechtert, so ist dennoch die Rückgabepflicht grundsätzlich, wenngleich nicht vertragsgerecht, erfüllt. Der Vermieter hat in diesem Fall lediglich einen Schadenersatzanspruch.

Der Schadenersatzanspruch bei verspäteter Rückgabe ist durch § 557 BGB pauschaliert und schließt die Geltendmachung weitergehender Ansprüche nicht aus. Als Anspruchsgrundlage kommen hierbei Schadenersatz wegen Verzug oder Schlechterfüllung der Rückgabepflicht, ungerechtfertigte Bereicherung oder der sachenrechtliche Anspruch auf Nutzungsherausgabe in Betracht.

Der Mieter hat neben den bereits besprochenen Einbauten auch Schilder und werbliche Einrichtungen für seinen Betrieb zu entfernen. Für eine Übergangzeit steht ihm jedoch das Recht zu, einen Hinweis auf seine neue Anschrift anzubringen.

Zur Vermeidung von Streitigkeiten darüber, ob die Rückgabe vertragsgerecht erfolgte oder nicht, empfiehlt sich für beide Seiten eine Übergabeverhandlung mit Aufnahme eines *Rückgabeprotokolls*. Hierbei wird der Vermieter unter Umständen zur Sicherung seiner Ansprüche einen Sachverständigen oder Fachmann hinzuziehen.

Die Rückgabe der Mietsache kann nur vollständig erfolgen. Dies schließt eine Teilrückgabe ebenso aus wie eine Rückgabe, die bei mehreren Mietern nicht durch alle erfolgt.

Ein Zurückbehaltungsrecht des Mieters zur Durchsetzung von Ansprüchen aus dem Mietvertrag ist gesetzlich ausgeschlossen. Dieser Ausschluß des Zurückbehaltungsrechts stellt allerdings kein zwingendes Recht dar, kann also vertraglich abbedungen werden.

Hat der Mieter die Mietsache untervermietet, so hat der Vermieter neben sämtlichen genannten Ansprüchen gegenüber dem Mieter zusätzlich
einen unmittelbaren Räumungsanspruch gegen den Untermieter.

Werbung

Bei der Beschreibung des Mietgegenstands wurde bereits darauf hingewiesen, daß der Vermieter im Rahmen der Gebrauchsgewährung auch
Maßnahmen zu gestatten hat, die in werblicher Hinsicht zum Betrieb des
Mieters im Rahmen der vereinbarten Nutzung erforderlich sind. Hierzu
gehört Werbung an der entsprechenden Außenwand sowie eine Beschilderung, die zum Betrieb des Mieters führt. Dabei muß der Mieter den
Wünschen des Vermieters nach einer einheitlichen Beschilderung nachkommen.

Insbesondere bei Objekten mit mehreren Mietern sollte zur Vermeidung
von Streitigkeiten die Nutzung der Außenflächen und Außenwände der
Mietsache zu Werbemaßnahmen möglichst klar geregelt sein. Der Vermieter wird dabei Wert auf die Feststellung legen, daß die Kosten für die
Herstellung ebenso wie für die Beseitigung vom Mieter zu tragen sind
und daß der Mieter auch die Verantwortung für die Genehmigung sowie
Einhaltung behördlicher Auflagen und Bestimmungen trägt.

Sofern die Werbeeinrichtungen einen größeren Umfang haben (beispielsweise Schaukästen), kann ein gesonderter Mietvertrag darüber
sinnvoll sein.

2.5 Rechte und Pflichten des Vermieters

Gebrauchsgewährung

Die Gebrauchsgewährung der Mietsache in vertragsgemäßem Zustand
ist die Hauptpflicht des Vermieters. Im Regelfall setzt der Gebrauch
voraus, daß dem Mieter der unmittelbare Besitz eingeräumt wird. Dies
geschieht normalerweise durch Übergabe der Schlüssel.

Zum Umfang der Überlassungspflicht (Gemeinschaftsflächen, Zugangswege, Außenfront etc.) siehe Abschn. 2.1.

Im Rahmen seiner Überlassungspflicht hat der Vermieter den Mieter vor
störenden Beeinträchtigungen zu schützen und muß entsprechende Im-

missionen beispielsweise von Nachbarn oder anderen Mietern abwehren. Weist die Mietsache Mängel auf, so ist der Vermieter zu ihrer Beseitigung verpflichtet, soweit diese objektiv möglich ist. Es empfiehlt sich auch hier, zur Vermeidung von Auseinandersetzungen eine gemeinsame Begehung mit Übernahmeprotokoll durchzuführen, in dem noch vom Vermieter zu beseitigende Mängel abschließend erfaßt werden.

Soll nicht der Vermieter, sondern der Mieter das Risiko tragen, daß die für den vertragsgemäßen Gebrauch der Mietsache erforderlichen behördlichen Voraussetzungen erfüllt und Genehmigungen erteilt werden, so ist dies im Mietvertrag ausdrücklich zu vereinbaren. Andernfalls trägt das Risiko der Vermieter im Rahmen seiner Pflicht zur Gebrauchsgewährung.

Will der Vermieter seine grundsätzliche Haftung für Sachmängel begrenzen, so kann er im Mietvertrag aufnehmen, daß die Mietsache dem Mieter bekannt ist und dieser sie als ordnungsgemäß und dem vertragsgemäßen Gebrauch entsprechend anerkennt. Auch kann er seine Haftung für Sachmängel ebenso grundsätzlich ausschließen wie auch die Möglichkeit der Mietzinsminderung; eine derartige Vereinbarung unter Kaufleuten ist lediglich dann nichtig, wenn der Vermieter den Mangel arglistig verschwiegen hat.

Erhaltung

Sofern im Mietvertrag nicht anders vereinbart, ist die laufende Instandhaltung und Instandsetzung die weitere Hauptpflicht des *Vermieters*. Sie wird üblicherweise lediglich in Immobilien-Leasing-Verträgen voll auf den Mieter übertragen.

Im Rahmen der Erhaltungspflicht hat der Vermieter auch für die zur sicheren Benutzung erforderliche Instandhaltung von Gemeinschaftsflächen, Zugängen etc. zu sorgen. Die Instandsetzungspflicht des Vermieters entfällt, wenn der Mieter oder eine ihm zuzurechnende Person den Schaden an der Mietsache herbeigeführt hat.

Die Parteien können die Pflicht zur Beseitigung vorhandener und Vermeidung drohender Schäden durch Vertrag anders als gesetzlich vorgesehen regeln.

Aus der Erhaltungspflicht wird als Einzelpflicht unter anderem eine *allgemeine Verkehrssicherungspflicht* des Vermieters abgeleitet. Danach ist er verpflichtet, stets dafür zu sorgen, daß weder der Mieter noch seine Angehörigen oder der Betrieb des Mieters gefährdet werden. Er muß daher also schon vorbeugend sämtliche erforderlichen Maßnahmen ergreifen, um drohende Gefahren abzuwehren. So hat er beispielsweise für die erforderliche Anbringung von Schlössern zu sorgen, den für die Gesundheit der Mieter notwendigen Betrieb der Heizung sicherzustellen, Zu- und Abgänge, Treppen und Flure, Fahrstühle etc. ausreichend zu beleuchten und insgesamt zu sichern und den ordnungsgemäßen Zustand dieser Außenräumlichkeiten in regelmäßigen Abständen zu überprüfen. Bei den Mietflächen selbst darf er sich darauf verlassen, daß ihm der Mieter etwaige Mängel anzeigt.

Daneben tritt die allgemeine Verkehrssicherungspflicht gegenüber Dritten. Danach ist der Vermieter beispielsweise zur ausreichenden Beleuchtung frei zugänglicher Flächen sowie zur Schnee- und Eisräumung bzw. zum Streuen verpflichtet. Auch diese Verkehrssicherungspflicht kann vertraglich auf den Mieter übertragen werden. Geschieht dies, so sollte sich der Vermieter zugleich die Freistellung von Ansprüchen Dritter durch den Mieter erklären lassen, da er diesen gegenüber als Eigentümer in der Haftung bleibt.

Die *Wartung* technischer Geräte und Anlagen wie beispielsweise Heizung und Klimaanlage ist ebenfalls Bestandteil der laufenden Instandhaltungspflicht des Vermieters. Auch sie wird in der Praxis häufig auf den Mieter übertragen, wobei dieser in der Regel die Kosten der Wartung übernimmt, nicht jedoch die Kosten von Reparaturen. Es ist in diesem Zusammenhang auch zulässig, den Mieter zum Abschluß eines Wartungsvertrags zu verpflichten.

Soweit Instandhaltungs- oder Instandsetzungspflichten des Vermieters durch Individualabrede auf den Mieter übertragen werden oder dieser verpflichtet wird, sich bis zu einem bestimmten Höchstbetrag insgesamt oder an sämtlichen Reparaturmaßnahmen bis zu einem bestimmten Betrag zu beteiligen, sind derartige Vereinbarungen im Streitfall nach der Rechtsprechung eng auszulegen. Dies ergibt sich daraus, daß es sich hier um die Übernahme von Pflichten handelt, die zu den Kernpflichten des Vermieters gehören. Zu weit gehende Klauseln können dabei im Einzelfall als sittenwidrig angesehen werden, die Pflichten müssen für den Mieter wirtschaftlich überschaubar bleiben.

Schönheitsreparaturen

Im Rahmen der allgemeinen Unterhaltungspflicht hat der Vermieter grundsätzlich auch die Schönheitsreparaturen zu tragen. Diese gesetzliche Regelung wird jedoch in der Mehrzahl aller — auch wohnwirtschaftlicher — Mietverträge umgekehrt. Eine Übernahme der Verpflichtung des Mieters zur Durchführung von Schönheitsreparaturen kann jedoch nicht bereits in der Vereinbarung gesehen werden, daß der Mieter die Mietsache zurückzugeben hat, wie er sie übernommen hat.

Sind die Schönheitsreparaturen vom *Mieter* durchzuführen, so hat er die Mieträume während der Mietzeit jeweils entsprechend dem Grad der Abnutzung renovieren zu lassen. Zulässig ist auch die Vereinbarung, daß Schönheitsreparaturen in bestimmten Zeitabständen automatisch fällig sind, ohne daß es auf den Zustand der Mieträume ankommt.

Soweit im Mietvertrag nicht anders definiert, wird unter Schönheitsreparaturen das Tapezieren, Anstreichen und Kalken der Wände und Dekken, das Reinigen der Fußböden, Heizkörper einschließlich Heizungsrohre, der Innentüren sowie der Fenster und Außentüren von innen verstanden. Nicht unter die Schönheitsreparaturen fällt demnach das Beseitigen aller Mängel, die auf von außen wirkenden Ursachen beruhen und nicht auf dem reinen Abwohnen. Einrichtungen wie Installationen, Bäder, Türschlösser, Heizkörper, Beleuchtungsanlagen etc. sind Bestandteile der Mietsache, die grundsätzlich vom Vermieter zu erhalten ist.

Sind die Mieträume bei Auszug des Mieters in einem für einen Nachmieter geeigneten Zustand, so muß der Mieter sie grundsätzlich nicht nochmals renovieren. Vermieterfreundlich ist daher eine zusätzliche und zulässige Klausel, wonach der Mieter bei Auszug die Räume in jedem Fall zu *renovieren* hat.

Die Art und Weise der Schönheitsreparaturen und ggf. der Schlußrenovierung ist dem Mieter prinzipiell freigestellt. Um Streitigkeiten zu vermeiden, wird vielfach festgelegt, daß die Renovierung in Abstimmung zu erfolgen hat oder aber vom Vermieter auf Kosten des Mieters durchgeführt werden kann. Zieht der Mieter aus, ohne seine Renovierungspflicht zu erfüllen, so liegt in der Regel eine Erfüllungsverweigerung vor, und der Vermieter kann ohne Fristsetzung Schadenersatz in Geld verlangen.

Generell ist festzustellen, daß in der Praxis ebenso häufig Streitigkeiten bezüglich der Renovierungspflicht sowie unterlassener Schönheitsreparaturen bei Auszug auftreten, wie Auseinandersetzungen während der Mietdauer über Schönheitsreparaturen selten sind. Dies erklärt sich bei der Geschäftsraummiete aus der üblicherweise gleichgerichteten Interessenlage von Vermieter und Mieter, die Mieträume für den laufenden Geschäftsbetrieb des Mieters in einem ansprechenden Zustand zu halten. Das gilt für Handelsflächen, in denen der Mieter seine Waren präsentiert, ebenso wie für diejenigen Geschäftsräume, in denen der Unternehmer oder Freiberufler seine Kunden empfängt.

Der Vermieter wird daher insbesondere auf eine eindeutige Regelung bei Auszug achten. Besteht zudem großes Interesse an der Qualität der laufenden Schönheitsreparaturen, so sollten diese ebenfalls in der Sache und der zeitlichen Abfolge exakt erfaßt werden.

Beabsichtigt der Vermieter, nach dem Auszug des Mieters die Mieträume in der Weise umzugestalten, daß die vom Mieter vorzunehmenden Schönheitsreparaturen wieder zerstört würden, so befreit dies den Mieter grundsätzlich nicht von der von ihm übernommenen Renovierungspflicht. Der Erfüllungsanspruch des Vermieters wandelt sich dann in einen Zahlungsanspruch um, wobei der Ausgleichsanspruch des Vermieters nicht über den Betrag hinausgehen kann, den der Mieter für die Erfüllung seiner Renovierungspflicht hätte aufwenden müssen.

Untergang der Mietsache

Der Untergang der Mietsache ist dann anzunehmen, wenn diese so weitgehend zerstört ist, daß die Wiederherstellung dem Vermieter nicht mehr zuzumuten ist. Die Opfergrenze des Vermieters beginnt nach der Rechtsprechung dort, wo die Reparaturkosten den Zeitwert der Mietsache überschreiten. Dort endet dann auch die Instandsetzungspflicht des Vermieters.

Beide Parteien werden in diesem Fall von allen vertraglichen Pflichten befreit, es sei denn, daß eine Partei den Untergang zu vertreten hat. Es kann folglich im Interesse des Vermieters liegen, eine Vereinbarung zu treffen, nach der der Mietvertrag fortgesetzt werden muß, wenn der Vermieter innerhalb einer bestimmten Zeit mit dem Wiederaufbau beginnt und das Mietobjekt wiederherstellt. Der Mieter kann zur Abdeckung dieses Risikos zum Abschluß einer Betriebsunterbrechungsversicherung verpflichtet werden.

Konkurrenzschutz

Der wirtschaftliche Erfolg des Mieters ist in der Regel davon abhängig, daß er in unmittelbarer Nähe, insbesondere im selben Mietobjekt, keine Konkurrenz hat oder bekommt. Aus dieser Interessenlage heraus hat die Rechtsprechung die Auffassung entwickelt, daß der Vermieter auch ohne eine entsprechende mietvertragliche Regelung nach dem Grundsatz von Treu und Glauben dem Mieter gewerblich genutzter Räume eine wesentliche Konkurrenz fernzuhalten hat. Dies gilt für andere Räume desselben Hauses sowie für ein unmittelbar angrenzendes Grundstück des Vermieters.

Der Konkurrenzschutz gilt grundsätzlich auch für Angehörige freier Berufe wie Ärzte, Anwälte und Architekten, sofern eine Konkurrenzsituation in solchen Fällen überhaupt vorhanden ist (dies kann durch entsprechende Spezialisierungen oder die Konzeption des Gebäudes als Ärztehaus ausgeschlossen sein).

Der Grundsatz wird aus der Gebrauchsgewährungspflicht des Vermieters abgeleitet und unterstützend aus seiner allgemeinen Fürsorgepflicht, deren Umfang nach dem Grundsatz von Treu und Glauben zu bestimmen ist und die Konkurrenzschutzverpflichtung beinhaltet.

Da die Konkurrenzschutzpflicht nicht nur die Eigentumsrechte des Vermieters berührt, sondern zugleich den Grundsatz des freien Wettbewerbs und ggf. sogar die Niederlassungsfreiheit, ist ihr Umfang nicht unumstritten. Er wird von der Rechtsprechung sowohl in sachlicher wie räumlicher Hinsicht eingeschränkt. So soll die Pflicht des Vermieters lediglich darin bestehen, einen erheblichen, d. h. fühlbaren Wettbewerb fernzuhalten. Es muß hierzu nach der Rechtsprechung zu einer Überschneidung von Geschäftszweigen in ihrem Kernbereich kommen. Greift das Warenangebot lediglich in Nebenartikeln ineinander über und vertreiben beide Mieter nicht die gleichen Waren als Hauptartikel, so greift der Konkurrenzschutz nicht ein.

Als Hauptartikel werden dabei Waren verstanden, die dem Geschäft das Gepräge geben, wobei vorwiegend auf den entsprechenden Umsatz mit dem jeweiligen Artikel abgestellt wird. Auch die allgemeine Verkehrsauffassung findet dabei Berücksichtigung und damit die entsprechende werbliche Darstellung der Mieter nach außen.

Die Abgrenzung nach Hauptartikeln, also nach solchen Waren, die „den Stil des Geschäftes bestimmen und ihm das eigentümliche Gepräge geben", wie es die Rechtsprechung formuliert, wird dann zunehmend schwieriger, wenn das Geschäft des Handels-Mieters weniger von Angebotstiefe (also Spezialisierung) als von Angebotsbreite (beispielsweise beim SB-Warenhaus) geprägt ist.

Hinzu kommt, daß

- die Entwicklung im Handel heute und künftig zu neuen Vertriebsformen führt, die eine bislang klare Branchenzugehörigkeit aufheben,
- klassische Sortimentsabgrenzungen mehr und mehr aufgeweicht werden und
- in Mittel- und Großstädten eine hohe Dichte von Handelsflächen entstanden ist,

so daß fraglich sein kann, ob durch eine entsprechende Vermietung überhaupt zusätzlicher Wettbewerb geschaffen wird. Diese Frage kann im übrigen auch dort verneint werden, wo sich bestimmte Handelsformen trotz Gleichartigkeit des Sortiments aufgrund verschiedener Konzepte positiv ergänzen. So müssen sich ein preisaggressiver Discounter mit kleinem Sortiment in unmittelbarer Nachbarschaft mit einem Vollsortimenter mit breitem Angebot inklusive Frischeabteilung nicht Umsatz nehmen, sondern können vielmehr durch ihre Nachbarschaft zu einer höheren Kundenfrequenz und besseren Umsätzen für beide Geschäfte führen.

Aus all diesen Gründen erweisen sich klare mietvertragliche Konkurrenzschutzvereinbarungen zunehmend als unerläßlich. Sie sollten nicht nur eine Aussage zur Branche treffen, sondern auch zur Angebotsbreite, also bei Handelsflächen zum Sortiment, möglichst aufgeteilt in Haupt-

und Nebenartikel, zumindest jedoch in die wesentlichen und unwesentlicheren Warengruppen.

Die Konkurrenzschutzvereinbarung sollte auch eine Regelung zur Sortimentserweiterung bzw. Sortimentsumstellung treffen. Der vorausschauende Vermieter wird dabei beachten, daß die Fungibilität seiner Immobilie so wenig wie möglich eingeschränkt wird. Bei zunehmend raschen Veränderungen im Handel muß eine entsprechende Anpassung des Mietobjekts nicht nur durch eine flexible Architektur gewährleistet sein, sie darf auch nicht durch langfristige vertragliche Einschränkungen wie einen zu weitgehenden Konkurrenzschutz blockiert werden. Es ist daher um so größere Vorsicht geboten, je mehr und verschiedene Mietflächen im Objekt zur Verfügung stehen.

Da es sich bei Supermärkten häufig um ein breites, fast vollständiges Angebot von Hauptartikeln im Sinne der Rechtsprechung handelt, ihm also ein fast uneingeschränkter allgemeiner Konkurrenzschutz zukommt, sollten Fachgeschäfte oder Fachmärkte vertraglich ausdrücklich vom Konkurrenzschutz ausgenommen werden.

Neben der inhaltlichen Festlegung sollte der räumliche Geltungsbereich des Konkurrenzschutzes festgelegt werden. Hier finden sich in der Regel Radiusangaben (z. B. 5 Kilometer).

Die Konkurrenzschutzpflicht des Vermieters wird nach der Rechtsprechung auch dann verletzt, wenn er einen Teil des Mietgrundstückes oder das Nachbargrundstück an einen Konkurrenten des Mieters veräußert oder wenn ein anderer Mieter seine Mietflächen an einen Wettbewerber abtritt oder untervermietet.

Der Konkurrenzschutz endet grundsätzlich bei Beendigung des Mietverhältnisses. Soll darüber hinaus für einen gewissen Zeitraum ein zusätzliches Konkurrenzverbot zu Lasten des Vermieters wirken — z. B. weil der Mieter den durch erheblichen Aufwand gewonnenen Kundenstamm nicht einem Konkurrenten als Mietnachfolger überlassen will —, so ist dies ausdrücklich vertraglich zu vereinbaren.

Schließlich kann im Rahmen der Vertragsfreiheit die Pflicht zum Konkurrenzschutz auch vollständig abbedungen werden.

Hat der Vermieter seine Konkurrenzschutzpflicht *verletzt,* so ist der Mieter zur fristlosen Kündigung des Vertrags aus wichtigem Grund berechtigt. Er hat außerdem Anspruch auf Ersatz des durch die Vermietung an den Wettbewerber entstandenen Schadens aus Umsatzrückgang.

Ist der Mietvertrag mit dem Konkurrenten noch nicht geschlossen, so kann der Mieter den Abschluß gerichtlich untersagen lassen. Ist der Abschluß dagegen erfolgt, so kann der Mieter auf nächstmöglicher Kündigung bzw. Beendigung des Mietvertrags bestehen.

Besichtigung

Das Recht des Vermieters zur Besichtigung der Mieträume ist durch die Rechtsprechung weitgehend eingeschränkt; eine gesetzliche Regelung gibt es nicht. Regelmäßige Besichtigungen sind in jedem Fall ausgeschlossen; der Vermieter muß jeweils einen stichhaltigen Grund für die Besichtigung haben und diese rechtzeitig zuvor ankündigen. Lediglich bei Gefahr im Verzug hat der Vermieter ein sofortiges Besichtigungsrecht.

Soll hiervon abgewichen werden, so empfiehlt sich eine entsprechende vertragliche Vereinbarung.

Vermieterpfandrecht

Dieses gesetzliche Pfandrecht entsteht in dem Augenblick, in dem der Mieter in die Mieträume Sachen einbringt. Dies gilt z. B. auch für ein Kraftfahrzeug, das regelmäßig in einer vermieteten Garage oder auf einem mitvermieteten Stellplatz abgestellt wird.

Das Pfandrecht erstreckt sich lediglich auf dem Mieter gehörende eingebrachte Sachen, nicht also auf Sachen Dritter oder zuvor sicherungsübereignete Sachen. Ferner sind nach dem Gesetz unpfändbare Sachen ausgeschlossen.

Das Pfandrecht sichert sämtliche Forderungen des Vermieters, soweit sie sich aus dem Mietvertrag ergeben und bereits entstanden sind. Zusätzlich fallen darunter zukünftige Mietzinsforderungen, soweit sie im laufenden und im folgenden Mietjahr fällig werden.

Die Befriedigung aus dem Pfandrecht erfolgt nach den Vorschriften über den Pfandverkauf, also durch öffentliche Versteigerung. Hierzu muß der Vermieter in den Besitz der Sache gelangen. Ist der Mieter noch in den Mieträumen, so muß der Vermieter dazu seinen Herausgabeanspruch ggf. gerichtlich geltend machen. Andernfalls kann er die Sachen in Besitz nehmen.

Droht der Mieter, die Sachen aus den Mieträumen zu entfernen, so kann der Vermieter dies mit polizeilicher Hilfe, ggf. im Wege der Selbsthilfe mit Gewalt, verhindern. Wurden seinem Pfandrecht unterliegende Sachen weggeschafft, so kann er innerhalb eines Monats nach Kenntniserlangung Klage auf Rückführung und Besitzeinräumung erheben.

Der gewerbliche Vermieter, in dessen Mieträumen sich häufig hochwertige Waren und Einrichtungen befinden, ist oft nur unzureichend über dieses gesetzliche Pfandrecht unterrichtet. Wegen seiner einfachen Durchsetzung und damit schnellen Wirksamkeit ist die Lektüre der §§ 559 ff. BGB dringend zu empfehlen.

Zusatzleistungen

Über die bisher besprochenen Pflichten hinaus kann der Mietvertrag noch zusätzliche Leistungen durch den Vermieter vorsehen. Dies ist z. B. bei der Vermietung von Büroflächen zuzüglich bestimmter *Büroleistungen* der Fall. Auch die Stellung und der Betrieb von Gemeinschaftseinrichtungen für verschiedene Mieter wie Empfang, Kommunikationszentrale, Cafeteria oder Schreibbüro kommen in Betracht.

Bei einer derartigen Gestaltung ist davon auszugehen, daß die Vermietung einen *Gewerbebetrieb* im Sinne des Gewerbesteuerrechts darstellt. Der Vermieter muß dann damit rechnen, daß auf seine Vermietungstätigkeit Gewerbeertrags- und Gewerbekapitalsteuer anfällt und daß Veräußerungsgewinne bei Verkauf des Mietobjekts zu versteuern sind. Soll dieses Ergebnis vermieden werden, so sind die Dienstleistungen auszugliedern und einem vom Vermieter zu unterscheidenden Dienstleistungsträger zu übertragen.

2.6 Haftung

Grundsätzlich haftet — wie bereits festgestellt — der *Vermieter* dafür, daß die Mietsache frei von Rechts- und Sachmängeln ist.

- Ein *Rechtsmangel* liegt vor, wenn dem Mieter wegen entgegenstehender Rechte eines Dritten der Gebrauch der Mietsache nicht oder nur teilweise gewährt werden kann oder wenn ein Dritter dem Mieter die Mietsache ganz oder teilweise entziehen darf.
- Der *Sachmangel* ist ein Fehler der Mietsache, der ihre Tauglichkeit zum vertragsgemäßen Gebrauch aufhebt oder erheblich mindert. Ein Sachmangel liegt ferner vor, wenn der Mietsache eine Eigenschaft fehlt, deren Vorhandensein der Vermieter vertraglich zugesichert hat.

Dem gegenüber haftet der *Mieter* für Beschädigungen oder Zerstörungen der Mietsache, die auf einem Verstoß gegen seine allgemeine Obhuts- und Sorgfaltspflicht oder gegen sonstige vertraglich vereinbarte Pflichten beruhen.

Im übrigen regelt sich die Haftung nach den allgemeinen Vorschriften des Schuldrechts über Verzug oder Unmöglichkeit. So geht beispielsweise die Gefahr der Verschlechterung und des Untergangs der Mietsache auf den Mieter über, wenn dieser sich mit der Rückgabe in Verzug befindet.

Diese allgemeinen Regelungen können durch Vereinbarung zwischen den Parteien abgeändert werden. In der Praxis finden sich häufig Ausschlüsse oder Einschränkungen der Gewährleistung des Vermieters, ein Ausschluß der Mietminderung sowie des Rechts zur fristlosen Kündigung. Treffen die Parteien eine vertragliche Vereinbarung, so empfiehlt es sich, bei der Festlegung, welche Partei für welchen Schaden haftet, den jeweiligen Verschuldensgrad festzulegen sowie eine ausgewogene Regelung für den Fall von Schäden aufgrund höherer Gewalt zu treffen.

Nicht ausgeschlossen werden kann in Formularmietverträgen zwischen Kaufleuten eine Haftung des Vermieters für grobe Fahrlässigkeit und Vorsatz sowie für zugesicherte Eigenschaften, ferner das Recht des Mieters, im Fall des vom Vermieter zu vertretenden Verzugs oder Unmöglichkeit der Leistung den Vertrag aufzulösen.

Wird der Mieter zur Zahlung des angemessenen Mietzinses verpflichtet, obwohl jegliche Gewährleistung, also auch jedes Minderungsrecht, für ihn ausgeschlossen ist, so ist der Vertrag nichtig, wenn dem Mieter damit das gesamte wirtschaftliche Risiko für die Mietsache auferlegt wird[1].

---

[1]   Diese Rechtsprechung gilt nicht für Immobilien-Leasing-Verträge, wo jenes Ergebnis von beiden Parteien gewünscht ist.

2.7 Dingliche Absicherung

Unter Umständen kann es im Interesse des Mieters liegen, den Bestand des Mietvertrags durch grundbuchliche Eintragung einer Dienstbarkeit abzusichern. Der Mieter kann sich damit vor einer außerordentlichen Kündigung im Zwangsversteigerungsverfahren schützen. Erhebliche Mietvorauszahlungen, Baukostenzuschüsse oder Investitionen des Mieters in die Mietsache können daher auf diesem Wege zusätzlich abgesichert werden.

Gleiches gilt für den Konkurrenzschutz des Mieters. Nach ständiger Rechtsprechung kann eine Dienstbarkeit auch mit dem Inhalt bestellt werden, daß auf einem Grundstück beispielsweise bestimmte Warengruppen nicht geführt werden dürfen. Hier ist in der Praxis jedoch eher der Fall zu finden, daß ein Nachbargrundstück entsprechend belastet wird, um so den Mieter des herrschenden Grundstücks abzusichern.

Die Rechtsprechung setzt für die Eintragung voraus, daß das herrschende Grundstück für das Gewerbe besonders eingerichtet ist oder eingerichtet werden soll und diese Einrichtung die Gewähr der Dauer des darauf betriebenen geschäftlichen Unternehmens in sich schließt.

2.8 Untermiete

Das Gesetz schützt das Vertrauen und die Zielsetzung, aufgrund derer der Vermieter nach Prüfung des Mieters den Vertrag abgeschlossen hat. Es gibt daher dem Mieter grundsätzlich kein Recht zur Untervermietung ohne entsprechende Erlaubnis des Vermieters.

Demgegenüber trägt es dem Interesse des Mieters, der ohne eine entsprechende Untervermietung die Mietsache möglicherweise nicht sinnvoll nutzen kann, Rechnung, indem es ihm ein außerordentliches Kündigungsrecht gewährt, falls der Vermieter die Erlaubnis zur Untervermietung versagt, ohne daß in der Person des Untermieters ein wichtiger Grund vorliegt.

Untervermietung in diesem Sinne ist auch die unentgeltliche Gebrauchsüberlassung an einen Dritten.

Vor dem Hintergrund dieser allgemeinen Regelung empfiehlt es sich für den *Vermieter,* das Sonderkündigungsrecht des Mieters gemäß § 549 Abs. 1 Satz 2 BGB vertraglich auszuschließen.

Die *Mieter*seite kann demgegenüber ein berechtigtes Interesse haben, ein Recht zur Untervermietung vertraglich zu vereinbaren. Dieses Bedürfnis ist insbesondere bei Großunternehmen des Handels ausgeprägt, die sich bei langfristig unkündbaren Mietverträgen auf diesem Wege eine gewisse Alternativnutzung für den Fall sichern wollen, daß sich ihre Einschätzung des Standorts bei aller Gründlichkeit der Analyse im nachhinein als falsch herausstellt.

Wird dementsprechend eine Untervermietklausel vereinbart, so sollte zu Gunsten des Vermieters zumindest die Identität mit dem Hauptmietvertrag sichergestellt werden (der Untermietvertrag ist vor Abschluß dem Vermieter zur Überprüfung vorzulegen) und auch hier vereinbart sein, daß der Vermieter die Erlaubnis bei Vorliegen eines wichtigen Grundes versagen kann. Schließlich sollten sämtliche Ansprüche gegen den Untermieter zur Sicherung seiner Ansprüche an den Hauptvermieter abgetreten werden.

Ein Wechsel der Rechtsform oder der Personen auf der Mietseite kann dazu führen, daß Untermiete anzunehmen ist. In Mietverträgen mit Konzernmüttern oder Tochtergesellschaften findet sich daher häufig die Vereinbarung, wonach die Gebrauchsüberlassung an verbundene Unternehmen nicht als Untermiete gilt.

Ist der Gebrauch der Mietsache durch die Bestimmung der Nutzung eingeschränkt, so wird hierdurch selbstverständlich auch ein etwaiges Recht zur Untervermietung begrenzt. Nur ein Gebrauch durch den Untermieter, der dem Hauptmieter gestattet wäre, entspricht dem Hauptmietvertrag und ist damit vertragsgemäß und vom Umfang der Erlaubnis zur Untervermietung gedeckt.

Durch eine rechtmäßige Untervermietung bleiben die Pflichten des Mieters aus dem Mietvertrag unberührt; er haftet zusätzlich für Schäden, die der Untermieter verursacht. Vertragswidriges Verhalten des Untermieters berechtigt zur fristlosen Kündigung des Hauptmietverhältnisses.

Da keine vertraglichen Beziehungen zwischen Vermieter und Untermieter bestehen, unterliegen auch die eingebrachten Sachen des Untermieters nicht dem Vermieterpfandrecht des Hauptvermieters, der Untermieter ist auch nicht in den Schutzbereich des Hauptmietvertrags einbezogen.

Nach Beendigung des Hauptmietverhältnisses hat der Vermieter einen Anspruch auf Rückgabe der Mietsache gegen den Untermieter. Kommt der Untermieter der Aufforderung zur Rückgabe nicht nach, so steht dem Vermieter ein Anspruch auf Nutzungsentschädigung zumindest in Höhe des zwischen Hauptmieter und Vermieter vereinbarten Mietzinses zu.

2.9 Schiedsgutachten und Schiedsabreden

Im Interesse einer raschen Klärung von Streitfragen sowie zur Vermeidung höherer Kosten durch Beschreiten des ordentlichen Rechtswegs kann eine vertragliche Schiedsregelung getroffen werden.

So kann vereinbart werden, daß ein Sachverständiger eine bestimmte Festlegung, wie beispielsweise die des angemessenen Mietzinses oder des Zeitpunkts für das Eingreifen eines Leistungsvorbehalts, für beide Parteien verbindlich treffen soll. Diese Regelung kann von vornherein gelten oder aber nur für den Fall, daß sich die Parteien selbst nicht einigen können. Es handelt sich in beiden Fällen um eine sogenannte „Schiedsgutachten-Abrede". Die Tätigkeit des Schiedsgutachters beschränkt sich dabei regelmäßig darauf, bestimmte tatsächliche Feststellungen zu treffen, die zur Entscheidung einer offenen Frage oder eines Streits notwendig sind.

Demgegenüber hat die vertragliche Vereinbarung eines Schiedsverfahrens den weitergehenden Zweck, nicht nur tatsächliche, sondern auch rechtliche Fragen in dem vereinbarten Umfange durch einen bestimmten Schiedsrichter oder ein Schiedsgremium entscheiden zu lassen.

3 Veränderungen

3.1 Änderungen des vertraglichen Inhalts

Bei Verlängerung, Änderung oder Ergänzung des Vertrags ist die Schriftform grundsätzlich genauso einzuhalten wie beim ursprünglichen Vertragsschluß. Derartige Vereinbarungen sollten daher stets schriftlich getroffen werden, wobei der Ursprungsvertrag nicht wiederholt werden muß. Es genügt eine Bezugnahme darauf mit dem Hinweis, daß der Inhalt des ursprünglichen Vertrags im übrigen unverändert bleibt. Eine Verbindung mit der Haupturkunde ist zu empfehlen.

Sofern durch Nachträge und Änderungen des Vertrags die Interessen eines etwaigen Grundstückserwerbers nicht berührt werden, ist die Einhaltung der Schriftform entbehrlich (siehe im übrigen Abschn. 1.3).

Schwierigkeiten in der Praxis liegen in diesem Zusammenhang meist an der am häufigsten verbreiteten Formularklausel, der sogenannten „Schriftformklausel für Nebenabreden und Vertragsänderungen". Danach wird für derartige Vereinbarungen stets die Schriftform verlangt.

Die Schriftformklausel ist nach der Rechtsprechung grundsätzlich zulässig, jedoch ist ihre Beachtlichkeit weitgehend ausgehöhlt worden. So wird sie dann als unbeachtlich angesehen, wenn der zweifelsfrei zum Ausdruck gebrachte oder der dem Sachverhalt zweifelsfrei zu entnehmende Parteiwille dahin gegangen ist, daß die mündliche Abrede ungeachtet der Schriftformklausel Geltung haben soll.

Darüber hinaus gibt es Stimmen, die wegen des Grundsatzes des § 4 AGBG, demzufolge die Individualabrede Vorrang vor der vorformulierten Regelung genießt, von einer grundsätzlichen Unwirksamkeit der Schriftformklausel ausgehen. Dem Interessenten an einer entsprechenden Regelung sei daher empfohlen, die Schriftform für Nebenabreden und Vertragsänderungen individuell zu vereinbaren.

Beruft sich eine Partei auf eine abändernde oder ergänzende mündliche Abrede, so muß sie in jedem Fall den vollen Beweis für Abschluß und Inhalt dieser Änderungsabrede erbringen. Gelingt dies nicht, so gilt die Vermutung der Vollständigkeit und Richtigkeit des schriftlichen Vertrags.

3.2 Wechsel der Vertragsparteien

Bei *Tod des Mieters* steht beiden Parteien ein Sonderkündigungsrecht zu.

Wird das Mietgrundstück nach Überlassung des Mietobjekts an den Mieter *veräußert,* so geht der Mietvertrag auf den Erwerber über; dies gilt auch bei Erstehung des Grundstücks in der Zwangsversteigerung und bei Veräußerung durch den Konkursverwalter. Ist das Mietverhältnis, das vor dem Eigentumswechsel geschlossen wurde, zu diesem Zeitpunkt jedoch noch nicht vollzogen, so setzt der Übergang des Mietvertrags eine entsprechende Abrede zwischen dem Erwerber und dem Vermieter voraus.

Zudem empfiehlt sich, daß der neue Eigentümer gegenüber dem Mieter die Erfüllung des Mietvertrags erklärt. Andernfalls stehen dem Mieter Schadenersatzansprüche gegen den Veräußerer zu, da der Erwerber in diesem Fall nicht zur Gebrauchsgewährung verpflichtet ist.

Der Ausschluß dieser Rechtsfolgen des Grundsatzes „Kauf bricht nicht Miete" kann nach herrschender Auffassung nicht durch eine Formularklausel erfolgen.

Der *Wechsel des Mieters* kann durch Rechtsgeschäft vollzogen werden. In dieses muß der Vermieter einbezogen sein, zumindest bedarf es seiner Zustimmung. Er ist — außerhalb einer etwaigen Substitutionsabrede — vor einem Wechsel des ausgewählten Vertragspartners geschützt. Dies gilt auch für den Fall des Wechsels der Inhaberschaft bei dem Mieterunternehmen. Zumindest bei inhaber-bezogenen Mietverhältnissen ist unstrittig, daß der Vermieter die Zustimmung verweigern kann. Bei unternehmens-bezogenen Mietverträgen, dort also, wo die Art und das Ansehen des Unternehmens im Vordergrund stehen, geht die herrschende Lehre dagegen von einer Zustimmungspflicht aus.

Wird lediglich die Rechtsform auf der Mieterseite geändert, so liegt kein Mieterwechsel vor. Das Vertrauen des Vermieters ist jedoch insoweit zu schützen, als dadurch die Haftungsbasis nicht geschmälert werden darf (so z. B. bei Umwandlung einer GdbR in eine GmbH).

Wechsel im Gesellschafterbestand des Mieters bedürfen keiner Zustimmung, da der ausscheidende Gesellschafter stets für die Verbindlichkeiten aus dem Mietverhältnis weiter haftet, soweit sie bis zum Ausscheiden entstanden sind, teilweise sogar darüber hinaus.

3.3 Konkurs, Vergleich, Zwangsvollstreckung und Zwangsversteigerung

Konkurs

Zur Konkursmasse gehören auch die vermieteten Räume des Gemeinschuldners. Für die Fortführung, Erfüllung und Abwicklung von Mietverhältnissen, die bei Konkurseröffnung bestehen, ist daher der Konkursverwalter zuständig. Dieser hat für den Fall, daß der Konkurs *vor Überlassung* des Mietobjekts eröffnet wird, ein Wahlrecht, ob er den Vertrag erfüllen will oder nicht. Lehnt er die Erfüllung ab, so hat der Mieter lediglich Schadenersatzansprüche wegen Nichterfüllung als einfache Konkursforderung.

Wird der Konkurs *nach Überlassung* des Mietobjekts eröffnet, so ist der Mietvertrag wirksam, keine Partei hat ein Sonderkündigungsrecht. Ein solches Recht sollte daher, falls gewünscht, vertraglich vereinbart werden.

Ansprüche aus dem Mietvertrag stehen der Konkursmasse zu, diese haftet demgegenüber auch für die Erfüllung der Verbindlichkeiten aus dem Mietvertrag. Dies gilt allerdings nur eingeschränkt für Vorausverfügungen und Rechtsgeschäfte über den Mietzins.

Endet das Mietverhältnis während des Konkursverfahrens, ist zu entscheiden, welche Ansprüche des Mieters als Konkursforderung und welche als Masseschuld zu befriedigen sind. So ist beispielsweise der Anspruch auf Rückerstattung einer Mietzinsvorauszahlung Konkursforderung.

Bei Veräußerung des Grundstücks durch den Konkursverwalter oder Verwertung durch Zwangsversteigerung steht dem Erwerber das Sonderkündigungsrecht nach § 57a ZVG zu.

Wird über das Vermögen des *Mieters* das Konkursverfahren eröffnet, so ist der Vermieter nach § 20 Abs. 1 KO zum Rücktritt berechtigt. Wird der Konkurs nach Überlassung des Mietobjekts eröffnet, so steht beiden

Parteien neben etwaigen vertraglichen ein gesetzliches Sonderkündigungsrecht zu (§ 19 KO). Wegen der dort genannten Fristen empfiehlt
sich jedoch die vertragliche Vereinbarung eines fristlosen Kündigungsrechts des Vermieters für diesen Fall.

Wird das Mietverhältnis fortgesetzt, so sind vor Konkurseröffnung entstandene Ansprüche des Vermieters Konkursforderungen, anschließend
Masseschulden.

Vergleich

Bei einem Vergleich über das Vermietervermögen bleiben beide Seiten
zur Erfüllung des Mietvertrags verpflichtet. Bezüglich des Mietzinses
kann eine Verfügungsbeschränkung in Betracht kommen (§ 58 VglO).

Bei Vergleich über das Mietervermögen hat der Mieter vor Überlassung
des Mietobjekts unter bestimmten Voraussetzungen das Recht, die Erfüllung des Vertrags abzulehnen, während der Vermieter gebunden
bleibt. Er sollte sich also unbedingt ein Rücktrittsrecht für diesen Fall
vertraglich sichern.

Wird der Vergleich nach Überlassung der Mietsache eröffnet, so hat der
Mieter ein Sonderkündigungsrecht, dessen Ausübung einen Schadenersatzanspruch des Vermieters auslöst, welcher vom Vergleich betroffen
wird. Wird der Vertrag fortgeführt, so nimmt der Vermieter mit seinen
Ansprüchen auf den laufenden Mietzins nicht am Vergleich teil.

Zwangsvollstreckung

Der Anspruch des Mieters auf Gebrauchsgewährung ist unpfändbar, die
Mietzinsforderung ist dagegen wie jede Geldforderung pfändbar. Der
Vermieter kann lediglich Vollstreckungsschutz beanspruchen, soweit
der Mietzins beispielsweise zur Unterhaltung des Grundstücks oder für
wichtige Reparaturarbeiten benötigt wird (§ 10 ZVG).

Zwangsversteigerung

Gemäß § 57 ZVG ist die Rechtslage im wesentlichen identisch mit der
bei Veräußerung des Grundstücks (siehe Abschn. 3.2 sowie §§ 571 bis
575 BGB).

§ 57a ZVG gewährt dem Ersteher des Grundstücks ein Sonderkündigungsrecht, unabhängig von den Vereinbarungen des Mietvertrags. Dieses Kündigungsrecht steht nur dem Ersteher zu und entfällt, wenn sich der Mieter am Aufbau des Grundstücks finanziell beteiligt hat (Mietvorauszahlung, verlorener Baukostenzuschuß etc.). Zur rechtzeitigen Klärung des für den Ersteher unter Umständen wesentlichen Sonderkündigungsrechts hat das Vollstreckungsgericht den Mieter aufzufordern, bis zum Versteigerungstermin darzulegen, welche Beträge er in dieser Hinsicht gezahlt hat.

Das Kündigungsrecht ist zum ersten zulässigen Termin auszuüben, die Kündigungsfrist beträgt 3 Monate zum Quartalsende. Bei erfolgter Kündigung hat der Mieter einen Schadenersatzanspruch gegen den Voreigentümer aus Nichterfüllung.

4 Besonderheiten bei Mietkomplexen wie Centers, Laden-Passagen etc.

Es versteht sich von selbst, daß größere Mietkomplexe zusätzliche Regelungen erfordern. Dies gilt um so mehr, als das jeweilige Objekt aus seiner Gesamtheit heraus lebt und nach außen wirkt.

Wenig Aufmerksamkeit erfordert in diesem Zusammenhang die Vermietung eines gesamten Bürohauses oder beispielsweise eines Ärztehauses. Besonderheiten werden dagegen zu berücksichtigen sein bei einem Handwerkerhof, einem Technologiezentrum, einem Lagerkomplex oder einem Gewerbepark. Größte Aufmerksamkeit schließlich ist den Mietverträgen bei den sogenannten „Handelsagglomerationen" wie Ladenpassagen und Einkaufszentren zu widmen, deren globaler Steuerung und Wirkung nach außen entscheidende Bedeutung zukommt.

Die letztgenannten Objekte leben vom gesamten Angebot und gesamten Erscheinungsbild bzw. dem damit verbundenen Einkaufserlebnis. Der Mietvertrag muß daher sicherstellen, daß das vorgesehene Mietermix nicht durch eine Veränderung der einzelnen Sortimente untergraben wurde. Im Hinblick auf die bereits angesprochene *Sortimentsbestimmung* ist daher das Angebot des jeweiligen Mieters möglichst exakt zu erfassen, Abweichungen davon sollten von der Zustimmung des Vermieters abhängen. Verstößt der Mieter gegen die Sortimentsverpflichtung, so sollte der Vermieter außerordentlich kündigen können. Zu beachten ist, daß bei der Sortimentsbestimmung auch die Qualitätsstufe, also die Wertigkeit des jeweiligen Angebots, berücksichtigt werden sollte.

Für den Erfolg eines Centers oder einer Passage ist die Eröffnungsphase entscheidend. Daher sind die Mietverträge in Hinblick auf den *Mietbeginn* soweit zu synchronisieren, daß die Eröffnung möglichst gleichzeitig erfolgen kann. Um dies sicherzustellen, wird der Mieter verpflichtet, zum vorgesehenen Stichtag zu eröffnen und entsprechend frühzeitig abzunehmen. Für den Fall des Verstoßes empfiehlt sich die Vereinbarung einer Vertragsstrafe.

Bezüglich der Mietpreisgestaltung hat sich in Deutschland die Kombination von *Fix- und Umsatzmiete* durchgesetzt. Dabei ist exakt festzuhalten, welche Umsätze zur Berechnung heranzuziehen sind, wie diese rechnerisch von Skonti, Rabatten und ähnlichem zu bereinigen sind, wann und wie sie dem Vermieter zu melden sind und wie sie von diesem überprüft werden können, sowie ob und unter welchen Umständen Vorauszahlungen zu leisten sind (siehe hierzu auch Abschn. 2.2).

Während der Laufzeit des Mietvertrags ist es im Gesamtinteresse des Objekts und damit des Vermieters, daß jeder Mieter seine Geschäftsräume innerhalb der festzulegenden Geschäftszeiten offen hält und sein Geschäft betreibt. Eine entsprechende *Betriebs- und Offenhaltungspflicht* wird sich daher stets in derartigen Mietverträgen finden, wobei sie sich möglichst auf die gesamte Mietfläche erstrecken und für den Fall des Verstoßes eine Vertragsstrafe oder ein außerordentliches Kündigungsrecht für den Vermieter vorsehen sollte. Sind *Betriebsferien* vorgesehen, so sind diese einvernehmlich festzulegen.

Die *Konkurrenzschutzpflicht* des Vermieters muß um so mehr reduziert werden, je größer das Objekt ist; sie ist bei Centers möglichst vollständig auszuschließen. Dem Interesse des Vermieters an einer freien Steuerung des Centers gegenüber dem Wettbewerbsschutzinteresse des Mieters trägt die Rechtsprechung insofern Rechnung, als sie dort eine gesonderte Beurteilung des Konkurrenzschutzes vornimmt.

Nach Ansicht des BGH ist der Einzugsbereich der Kundschaft in einem Center dem einer herkömmlichen Geschäftsstraße gleich zu erachten. Die Anziehungskraft eines Einkaufszentrums hänge neben der Preiswürdigkeit der Waren und Leistungen entscheidend auch davon ab, daß ein breites Konsumgüterangebot und die üblichen Dienstleistungen bereitgehalten werden. Wie in den herkömmlichen Geschäftsstraßen belebe auch in Einkaufszentren die Konkurrenz das Wirtschaftsleben zugunsten der Verbraucher, ohne daß gleichzeitig den umsichtigen Gewerbetreibenden angemessene Erträge für ihren Einsatz an Kapital, Arbeitskraft und für ihre Risikobereitschaft geraubt würden.

Demgemäß treffe den Vermieter eines Einkaufszentrums keine Konkurrenzschutzpflicht in dem in Abschn. 2.5 besprochenen Sinne. Soll er dennoch gelten, so müsse ein solcher Konkurrenzschutz vertraglich besonders vereinbart sein.

Den Vermieter trifft lediglich die Verpflichtung, bei Abschluß eines Mietvertrags darüber zu informieren, welche Branchen im Zentrum vertreten sein sollen. Bei Neuvermietung hat er die Interessen der vorhandenen Mieter insoweit zu berücksichtigen, als er ihr Geschäft nicht rücksichtslos beeinträchtigen darf, z. B. durch Vermietung an Amüsierbetriebe, welche den Kundenstamm der vorhandenen Mieter vertreiben.

Die Möglichkeit der *Untervermietung* sollte in diesem Objekttyp stets von der ausdrücklichen Zustimmung des Vermieters abhängig gemacht werden, um dem Centermanagement die freie Gestaltung zu erhalten.

Wie bereits angedeutet, lebt ein Center davon, daß es in der Öffentlichkeit bekannt und vom Publikum geschätzt ist.

Art, Ausmaß und Einheitlichkeit von *Werbung und Reklame* haben daher existentielle Bedeutung. Sie sind ausführlich im Mietvertrag zu regeln, wobei sich ab einer gewissen Größenordnung des Objekts die Bildung einer Werbegemeinschaft empfiehlt. Eine entsprechende Vereinbarung sollte sämtliche Mieter fest binden. Im Mietvertrag ist dementsprechend die Mitgliedschaft in der Werbegemeinschaft zwingend vorzuschreiben.

Ist eine *Werbegemeinschaft* vorgesehen, so sind Einzelheiten wie Geschäftsführung, Budget, Stimmrecht, Beschlußfassungen etc. in der entsprechenden Satzung bzw. dem Gesellschaftsvertrag zu regeln. Dabei empfiehlt es sich, von vornherein einen festen Beitrag zumindest für das erste Betriebsjahr vorzusehen. Die Rechte und Pflichten der Werbegemeinschaft sind im Hinblick auf das Verhältnis zum Vermieter, ggf. zum Centermanagement bzw. dem Verwalter klar festzulegen.

Bei der Willensbildung empfiehlt es sich, eine möglichst weitgehende Bindungswirkung von Mehrheitsbeschlüssen vorzusehen und ggf. dem Vermieter ein Mitsprache- bzw. Vetorecht einzuräumen.

Wird keine Werbegemeinschaft gebildet, so sollte sich der Vermieter vertraglich das Recht einräumen lassen, die entsprechenden Aufgaben selbst wahrzunehmen. Im Rahmen der Nebenkosten ist dann eine entsprechende Werbekostenumlage vorzusehen.

Je größer das Objekt, desto größer der Anteil an Infrastruktur, Gemeinschaftsflächen und Versorgungseinrichtungen.

Der Bereich der *Nebenkosten* (siehe Abschn. 2.2) ist daher besonders sorgfältig zu vereinbaren. Hierbei ist beispielsweise an eine Regelung bezüglich Umfang und Kosten des Betriebs von Klimaanlagen, Aufzügen, Rolltreppen, Parketagen etc. zu denken.

Es sind damit nur die wesentlichen mietvertraglichen Aspekte angeschnitten, die für das reibungslose und langfristig erfolgreiche Funktionieren eines derartigen Mietkomplexes erforderlich sind. Der komplizierte Organismus eines Centers oder einer Einkaufspassage fordert eine Reihe weiterer Regelungen, welche zum Großteil in die unerläßliche und möglichst ausführliche *Hausordnung* einfließen werden.

Natürlich hängt der Erfolg einer derartigen Management-Immobilie im wesentlichen von dem Management des Eigentümers sowie seiner Mieter ab. Jedoch sollten einer professionellen Steuerung nicht von vornherein durch schlechte oder fehlerhafte Mietvertragsgestaltungen unnötige Schranken gesetzt sein.

Stichwortverzeichnis

(Die Zahlen bezeichnen die Seiten)